독도와 안용복

독도와 안용복
권오엽 지음

1쇄 1판 2009년 8월 10일

지은이 권오엽
펴낸이 송용호
펴낸 곳 충남대학교출판부
주소 대전광역시 유성구 대학로 79
홈페이지 cnupress.cnu.ac.kr
전화 042-821-6045
이메일 cnupress@cnu.ac.kr

ISBN 978-89-7599-312-1 93900
값17,000원

독도와 안용복

권오엽 지음

충남대학교출판부

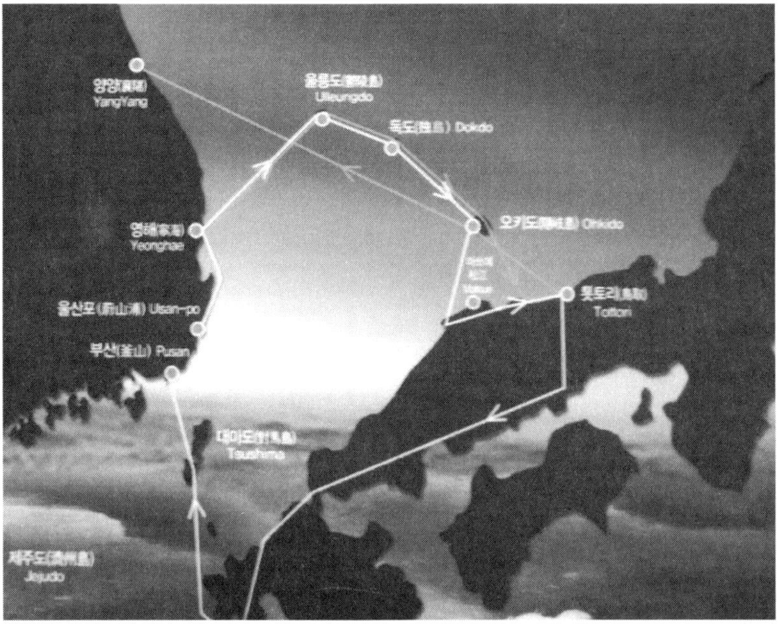

출처 : 독도박물관

『숙종실록』과 다른 독도박물관의 행적도

귀국 사람들이 국경을 침범하여 대치하다 우리나라 사람들을 구집해서 에도에 보냈다.
不意貴國之人自爲犯越與之相値乃反拘執我人轉到江戶(『숙종실록』 숙종 20년 8월 14일)

서 문

기록과 학자

512년에 신라가 우산국을 정벌한 이래 독도는 우리의 영토다. 신라를 계승하여 통치한 고려와 조선왕조도 그렇게 인식하고 기록으로 남겼다. 조선은 출입을 금하는 방법으로 통치하고 있었는데, 일본은 그 허점을 이용하여 침탈을 기도한 일이 있었다. 그러나 조선의 기록에 근거하는 논리가 그것을 좌절시켰다. 17세기의 일이었다.

그 사건을 일본은 「죽도일건」으로 칭하는데, 그 사건을 거치면서 울릉도/죽도와 자산도/송도를 소재로 하는 기록이 많이 늘어났다. 그 기록을 어떻게 해석하면 17세기의 좌절을 만회할 것인가를 고민하는 것이 20세기 이후의 일본이다.

원래 그 사건은 안용복의 납치를 계기로 했기 때문에 그 중심에 안용복이 위치한다. 그는 납치당한 처지에서 울릉도와 자산도가 조선의 영지임을 주장하여 일본이 그것을 인정하는 계기를 만들었으나, 조선은 그를 처벌하고 만다. 그가 없었으면 어찌되었을까. 삼국통일이라고 업적을 치장하며 영광을 누렸던 김유신·김춘추가 백제와 고구려인을 국제적 부랑아로 만들고 대부분의 영토를 당에 진상한 사실을 생각하면, 안용복을 처벌한 조선왕조의 법치가 무엇을 위한 것이었는지 회의를 느낀다.

미련을 떨치지 못한 일본은 1905년 2월 22일에, 그때까지의 송도/자산도라고 부르던 섬을 죽도로 개명하여 시마네켄(島根縣)에 편입시켰다. 제국주의의 사상과 군사력을 배경으로 하는 일이었으나 기록을 자의적으로 해석하여 구축한 논리의 실현이었다.

그런 자의적인 해석은 우리에게, 금지령에 울릉도와 자산도가 같이 포함되고 우산국이 울릉도와 우산도를 포함하는 국가라는 사실을 입증해야 하는 책무를 부여한 일로, 외면하면 일본의 주장을 긍정하는 것이 되고 만다. 책무의 이행이란 기록을 바르게 해석하는 일로, 대중의 열기보다는 연구자들의 노력을 필요로 한다. 중국과 일본의 역사 사상·언어·문화를 같이 이해하는 사람들이 함께 참여해야 하는 문제다. 일본은 우리의 기록을 쉽게 해석하고 그것을 바탕으로 해서 필요한 논리를 구축하고 있는데, 우리는 일본자료의 해석조차 서툴러, 일본이 제공하는 자료를 재활용하며 정통성을 확인하려 하고 있다. 그것이 현실이다.

『삼국사기』에는 왜적의 행패에 속수무책인 지도자들이 너무 많다. 원하는 것을 다 들어주면서도 주살당하는 백성을 보호하지 못하는 그들은, 응징의 능력도 없어 또 다른 침탈을 조장했다. 희생으로 영토를 수호한 안용복과 같은 인물을 찾아보기 어렵다.

작금의 독도문제가 그렇다. 일본의 틀린 주장을 접하고도, 독도에 자존심을 걸고 절규하는 국민들이 있음에도, 문제를 해결하는 논리구축에 참가하지 않는 전문가들을 보면, 쳐들어오는 왜적을 보고 성안에 숨어, 물러나기만을 기다렸던 지도자들을 보는 것 같다. 그들은 백성들이 주살당한 후에 성 밖에 나가 왜적을 물리쳤다며 축배를 들곤 했다.

안용복에 대해서는 알려진 내용이 많지 않으나, 현존하는 자료들을 정밀하게 읽으면 그의 실체를 찾아낼 수 있다. 안용복은 「통정대부」, 「안동지」를 칭했는데, 그것을 관명의 참칭이라며 안용복을 폄하하기도 하는데, 당대의 납속제도를 이해하면, 그렇지 않다는 것을 알 수 있다. 국사학과 교수님이 무심코 던져주는 한 마디로 알 수 있었던 일이다.

본서에서는 독도와 안용복을 넓은 폭으로 접근하기로 하며 다음과 같이 나누어서 논하기로 했다.

[동아시아의 천하사상]

독도를 죽도라고 부르며 소유를 주장하는 일본의 사고가 동아시아의 공통적인 천하사상에 근거한다는 것을 알기 위해서는 그것이 형성되는 유래와 구조를 알아야 한다. 고구려의 『광개토왕비문』과 일본의 『고사기』가 그것을 실현한 대표적인 기록이다. 신라의 우산국 정벌도 신라 중심의 천하사상을 완성하기 위해 이루어진 것으로 보아야 한다.

[신라국과 우산국]

신라와 우산국은 「국國」을 공유한다. 신라의 국호와 왕호를 제정한 지증왕이 정벌의 대상을 우산국이라고 칭한 것에는 그것을 동방에 존재하는 국가로 인식했다는 것을 의미한다. 『삼국사기』가 신라 위주의 기록이라 우산국의 실체를 반영한 것으로 볼 수 없다. 만일 우산국의 입장에서 기록한 것이었다면, 우산국을 경시하기 위해 사용한 「우한愚悍」이나 「도이島夷」같은 용어는 신라에 사용되었을 것이다.

신라가 우산국을 「위威」로 정벌하지 못하고, 목우사자를 이용하는 「계計」를 사용했다는 것은, 우산국이 그 정도로 강대했다는 것으로, 우산국이 국가로서의 조건을 구비한 것은 물론, 가치관을 공유하고 있었다는 것을 의미한다. 따라서 우산국은 울릉도만을 칭하는 도명이 아니라, 주변지역의 영토까지 통합하고 가치관을 공유하는 나라로 보아야 한다.

[우산국의 종교와 독도]

신라가 정벌한 것은 울릉도가 아니라 우산국이었다. 우산국이 국가이기 위해서는 울릉도와 그 주변의 섬들을 복속시키는 과정과 그것을 실행한 지도자가 있어야 했다. 우산국은 신라를 1회 이상 격퇴한 나라로 그런 지도자가 있어 가능한 일이었다. 그는 국토를 통합하고 가치관을 공유시킬 수 있었기 때문에 신라의 침략도 격퇴할 수 있었던 것이다.

우산국은 해중국가로 태양을 숭배하고 있었으며, 태양을 등지고 동방에서 나타나는 거암 독도는 태양의 거주지로 인식되어 우산국인의 태양에 대한 숭배심까지 획득하며 군림할 수 있었다. 거대하게 솟아오른 기암과 검푸른 바닷물이 일렁이는 풍경은 보는 자의 경외심을 자아내기에 충분하다. 그것의 수호를 감사하는 우산국인들이 자국의 영지에서 그것을 배제할 이유가 없어, 우산국에 독도가 포함되는 것은 당연한 일이다.

[『죽도고』의 안용복]

『죽도고』는 지역사회의 이익에 빠져, 그곳에 도해할 수만 있다면 조선에 분란이 발생해도 좋다는 저주를 꺼리지 않는 오카지마 마사요시(岡嶋正義)가 1828년에 편찬한 것이다. 그의 이익에 대한 집념은 혐오로 발전하여 정당한 조선관을 갖지 못한 체 『죽도고』를 편찬했다. 그는 자료의 객관적인 편집을 말하면서도 선택이 목적적이고 해석이 자의적이어서 사건을 객관적으로 정리하는 능력을 상실했다.

그 기록을 가지고 독도문제의 근본을 논하거나 안용복의 실체를 논하는 것이 한국과 일본의 현상이다. 안용복은 미친한 사람, 과장과 허언에 능한 사람으로 평하는 것도 그것에 연유한다. 편향된 가치관을 가진 오카지마의 사고를 파악하지 못한 편견이다. 따라서 『죽도고』를 인용하여 독도나 안용복을 논할 때는 그것의 본질을 이해하는 노력이 앞서야 한다.

[안용복의 에도행]

안용복은 에도(江戸)에서 울릉도와 자산도가 조선의 영토임을 주장하여 관백이 그것을 인정하는 서계를 받았으나 쓰시마(對馬)에서 탈취 당했다 한다. 그의 에도행은 본인의 진술만이 아니라 그를 납치했던 오야케(大谷家)의 기록과 그의 송환을 책임졌던 쓰시마한의 기록에도 있어, 그것은 사실로 인정되어야 했다. 그러나 안용복의 신분과 언행의 불명확한 점을 확대해석하는 방법으로 에도행을 부정하는 주장이 주를 이룬다.

일본이 안용복의 에도행을 인정하게 되면, 독도/죽도에 대한 역사적 정통성을 상실하게 되어, 독도를 매개로하는 한국과의 외교적 분쟁의 씨앗을 살리기 위해서는 어떻게든 그것의 영유를 주장할 수 있는 논리를 구축해야 한다. 그 방법의 일환이 에도행의 부정이다.

문제는 우리 쪽이다. 많은 기록이 에도행을 전하고 있는데도 검토하는 과정도 없이 일본의 주장에 맹종하고 있다. 기록의 내용이 사실과 다르다는 생각이 있으면 그것을 증명하는 노력을 먼저 했어야 했다. 그런 노력도 없이 일본이 전하는 『죽도고』와 같은 후세의 기록이 전하는 상황에 함몰되어 『숙종실록』의 내용을 부정하고 있는 것이다.

[안용복의 일본행적]

안용복은 납치되어 오키(隱岐)—요나고(米子)—돗토리(鳥取)—에도(江戶)—나가사키(長崎)—쓰시마(對馬)를 전전하다 부산 왜관으로 송환되어 그곳에서도 50일 가까이 감금되었다가 조선에 양도되었다. 자진해서 도해했을 때는 울릉도—자산도—오키—아카사키(赤崎)—아오야(青谷)—가로(賀露)를 거쳐 돗토리성하(城下)를 방문하여, 확실한 이유도 없이 고야마이케(湖山池)라는 호수에 50일 가까이 구금되었다가 강원도 양양으로 귀범했다.

요나고를 비롯하여 나가사키 쓰시마 등지에서는 안용복을 냉대하며 범죄자 취급을 했으나, 돗토리한이 관할하는 아오야·가로·돗토리성하 등지에서는 환대했다. 돗토리한도 처음에는 요나고 어민들의 의견에 동조하여 그의 처벌을 요구했으나, 도중에 자세를 바꾸어 빈객 대우를 했다. 돗토리한의 그러한 태도변화의 원인을 규명하는 것이 안용복의 실체는 물론 독도 문제의 본질을 이해하는 조건이다.

[『발서공』의 안용복]

조선은 1417년부터 해금정책을 취했다. 외적으로부터 조선인을 보호하는 방법으로 취한 정책이었다. 이 기간을 이용하여 일본 요나고(米子)의 어민들이 1625년부터 그곳에 드나들며 가문의 번성을 이루고, 장군을 알현하고 막부의 중신들과도 교류하게 되었다.

그들이 죽도의 산물을 상납하는 방법으로 가문의 번영을 이루고, 그 상황을 기록한 것이『발서공』으로, 죽도에 도해하게 된 유래와 장군을 알현한 내용, 막부의 중신들에게 상납한 내용, 상납에 감사하는 중신들의 서한, 물품을 요구하는 서한 등으로 구성되어 있다. 비자금장부와 같은 기록이다. 그런 가문이 안용복을 납치하는 것을 계기로 해서, 조선이 일본인들의 울릉도 도해를 항의하여, 1696년에 도해가 금지되어 가문이 쇠락하고 만다.

그 기록에 안용복을 에도에 보냈다는 기록이 있어, 『숙종실록』이 말하는 안용복의 에도행이 사실이었다는 것을 알 수 있다. 일본은 이 『발서공』을 근거로 독도의 영유를 주장하나, 기록 전체를 읽어보면 그 주장은 사실과 다르다.

[일본의 죽도발견]

일본이 독도/죽도를 일방적으로 시마네켄 영토로 편입시킨 100주년을 기념하여 2월 22일을 「다케시마의 날」로 정하면서 국가의 제정을 촉구했으나, 일본은 이미 그 같은 주장을 외무성 홈페이지에 천명하고 있었다. 조선이 해금정책을 펴는 사이 울릉도에 드나들었던 것을 정통성으로 하는 주장으로, 그 근거로 『발서공』을 인용했으나 잘못된 인용이다.

독도는 512년 이래 고려와 조선이 계승 통치하며 해금정책을 취하는 사이에 일본 어부가 조선 몰래 70년 정도 그곳에 도해한 일이 있는데, 그것을 정통성으로 해서 1905년에 일본에 편입시켰다. 그리고 현재는 그것을 정통성으로 한다.

일본은 군함을 파견하여 강화도조약을 체결한 이래, 강제조인을 되풀이 했고, 그때마다 조선의 자주권은 상실되어갔다. 일본은 구미와 맺은 불평등조약과 교류를 경험하여 얻은 지식을 조선에 적용하고 있었는데, 그 결정판이 1905년의 보호조약이었고, 그 직전에 행한 침탈이 1905년 2월 22일에 자행한 다케시마의 편입이었다. 일본이 그것의 100주년을 기념하며 그것에서 정통성을 구하는 것은, 침략을 절대가치로 여기던 시대에 자행했던 침략에서 정통성을 구하는 일이다.

‖차 례‖

3장 우산국의 종교와 독도

4장『죽도고』의 안용복

5장 안용복의 에도행

6장 안용복의 일본행적

7장 『발서공』의 안용복

8장 일본의 죽도발견『발서공』의 기록

동아시아의 천하사상 1장

1장

동아시아의 천하사상

1. 제와 천

중국이 말하는 천하란 보천지하(普天之下)를 의미하는데, 지리적 · 정치적 · 문화적으로 그 이상의 의미를 가지며 시대에 따라 의미도 변한다. 천(天)이 왕조의 흥망성쇠의 원리로 인식되는 제(帝)와 혼용되는 일도 있으나 그것이 동일하다는 것은 아니다. 「천」의 관념은 은주(殷周)의 혁명을 계기로 해서 성립했다.

천의 유사어 제는 은대의 갑골문 사료에도 가끔 등장한다. 은왕은 왕조의 조상신은 물론, 지배 하에 있는 집단의 조상신이나 일월 등의 자연신을 제사지내는 사이에 신들 간에 서열이 생기면서 제가 지상신의 위치를 점하게 되었다. 제는 강우나 한발을 조절하여 풍작을 좌우하고, 반란을 토벌하여 왕을 수호하는 조상신으로 인식되어, 지상신으로서의 위치를 차지한 것이다. 그에 비해 천은 초씨족적이고 보편적인 이념에서 성립되었다. 천은 모든 왕조나 왕을 초월한 합리적인 이념이기 때문에 사사로운 사랑이나 질투가 없어, 천명을 내린 왕조라 해도 그 멸망에 주저하지 않는다. 그것도 천이 응징하는 것이 아니라, 왕이 실덕으로 초래하는 것이다. 이것이 선양방벌(禅譲放伐)의 정통성이었다.

주 사람들은 이 천의 이념을 공유하는 세계를 천하라고 호칭했는데, 중국문화의 특징은 거의 이 천하적 세계관의 특징성에 기인한다. 역성혁명(易姓革命)을 되풀이하는 중국의 역대왕조는 혁명을 극복하는 방법으로 그 정통성을 필요로 했다. 혁명으로 신왕조를 열어도 대부분은 전왕조의 체제를 습용(襲用)한다. 이민족에 의한 혁명의 경우도, 위정의 권력을 장악할 뿐 정치 및 생활 그것은 자기 씨족사회적인 조직을 해체하여 천하적 세계관에서 살아가게 되어 항상 중화화 되어갔다. 그 흐름 속에서 성립한 것이 동아시아의 천하사상이다.

2. 사방과 천하

천이나 천하의 관념이 성립하기 이전에는 사방(四方・四旁)이 사용되고 있었다. 반은 서주적이고 반은 춘추적인 『시경』의 본문에서는 대부분 사방계(四方系)가, 전국시대 이후적인 시서에는 천하계(天下系)가 주로 사용되고 있었다. 서주에서 동주의 초기에는 사방계만이 있고 천하계는 없다가 천하의 개념이 발생하자 사방계를 밀어내고 그 자리를 대신하게 된 것이다.

그것은 『서경』의 경우도 마찬가지였다. 주대의 시대적 사상을 반영하는 『서경』은 천하를 주왕이 지배하는 소민(小民)이 사는 곳을 의미하기도 하고 사예 · 사이가 사는 해표(海表)까지 포함시키기도 했다. 중국만을 의미하는 천하와 이적(夷狄)을 포함하는 세계로서의 천하가 병존하고 있었던 것이다.

진시황이 통일을 이루자 황제를 칭하고, 통일된 해내 · 사해를 천하로 하고 그것을 36군으로 나눈 것을 보면, 그 천하는 전국시대에 지배했던 영역의 지리적인 총화 내지는 정치적인 통일체를 의미한다. 이 천하가 광대한 영토인 것은 틀림없으나 그 영토의 외측에는 사이로 불리는 제 민족이 존재하고 있었다. 영토의 내외를 구별하여 만리장성을 쌓은 것을 보면 진시황의 천하는 군현제도가 시행되었던 중국의 내지로 한정된다.

진을 대신한 한제국이 군현제와 봉건 왕국제를 병용한 후로는 천하에는 한이라는 국가만이 존재하게 되었다. 그것은 한이 천하 유일의 통치 권력이라는 것을 의미하여, 중국의 영토가 한에 한정되면서 천하의 의미도 중국에 한정되게 되었다. 그러나 한의 영향력이 중국 외의 주변세계에 미치자, 천하의 범위도 주변국을 포함하게 된다. 이처럼 한을 천하의 유일국이라고 믿게 된 것은 한무제부터였다. 한제국 초 문제의 천하는 중국만이 아니라 흉노 · 남월 · 조선 등의 다원적 세력이 평화적으로 공존하는 복합적 세계였다. 문제와 흉노의 대단우(大単于)가 주고받은 국서에는 「장성 이북의 궁사가 뛰어난 나라는 명을 단우한테 받고, 장성 이내의 의관속대하는 한은 짐이 통제하기로 했다」 라고, 한과 흉노가 내외를 분할하여 통치하고 있었던 사실을 전하고 있다. 흉노가 무위를 배경으로 독자적인 천하관을 실천하고 있었던 것이다. 그처럼 한이 주변의 만이와 평면적으로 존재하는 천하상에 불만을 느끼고 그 개변을 염원하는 중국인들의 의사가 실현된 것은 한무제 때였다. 무제의 통치로 국력이 충실해지자 남월 · 조선 · 서남제국을 멸하고 흉노를 정복하여 중외가 평면적 독립적으로 공존하는 세계의 천하를, 중외가 하나로 되는 일원적 세계로 전환시켰다.

그 세계에서 한은 외신인 민족 집단과의 일정한 관계를 조공과 책봉이라는 형식으로 구체화한다. 그것은 중국왕조와 주변 제국 사이의 지배예속의 현실적 역학관계를 정치적인 기구로 하여 구체화하는 방식으로, 그 방식의 근저에는 중화사상이 자리하고 있었다. 그것은 중화와 이적을 차별하는 화이사상과 일단 차별한 이적을 왕사의 덕으로 중국에 재결합시킨다는 왕화사상으로 구성되는 논리였다.

3. 상호가 필요로 하는 책봉

중국과 주변국의 관계는 상호간의 이익을 바탕으로 한다. 한에서는 유교사상이 정책에 반영되어 있었기에 군주의 유덕으로 정치이상이 실현된다고 믿고 있었다. 주변국이 한제의 성덕을 그리워하고 왕화 되는 것은 군주의 유덕을 확인하는 일이었고, 또 주변국은 국내에서의 수장의 권위와 지위를 중국한테 보장받는 일이었다. 그 보장은 국내뿐만 아니라 근린국가와의 경합관계에 있을 경우에도 중국의 권위를 배경으로 자국의 입장을 강화할 수 있었다. 그러한 주변국의 중국과의 관계는 조공하여 책봉을 받는 형식으로 이루어졌다.

한의 군국제와 책봉제는 중국의 간접지배를 가능케 하여 중국의 질서를 확산시키기에 좋은 방법이었다. 또 주변제국의 수장들도 중국의 선진문화나 통치방법을 이용하여, 국내에서의 절대권위를 확보할 수 있었기 때문에 스스로 그 천하에 참여하고 있었다. 중국은 일찍부터 주변국과의 관계를 통하여 축적한 경험으로 주변국과의 관계질서를 정립하고 주변국은 그 질서에 참여하는 방법으로 수장의 권위와 자국의 이익을 도모하고 있었던 것이다.

중국의 동방에는 조선이나 왜 등의 동아시아가, 서쪽에는 중앙아시아의 초원민족이나 오아시스민족이, 남쪽에는 강남이, 북방에는 유목·수렵민족이 서로에게 영향을 미치고 있었다. 중국은 그러한 주변민족과 화전을 반복하면서 나라를 유지시켜 왔다. 그러한 과정을 통하여 중국이 주변민족을 포함하는 형상의 세계가 형성되고, 그 세계에서 중국이 중심적 역할을 하게 되었다.

중국문명의 영향으로 발흥한 주변국의 군주는 자국 내에서 어떻게 해서 절대권위를 확보하고 국가조직을 완성할 것인가라는 문제에 직면하면 그 전거를 중국에서 구할 수밖에 없었다. 그 때문에 중화사상의 차별성을 인정하면서도 그 체제에 스스로 참여하고 있었던 것이다. 그리고 거기서 배운 차별의식을 자국의 질서 정립에 적용시키고 있었다.

4. 『삼국사기』와 『삼국유사』의 박혁거세

중국의 세계에 참여하는 주변국도 국내의 통치에 임해서는 독자적일 필요가 있다. 중국의 책봉을 받아 자국의 절대권위자의 위치를 확보한 통치자는 자국을 세계의 중심, 천하의 중심에 위치시키는 독자적인 천하관이 필요했다. 그것이 나라를 존재하게 하는 최소한의 조건이다. 그 필요성에 의해 자국을 중심으로 하는 천하사상의 구축이었는데, 그것은 중화세계에 참여한 경험을 바탕으로 해서 가능한 일이었다. 그럴 경우 중국과의 관계를 어떻게 설정하느냐가 문제였다. 천하의 중심국가가 하나일 수밖에 없는 상황에서 중국이 등장하는 독자적인 천하사상의 구축은 불가능하다. 어쩔 수 없이 중국을, 중국과 유관한 사건을 생략하기도 했다.

한국에는 당대에 기록한 건국신화가 많이 남아 있지 않다. 기록의 문제를 어떻게 볼 것인가에 대해서는 제설이 있을 수 있으나 일단 『삼국사기』나 『삼국유사』가 전하는 건국신화는 당대의 기록이 아니다. 신화를 소유했던 세력이 없는 후대에 기록된 것이다. 신화가 소유주를 상실할 경우 신성성도 같이 상실한다는 것을 생각하면 그 기록이 전하는 내용은 그 신화를 소유했던 사람들이 이야기한 그것과 다른 것이라고 보아야 한다. 같은 내용이라 해도 전하는 사람에 따라 다르다는 사실은, 신라의 건국신화를 전하는 『삼국사기』와 『삼국유사』를 통해서도 확인할 수 있다. 또 『삼국사기』가 전하는 신라, 고구려, 백제의 천하사상이 다르다는 것으로도 확인할 수 있다.

『삼국사기』의 박혁거세 신화는 다음과 같다.

일찍이 조선의 유민들이 이곳에 와서 산곡 간에 헤어져 여섯 촌락을 이루었다. 첫째는 알천의 양산촌, 둘째는 돌산의 고허촌, 셋째는 취산의 진지촌(혹은 우진촌), 넷째는 무산의 대수촌, 다섯째는 금산의 가리촌, 여섯째는 명활산의 고야촌이란 것이나, 이것이 진한의 육부이었다. 고허촌장인 소벌공이 하루는 양산 및 나정 곁에 있는 숲 사이를 바라 본 즉, 말이 무릎을 꿇고 울고 있으므로 가보니 말은 간 데 없고, 다만 있는 것은 큰 알뿐이었다. 알을 깨어 본즉 한 어린아이가 나왔다. 곧 소벌공이 데려다가 길렀더니, 나이 10여 세가 되니 유달리(솟아나게) 숙성하였다. 6부 사람들은 그 아이의 출생이 이상하였던 까닭에 높이 받들더니, 이때에 이르러 그를 세워 임금을 삼았다.

先是, 朝鮮遺民, 分居山谷之間 為六村, 一曰閼川楊山村, 二曰突山高墟村, 三曰觜山珍支村(或云于, 珍村), 四曰茂山大樹村, 五曰金山加利村, 六曰明活山高耶村, 是為辰韓六部, 高墟村長蘇伐公, 望楊山麓, 蘿井傍林間, 有馬跪而嘶, 則往觀之, 忽不見馬, 只有大卵, 剖之, 有嬰児出焉, 則收而養之, 及年十餘歲. 岐嶷然夙成, 六部人, 以其生神異, 推尊之, 至是, 立為君焉.

건국신화가 천과 연관되는 일은 흔히 있는 일이다. 그런데 이 신화에는 천과 연관된 표현이 없다. 박혁거세나 말의 근원을 알 수 없다. 그럼에도「천신족과 지신족의 결합으로 이루어져 있다」,[1]「천신족으로서의 유이민인 박씨 부족은 경주 양산 하, 지신족으로 토착족인 김부족은 알천변, 토함산과 연결된 석부족은 동해안에 거주지를 갖고 있었다는 주장이 설득력 있는 견해가 될 수 있다」[2]라는 식으로, 천과 연관되어 설명되고 있다. 무엇을 근거로 하는 단정인지 이해하기 어렵다.

그러나 『삼국유사』는 박혁거세만이 아니라 6촌장들도 「처음에 표암봉에 내려왔으니」·「처음에 형산에 내려왔으니」·「처음에 이산에 내려왔으니」·「처음에 화산에 내려왔으니」·「처음에 명활산에 내려왔으니」·「처음에 금강산에 내려왔으니」[3]라고 「강…봉」·「강…산」의 형식을 취하여, 선조들이 봉, 산보다 높은 곳, 즉 천에서 하강한 사실을 시사하여 선조가 천신이었다는 사실을 분명히 밝히고 있다.

박혁거세의 경우에는 「번개 빛처럼 이상한 기운이 땅에 닿도록 비치고 있다…말이 사람을 보더니 길게 울고는 하늘로 올라가버렸다」[4]라며 「수지」·「상천」등의 용어로 말과 알의 거래처가 천이라는 사실을 이야기하여 박혁거세와 천의 혈연관계를 밝히고 있다.

5. 광개토왕비문

중국의 천하사상에 의하면 중국의 군주는 유덕의 성인이기 때문에, 군주는 그 덕의 위력으로 주변사람들을 끌어들이고 그 덕을 주변국으로 확장시킨다고 한다. 군주의 덕은 중국에 머물지 않고 그 주변으로

1) 金杜珍「加耶와 新羅의 神聖族神話」(一潮閣, 『韓國古代의 建國神話와 祭儀』, 1999), p.264.

2) 金哲埈「新羅上代社會의 dual organization」上 (『歷史學報』1, 1952), pp.23-25.

3) 初降于瓢嵓峰, 是爲及梁部李氏祖…初降于兄山, 是爲沙梁部, 鄭氏祖…初降于伊山, 是爲漸梁部, …初降于花山, 是爲本彼部崔氏祖…初降于明活山, 是爲漢岐部, …初降于金剛山, 是爲習比部 薛氏祖(李民樹역 『三國遺事』, 乙酉文化社, 1985년 9월).

4) 我輩上無君主臨理蒸民. 民皆放逸. 自從所欲. 盍覓有德人, 爲之君主, 立邦設都乎. 於是乘高南望. 楊山下蘿井傍, 異氣如電光垂地. 有一白馬跪拜之狀. 尋撿之. 有一紫卵(一云青大卵). 馬見人長嘶上天. 剖其卵得童男. 形儀端美. 驚異之. 俗(浴)於東泉(東泉寺在詞腦野北). 身生光彩. 鳥獸率舞. 天地振動. 日月淸明. 因名赫居世王(李民樹역 『三國遺事』, 乙酉文化社, 1985).

퍼져 나가 주변의 이적들도 그 덕 안으로 포섭되게 된다. 그 결과 왕의 덕이 예의를 알지 못하는 주변의 이적들을 감화시켜 예의에 따르게 한다. 주변국이 왕의 덕으로 왕화되어 예의를 알게 된다는 것은 주변국이 중국의 질서에 따르는 형식으로 중국의 세계에 포섭되는 일이었다. 말하자면 조공을 바치고 책봉을 받는 관계로 진전되어 가는 일이었다.

조공하고 받는 책봉이란 중국의 황제가 국내의 귀족 · 공신에게 왕이나 · 공 · 후 등의 작위와 채읍을 내리는 것을 말하는 것이나, 그것을 주변국의 군주들과의 관계에 적용하여 그들에게 지위를 주어 군신관계를 맺고, 그것에 상응하는 의무를 과하는 것이었다. 이러한 국제적 정치관계 속에서 고구려도 중국의 천하에 참여하여 책봉을 받고 있었다. 그 고구려가 비문 속에서는 자국의 천하를 구축하고 자국을 천하의 중심에 위치시키고 있는 것이다.

고구려나 일본의 독자적인 천하는 「비문」이나 『고사기』 · 『일본서기』 등을 통해서 확인할 수 있으나, 중국에 조공하고 책봉을 받는 주변국이 독자의 천하관을 갖는다는 것은 모순되는 일이다. 그럼에도 자국이 존재하는 가치관으로서의 천하관은 필요했기 때문에 중국의 천하에 참여한 경험을 가진 주변국들은 중국의 천하사상을 전형으로 해서 독자적인 천하관을 구축하고 그것을 실현하려 했다.

주변국의 군주가 권력을 강화하고, 국가조직을 만들어야 한다는 문제에 직면했을 경우 전형으로 삼을 수 있는 것은 중국의 국가조직을 제외하고는 달리 없었다. 그리하여 군주와 국가조직의 전형을 중국에서 구할 때, 자국이 천하의 중심에 위치하는 논리로 중화사상을 도입하고 그것을 전형으로 하여 자국의 정통성을 확인하는 텍스트를 만들게 된다. 고구려의 「광개토왕비문」(이하 비문)이나 일본의 『고사기』·『일본서기』 등이 그러한 텍스트였다. 「비문」과 『고사기』·『일본서기』는 414년과 712·720년의 시간적인 차는 있으나, 자국의 독자적인 천하관을 구축했다는 점에서는 동질적이다.

당대인의 기록으로 유일하게 존재하는 것이, 장수왕이 부 광개토왕의 훈적을 칭송한 「비문」이다. 391년에 즉위하여 412년에 사거한 부왕을 추모하여 414년에 건립한 비에 새긴 약 1800자의 문장이다. 그 의미에 대해서는 제설이 있으나 부 광개토왕을 포함한 조상들이 천제의 후손이라는 유래를 근거로 해서 자신이 통치하는 고구려가 천하의 중심임을 확인한다는 것은 틀림없는 사실이다.

「비문」은 크게 3단으로 나눌 수 있는데, 조상이 후손을 수호하는 내용의 제1단, 조상의 수호에 대한 후손의 보은의례를 내용으로 하는 제3단, 천손들이 계승하며 통치하는 천하상을 이야기하는 제2단으로 구성되어 있다. 조상과 후손을 시간의 축으로 하고 천지를 공간으로 하는 세계로, 천제의 혈통을 계승한 후손왕이 통치하는 고구려를 중심으로 하는 세계다. 따라서 그 세계에는 고구려와 대등하거나 우월한 세력은 존재할 수 없고, 고구려에 조공하며 수호 받는 주변국만이 존재할 뿐이다. 이처럼 자국을 중심으로 보는 사상은 고구려의 독자적인 것이 아니라, 중국의 천하에 참여한 경험을 살려 구축한 것으로, 고구려만이 아니라 중국의 천하에 참여했던 백제나 신라, 왜 등도 구축하고 있었다.

중국왕조의 책봉을 받고 중국의 천하에 참여하는 것이 필연적이었던 상황 속에서 고구려와 왜는 각각 자기를 확증하고 있었던 것이다. 「비문」의 세계는 천제에 유래하는 천손이 계승하는 영원한 시간과 천지를 공간으로 하는 세계로, 그 중심에 위치하는 고구려가 신라, 백잔, 동부여, 비려를 주변국으로 해서 구성된다. 그 외에도 북부여, 임나가라, 안라 등 국가로 생각할 수 있는 세력과 왜가 등장하고 있으나, 그 세력들은 고구려에 조공한 일이 없어 고구려의 천하를 구성하는 주변국이 되는 자격을 가지지 못한다.

고구려가 천하의 중심이 되는 것은 천제의 혈통을 받은 후손이 통치하는 국가이기 때문이다. 천제와 하백여랑의 신혼의 결과로 난생한 추모왕이 천강하여(剖卵降世) 건국하고 천손이 대를 이어 통치하는 것이다. 「비문」의 광개토왕이 전승을 거두고 고구려의 은덕이 천하에 확산되는 것도 그것을 원인으로 한다. 그 천하는 조공이 질서의 척도다. 신라나 백잔이 정벌 당한 것도 그 의무를 이행하지 않은 것을 원인으로 한다. 정벌이 조공을 약속하는 것으로 종결되는 것도 그 때문이다. 조공의 의무에 충실했다면 정벌 그 자체도 없었기 마련이다.

주변국 비려(稗麗)는 불가칭수의 우마군양을 바쳤고, 신라는 조공의 의무를 이행하지 않다가 정벌 당하자 매금이 복속을 서약하고, 스스로 수호를 요구하기도 했다. 백잔은 조공을 약속하고도 왜와 화통하는 방법으로 질서를 위배하다 정벌 당하여 조공을 바쳤다. 동부여 역시 조공을 중단했다가 고구려군이 출정하려하자 복속을 약속했고, 고구려는 왕은을 베풀었다.

이상의 정벌을 보면 질서를 위배하는 등의 원인이 없는 정벌은 없다. 모든 정벌은 주변국이 조공이라는 의무를 이행하지 않는 방법으로 질서를 위배했을 경우에 한해서 이루어지나 조공을 약속하면 회군한다. 이것은 정벌을 통해 확장한 영토가 없었다는 것으로, 원래부터 고구려의 천하에 속해있었던 영지에 대한 질서의 재정립이었다는 것을 의미한다.

국가로 인식할 수 있는 북부여, 임나가라, 안라 등은 고구려에 조공한 일이 없어 국가라기보다는 지명으로 등장하여 고구려 천하를 의미짓는 역할을 수행한 것으로 보아야 한다. 조공과 무관하다는 점에서는 왜의 경우도 마찬가지다. 왜는 「비문」에 11회나 등장하여 가장 많이 등장하는 나라다. 그래서 일본의 연구자들은 고구려에 대적하는 주역으로 설정하여, 마치 「비문」이 왜의 활약을 입증하기 위해 구성된 것처럼 해석하기도 한다. 또 일본은 그것에서 원하는 가치를 찾기 위해 「비문」 연구에 전력을 경주했다. 그 결과 신묘년조(辛卯年条)로 일컫는 32자가 비문의 전체인 것처럼 인식되기도 했고, 그 논리에 휩싸여 「비문」을 떠난 연구가 성행하기도 했다. 그러나 조공을 질서의 척도로 하는 「비문」의 논리로 볼 때, 왜는 고구려의 천하에 참가하는 주변국이 되지 못한다. 고구려가 왜에 조공을 청구하거나 취하지 않았다는 것은, 왜를 천하의 구성요소로 보지 않고 권외의 세력으로 보았기 때문이다. 그래서 고구려는 왜가 고구려의 천하에 나타나면 추방한 것이다. 왜가 나타나는 것 자체가 천하질서에 위배되는 일이었다. 고구려는 자타를 차별하여 구별하는 화이사상에 의해 구별할 때는 왜를 이의 세력으로 차별했으나 왕은으로 감화시킨다는 왕화의 대상에서는 제외시키고 있었다.

「비문」은 천제의 후손이라는 혈통과 권능으로 고구려가 천하의 중심임을 입증하는 한편, 중국을 비문에서 생략하는 방법을 취했다. 고구려의 천하사상이 중국의 천하에 참여한 경험을 바탕으로 하는 한계였다. 현실적으로 교류를 하고 있는 중국을 생략한 것은 교류사실을 부정하거나 자료가 부족해서가 아니라, 「비문」을 성립시키는 논리가 중국을 포섭하지 못하기 때문이다. 중국의 중화사상을 모태로 해서 성립된 고구려의 천하에 중국이 등장하는 것은 현실적인 모순을 드러내는 한계이며 이것이 「비문」에서 중국을 생략시킨 이유였다.

6. 『고사기』의 천하

일본에는 당대의 천하관들을 알 수 있는 기록들이 많다. 『고사기』·『일본서기』·『만엽집』·『선명』등이 그것으로, 그것들은 기록자들의 의도에 따른 세계상을 독자적으로 전하고 있다. 종래에는 그것들의 유사성을 중시하여 동일하게 해석하려 했으나, 같은 박혁거세의 기록이라 해도 『삼국사기』와 『삼국유사』가 그 세계관을 달리 했듯이 기록들의 독자성은 인정되어야 한다. 특히 『고사기』와 『일본서기』는 신명이나 내용이 유사하여 같은 천하를 이야기하는 것으로 여겼는데, 천황이 통치하는 왜가 천하의 중심이라는 가치관을 이야기한다는 점에서는 그렇게 볼 수도 있으나, 그 천하를 이야기하고 확인하는 방법에서는 크게 다르다.

『고사기』의 세계는 천상의 고천원(高天原)과 천하의 위원중국(葦原

中国) · 황천국(黃泉国) · 근지견주국(根之堅州国) · 해신국(海神国) 등으로 구성되어 있는데, 위원중국 이외의 세계가 성립된 과정에 대한 설명은 없다. 이미 천의 세계로 존재하고 있던 고천원의 생성의 영력으로 천지의 신들이 생성되고 나라도 완성되었다. 그것이 신화의 위원중국이고 그것과 대응하는 것이 역사의 대팔도국(大八島國)이다.

위원중국은 천신의 관여로 완성되었기 때문에 고천원이 보장하는 세계로, 근지견주국 · 해신국 · 황천국을 주변국으로 해서 천하의 중심에 위치하며, 절대신 천조대어신(天照大御神)이 숨으면 고천원과 위원중국이 같이 어두워지고, 나타나면 고천원과 위원중국이 같이 밝아진다는 동일한 질서로 통어되기 때문에 천하의 중심이었다.[5)]

위원중국에 대응하는 대팔도국은 혈통으로 고천원의 보장을 받는 나라였고, 그것이 천하의 중심에 위치할 수 있는 정통성이었다. 천강한 3대 후손인 신무천황은 동천하여 대화(大和)에 천황의 세계로서의 천하 확립했다. 그 천하는 위원중국을 계승한 세계이나, 위원중국 그대로는 아니다. 위원중국이 신화세계의 중심이었다면, 대화에 확립한 천하는 역사세계의 중심이다. 위원중국은 고천원과 우주의 기축을 이루면서 황천국 · 근지견주국 · 해신국 등과 함께 구성하는 천하의 중심이었다. 그에 대응해서 대화에 확립된 천하는 대팔도국과 신라 · 백제를 번국으로 해서 구성되는 세계이다. 이것은 신무천황이 동천하여 대화를 천하의 중심으로 하는 것과 동시에, 신화적인 위원중국 대신에 현실적인 대

5) 神野志降光著, 権五曄權靜역 『古事記와 日本書紀』(제이앤씨, 2005)

팔도국을 천하의 중심으로 위치시키는 용어상의 개변이었다. 그러나 이것은 일본의 천하가 어떤 식으로 달성되고, 현실 세계와 어떤 식으로 연결되어 있는가를 설명하는 관념의 세계일 뿐이다. 역사와는 별개의 사실로, 신라와 백제를 번국으로 하는 천하를 근거지우는 허구인 것이다.

당시의 왜는 신라와 백제뿐만이 아니라 고구려나 중국 등의 동아시아와도 교류하고 있었다. 그런데 『고사기』는 그러한 사실은 기술하지 않았다. 천황의 세계로 확립되는 천하에는 대팔도국과 신라 · 백제가 등장할 뿐, 중국과 고구려는 등장하지 않는다.

『고사기』의 세계는 중국의 천하를 모방하여, 독자적 세계를 형성해 가는 과정에서 대팔도국이 천하의 중심이고, 신라와 백제를 번국으로 하는 허구의 세계를 구축한 것이다. 그것이 대국으로서의 자국을 확인하는 방법이었다. 자국중심의 천하를 확증하는데 있어서, 5세기 이전의 역사적 사실은 현실적 모순을 노정시키기 때문에 『고사기』는 중국이나 고구려와의 관계기술을 생략해야 했다.

신라국과 우산국 2장

2장
신라국과 우산국

1. 서문

우리의 독도를 일본은 죽도라 칭하며 역사적 지리적으로나 국제법상으로 자국령이라는 주장을 되풀이 한다. 이것은 침략행위로 그 침략을 경험해온 우리가 용납할 수 없는 주장이다. 그럼에도 일본이 그 주장을 거두어들이지 않아 민족의 자존심과 이익이 걸린 문제로 부각되어, 이미 그것은 원 소속을 밝히기보다는 자국령임을 밝히려는 노력에 전념하는 양상을 띠게 되었다. 자국에 유리한 주장을 할 뿐 상대의 주장은 평가하려 하지 않는다.

그 섬에 대한 기록은 양국 모두가 소유한다. 우리의 것으로는 『삼국사기』의 기록이 처음으로, 그것에 의하면 512년에 신라의 이사부가 우산국을 복속시킨 것으로 되어있다. 그에 비해 일본의 기록은 「권기」에 나타난 1004년 기록이 처음이다. 그곳에는 우루마섬이라는 기록이 있는데, 그것은 외국으로서의 울릉도였다. 일본의 영토로 생각할 수도 있는 기록은 임진왜란 이후의 『은주시청합기』부터 나타나기 시작한다.

17세기에는 울릉도/죽도의 소유를 둘러싼 조선과 일본의 외교전이 있었으나, 일본이 처음의 주장을 거두어들이며 일본인들의 울릉도/죽도의 도해를 금지시켰다. 안용복의 도해를 계기로 울릉도가 조선의 영토라는 것을 인정하는 양국의 합의였다. 이후의 일본 기록들은 그 합의를 아쉬워하며 조선이 분열되면 다시 소유할 수 있다는 희망을 나타내기도 한다. 그러다 1905년에 그때까지 송도라고 부르던 독도를 죽도라 개명하고 시마네켄에 편입시켰다. 그리고 17세기에 양도한 것은 울릉도로 독도는 포함되지 않았다는 주장을 한다. 일본의 도해가 송도/독도만을 목적으로 하는 것이 아니라 죽도/울릉도로 도해하는 도중에 들리는 것이었으므로, 그것들을 분리해서 생각하기 보다는 죽도/울릉도에 송도/독도를 포함시켜 생각하는 것이 일반적이었음에도, 갑자기 송도/독도와 죽도/울릉도를 분리시키며 죽도/울릉도를 양보한 것이지 송도/독도는 양보한 것이 아니라는 것이다. 그러면서 종전의 송도/독도에, 울릉도에 대응시켰던 죽도를 대응시키고, 죽도/독도의 소유를 주장했다. 1905년부터의 일이다.

그러나 그것은 역사적 기록의 의미를 무시하는 주장이다. 6세기의 기록이 가지는 의미를 제대로 파악하면 역사적 소유가 분명해진다. 신라가 복속시킨 우산국에 지금의 독도가 포함되어 있다면 그 논쟁은 무의미한 것이 되기 때문이다.

이사부의 우산국정벌은 『삼국사기』「신라본기」와 「열전」, 그리고

『삼국유사』「지철로왕」조에 기록되어있다. 명사 등에 약간의 차이는 있으나 지증왕대의 이사부가 우산국을 정벌했다는 내용은 거의 비슷하다. 512년에 신라가 복속시키고 고려, 조선왕조가 그것을 계승했다면 그것의 소유를 따지는 것은 새삼스러운 일일 뿐이다. 그러나 일본은 그 우산국에 독도가 포함되어 있지 않았다는 주장을 굽히지 않는다.

우산국이 독도를 포함한다는 기록이 있으면 생길 수 없는 문제로, 그것이 독도를 직접 거론하지 않았다는 면에서는 가질 수 있는 의문일 수도 있다. 그곳의 우산국이 단지 울릉도만을 의미하는 것이라면 일본 측의 주장은 당연하다 할 것이다. 그러나 그 주장은 우산국의 「국」과 울릉도의 「도」를 같이 취급하는 것에 무리가 따른다. 특히 지증왕은 종전의 재래식 국명 「사라」 「사로」 등의 재래식 국호 대신에 「신라」를 사용하고 「거서간」 「차차웅」 「이사금」 「마립간」 등으로 전하던 왕호도 「신라국왕」으로 제정한 왕이다. 그만큼 「국」에 특별한 의미를 둔 왕이었다. 그 왕이 우산국이라 칭하며 정토했다면 우산국이 단순히 울릉도만을 의미하기보다는 그 주변의 섬들까지 구성요소로 해서 구성된 국가를 의미하는 것으로 보는 것이 타당할 것이다.

기록들은 신라 중심이라 우산국을 경시하거나 천시한다고 생각할 수 있는 용어로 설명하고 있는데, 그것은 우산국을 정벌하여 복속시키는 신라에 정당성을 부여하기 위한 방법일 뿐이다. 만일 우산국 위주의 기록이라면 그것들은 신라를 설명하는 용어로 사용되었을 것이다. 결국 우산국이 신라에 복속하여 조공하게 되나, 우산국이 신라를 격퇴한 일이 있고 신라가 정토를 위한 계략에 신중했던 것을 보면, 우산국이 신라에 대적할 정도의 국력을 구축하고 있었다는 것을 알 수 있다.

신라위주의 기록을 통해 우산국의 실체, 즉 신라를 격퇴시킨 우산국의 독자적인 국력은 추정 가능한 일이라고 생각한다. 신라중심으로 사용된 용어들의 의미나 정토과정을 살펴보면 우산국의 실체, 말하자면 우산국의 영토, 종교, 국력 등이 부각된다는 것이다. 그렇게 해서 우산국이 울릉도만이 아니라 주변의 섬들, 특히 독도까지 포함하여 구성된 나라였다는 것이 확인되면 독도의 소유를 둘러싼 논쟁은 무의미한 것이 된다.

2. 우산국 인식

1) 우산국의 기록

『삼국사기』와 『삼국유사』가 우산국을 기록하고 있는데, 그것이 최초의 기록이고 간단하여 전문을 소개하기로 한다.

> 13년 6월에 우산국이 귀복하여 해마다 토의(토산품)를 바치기로 하였다. 우산국은 명주(강릉)의 정동 쪽의 해도에 있어, 혹은 울릉도라고도 하거니와, 땅이 사방 백리로, 천험을 믿고(신라에) 귀복치 아니하였다. 이찬 이사부가 하슬라주(강릉)의 군주가 되어 생각하되, 우산국 사람은 어리석고도 사나워 위세로써 내복케 하기는 어려우나 계교를 써서 항복받을 수는 있다 하고, 이에 목우사자를 많이 만들어 전선에 나누어 싣고 그 나라 해안에 이르러 속여 말하기를, 너희들이 만일 항복하지 아니하면 이 맹수를 놓아 밟아 죽이겠다고 하므로, 그들이 두려워하며 곧 항복하였다.[1)]

이사부(혹은 태종이라고도 함)의 성은 김씨요, 내물왕의 4대손이다. 지도로왕 때 연변의 관장이 되어, 거도의 권모를 도습하여 마희(말을 타고 놀이하는 것)로써 가야(혹은 가라라고도 함)를 속여 취하였다. (지증왕) 13년 임진에 (이사부는) 아슬라주 군주가 되어 우산국(지금 울릉도)의 병합을 계획하고 있었는데, 그 나라 사람들이 어리석고 사나워서 위엄으로는 항복받기 어려우니 모계로써 복속시킬 수밖에 없다 하고, 이에 나무로 사자를 많이 만들어 전선에 나누어 싣고, 그 나라 해안에 가서 거짓말하기를 "너희들이 항복 하지 않으면 이 맹수를 놓아 밟아 죽이겠다" 고 하였다. 그 사람들이 두려워서 곧 항복하였다.[2)]

第22대 지철로왕의 성은 김씨, 이름은 지대로, 또는 지도로이며 시호는 지증이다. 시호를 쓰는 법이 여기에서 시작되었다. 또 우리말에 왕을 마립간이라 한 것도 이 왕때부터 시작되었다. 왕은 영원 2년 경진(500)에 왕위에 올랐다(신사라고도 하는데, 그렇다면 영원 3년이다.) (중략) 또 하슬라주(지금의 명주) 동쪽 바다에 순풍으로 이틀 걸리는 곳에 우릉도(지금의 우릉) 가 있다. 이 섬은 둘레가 2만 6천 7백 30보이다. 이 섬 속에 사는 오랑케들은 그 바닷물이 깊은 것을 믿고 몹시 교만하여 조공을 바쳐오지 않았다. 이에 왕은 이찬 박이종에게 명하여 군사를 거느리고 가서 치게 했다. 이때 이종은 나무로 사자를 만들어 큰 배에 싣고 위협했다. 「너희가 만일 항복하지 않으면 이 짐승을 놓아버리겠다.」 이에 오랑케들은 두려워하여 항복했다. 이에 이종을 상 주어 주백을 삼았다.[3)]

1) 十三年, 夏六月, 于山國帰服, 歲以土宜為貢, 于山國, 在溟州正東海島, 或名鬱陵島, 地方一百里, 恃嶮不服, 伊湌異斯夫為何瑟羅州軍主. 謂于山人其愚悍, 難以威来, 可以計服, 乃多造木偶獅子, 分載戰船, 抵其國海岸, 誑告曰, 汝若不服, 則放此猛獸踏殺之, 國人恐懼則降 (『三國史記』 卷第四, 新羅本紀, 智証痲立干, 李丙燾譯註, 乙酉文化社, 1996).

2) 異斯夫(或云苔宗), 姓金氏, 奈勿王四世孫, 智度路王時, 為沿邊官, 襲居道権謀, 以馬戯誤加耶(或云加羅) 國取之, 至十三年壬辰, 為阿瑟羅州軍主, 謨并于山國, 謂其國人愚悍, 難以威降, 可以計服, 乃多造木偶獅子, 分載戰舡, 抵其國海岸, 詐告曰, 汝若不服, 則放此猛獸踏殺之, 其人恐懼則降 (『三國史記』 卷第44, 異斯夫).

왕명이나 인명 등에서는 차이를 보이나 전체적으로는 유사한 내용이다. 우산국을 복속시킨 하슬라군주의 이름을 「본기」와 「열전」은 이사부라 하고, 「열전」은 다른 이름 태종을 주로 기입하고 있다. 이를 『삼국유사』는 박이종으로 하여, 김씨로 하는 『삼국사기』와는 성씨까지 다르다, 그러면서도 이찬을 공유하는 것을 보아 동일인이라는 것을 알 수 있다.

당시의 왕명을 「열전」은 지도로왕으로 『삼국유사』는 지철로왕으로 하고 이름을 지대로 · 지도로, 시호로 지증을 소개하고 있어 차이를 보이는 것 같으나 「본기」의 즉위기에 「성은 김씨 휘는 지대로 혹은 지도로 또는 지철로」 라고 하고있어 동일인임을 알 수 있다.

국명을 「본기」가 우산국과 혹명의 울릉도를 전하는 것에 비해 「열전」은 우산국으로 전하고 『삼국유사』에는 「국」은 없고 「우릉도」 「도이」의 「도」의 기록만 있을 뿐이다. 울릉도의 위치를 「본기」는 명주의 정동해, 『삼국유사』는 명주의 동해로 하는데 「열전」에는 그 기록이 없다. 여기서 문제는 「본기」의 「지방백리」다. 이것을 우산국의 면적으로 볼 것인가 명주와의 거리로 볼 것인가의 문제다. 「열전」에는 그것에 상응하는 기록이 없으나 『삼국유사』에는 순풍을 만나면 이틀거리라는 것과 그 섬의 둘레가 26,730보라는 것을 같이 기록하여, 그것은 「지방, 백

3) 第二十二, 智哲老王. 姓金氏, 名智大路, 又智度路. 諡曰智證. 諡號始于此. 又鄉稱王為麻立干者. 自此王始. 王以永元二年庚辰即位(惑云辛巳則三年也) ……又阿瑟羅州(今溟州)東海中便風二日程, 有于陵島(今作羽陵). 周廻二万六千七百三十步. 島夷恃其水深. 驕傲不臣. 王命伊喰朴伊宗, 将兵討之. 宗作木偶師子, 載於大艦之上. 威之云. 不降則放此獸. 島夷畏而降. 賞伊宗為州伯(『三國遺事』 卷第1 智哲老王, 李民樹역, 乙酉文化社, 1985).

리」로 하면 거리로 해석할 수 있고 「지, 방백리」로 하면 넓이로 해석할 수도 있다.

우산국인을 「본기」와 「열전」이 어리석고 사납다는 「우한」으로 표현한 것에 비해 『삼국유사』는 「교오」·「도이」로 표현했다. 차별적인 용어를 사용했다는 것은 마찬가지이나 『삼국유사』의 「도이」는 「우한」과 「교오」의 원인이라 할 것이다. 「도이」이기에 「우한」하고 「교오」하다는 것으로 우산국인의 한계를 나타내는 용어이다. 그 같은 「도이」라 신라에 복속되어야 하는 대상인 것이다. 그것이 정토의 정당성이었다. 그 방법으로 사용된 것이 「위」와 「목우사자」로 위협하는 「계」였고 그 「계」에 속아 우산국은 복속 당했다. 「열전」은 조공하게 된 결과를 전하지 않는다.

2) 위치와 국명

울릉도는 동해안 울진 죽변에서 123km, 울릉도에서 92km 떨어진 동해에 존재한다. 이를 『삼국사기』는 「우산국은 명주(강릉)의 정동 쪽의 해도에 있어, 혹은 울릉도라고도 하거니와, 땅이 사방 백리」라고 기술하고 있다. 또 『삼국유사』는 「동북 바다에 순풍으로 이틀 걸리는 곳」에 존재하며 그 둘레가 26,730보라 했다. 『삼국사기』가 백리만 기록한 것에 비해 『삼국유사』는 뱃길로 2일이라는 시간과 26,730보라는 면적을 같이 기록했다.

『삼국사기』의 100리가 무엇을 의미하는지 확실하지 않으나 『삼국유사』와 비교하면 명주에서의 거리나 울릉도의 면적을 의미하는 것으로 볼 수 있다.[4] 그것을 「지, 방일백리」로 읽고 사방 100리로 해석하면 면적을 말하는 것으로 『삼국유사』의 26,730보와 대응하고. 「지방, 일백리」로 읽고 지방 백리로 해석하면 명주에서의 뱃길 2일과 대응한다. 이 경우 26,730보는 약49킬로미터로 『삼국사기』의 사방100리와 대응하는 면적으로 볼 수 있다. 따라서 100리가 40킬로미터에 해당하기 때문에 명주와 울릉도의 거리로 볼 수 없다고 단정하는 것에는 신중할 필요가 있다. 100리를 실수가 아닌 원거리의 표현으로 볼 수 있기 때문이다. 숫자의 허실을 떠나 멀다는 사실을 강조하는 표현으로 볼 수 있다.[5]

우산국은 『삼국사기』가 「혹명울릉도」로, 『삼국유사』가 「우릉도(지금의 우릉)」라고 달리 표기하고 있다. 이 「울릉도」와 「우릉도」는 한자 표기상의 문제라 생각한다. 그것에는 재래식 이름을 한자로 기록하는 문제와 신라시대의 사실을 고려시대에 기록하는 시간상의 문제가 포함되어 있기 마련이다. 『삼국유사』가 「지금의 우릉」이라고 기록할 당시의 호칭을 주로 첨가하고 있는 것으로 엿볼 수 있는 문제다. 이처럼 지명이 기록물과 시대에 따라 다르다는 것은, 호칭이 통일되지 않았을 가능성과 다양하게 호칭되었을 가능성을 동시에 시사한다.

또 『삼국사기』가 「우산국」을 설명하며 다른 이름으로 「울릉도」를 소개하는 것을 보면 「우산국」이 「울릉도」로 호칭 되고 있었을 당시의 사정도 알 수 있다. 그 당시가 이사부의 신라시대를 의미하는지 김부식의

4) 李鍾旭은 『三國遺事』 七十二國의 「地方百里」와 『三國史記』 本紀第一 「東北一百里」를 근거로 小國의 영역을 1만명의 인구를 거느릴 정도로 보았다. (『신라의 역사』1, 김영사, 2002, p.88).
5) 「維此聖人 瞻諺百里」 (『詩經』大雅 桑柔).

고려시대를 의미하는지는 확실하지 않으나 「우산국」과 「울릉도」가 혼용되고 있었다는 사실은 인정 된다.[6] 그렇다 해서 그것이 「우산국」과 「울릉도」가 동질의 호칭이라는 것은 아니다. 「울릉도」가 「우산국」을 상징하거나 대표할 수는 있어도 「우산국」 그 자체일 수는 없다.

그것은 「국」과 「도」가 동질의 단위일 수 없기 때문이다. 「국」은 나라를 의미하는 「방」과 통용되는 자로,[7] 천자의 제후가 다스리는 곳, 도읍, 교내, 성중, 고향, 지방 등을 의미하여, 일정한 세력을 형성한 지역으로 제후가 통치하는 곳으로서의 「국」과[8] 그보다 작은 지역으로서의 「국」으로 해석할 수 있다.[9] 말하자면 국가적인 형태를 갖춘 것과 그것에 이르지 못한 지역으로서의 「국」이다. 그에 비해 「도」는 수중의 육지를 의미하여[10] 「국」과는 다르다. 「도」가 「국」을 포함한다기보다는 「국」이 「도」를 포함한다고 보는 것이 자연스러울 것이다. 말하자면 「국」은 복수 이상의 「도」를 포함할 수 있으나 「도」가 「국」을 포함할 수는 없는 일이다.

물론 「도」 자체가 하나의 국가일 수는 있다. 그러나 이곳의 『삼국사기』가 「국」과 「도」를 같이 표기하고 있는 이상 그것은 구별되어야 한

6) 『삼국사기』는 같은 문장에 지명의 溟州와 관위의 何瑟羅를 병기하고 있다. 그리고 『삼국사기』 권35 잡지제4는 「本高句麗(一作何瑟羅), 後屬新羅…今新羅北界溟州…景德王十六年, 改爲溟州」로 설명하였다. 이를 李丙燾는 「溟州를 신라의 북계 또는 濊의 古國이라 한 것을 보면, 東濊의 중심지인 不耐濊, 즉 比列州 (지금의 安邊)를 개칭한 것이 분명한데, 사기 撰者는 景德王 때에 何瑟羅州를 개칭한 溟州로 오인한 것 같다.」라고 설명하고 있다. (『삼국사기』하권, p.231).

7) 「以佐王治邦國[注]大曰邦, 所曰國, 邦之所居亦曰國」 (周禮, 天官, 大宰).

8) 「皆曰天下國家[注]國, 謂諸侯之國」 (孟子, 離婁上).

9) 「山國龍虎節, 土國用人節, 譯國用龍節」 (周禮, 地官, 掌節).

10) 「島, 說文作嶋 (字彙補). 嶋, 海中往往有山可依止, 曰嶋從山鳥聲」(說文).

다. 이곳의 「도」는 「국」과 같이 사용되면서 「국」을 대신하는 호칭으로 소개된 것으로 보아야 한다. 다시 말하자면 「우산국의 귀복」을 설명하면서 「우산국」 대신에 「울릉도」를 사용하거나 「울릉도」로 「우산국」을 대신한 것뿐이지, 그것들이 동질의 공간이라서 혼용한 것은 아닐 것이다. 여러 도서들로 구성된 「우산국」에서 울릉도가 중심적 위치라는 사실을 감안하여 대표적 도명으로 국호를 대신한 경우로 보아야 한다. 도성이나 대표적인 지명이 국호를 대신하거나 겸하는 경우는 많다.[11)]

그러나 『삼국유사』의 「도」는 다르다. 「국」이라는 표현은 없고 「우릉도」·「도이」의 표현만 있어, 신라가 정벌의 대상인 우릉도를 「국」으로 인정하지 않았을 가능성을 제기하고 있기 때문이다. 생각할 수 있는 것은 신라가 우산국을 평가절하하기 위해 「국」으로 인정하지 않은 경우와 「국」과 「도」가 병칭되고 있었으나 「도」만을 취한 경우다. 그것은 우산국의 정벌이 주도 우릉도의 정벌로 끝나는 상황을 반영한 결과일 수도 있다. 따라서 「우산국」과 「우릉도」가 병칭되었을 가능성은 인정할 수 있다.

이상을 감안하면 『삼국사기』가 「우산국」의 표기 없이 혹명인 「울릉도」만을 사용하는 경우도 상정할 수 있다. 그 경우라 해도 「우산국」이라는 국호가 부정되는 것은 아니다. 우산국이라는 국호가 신라의 일방적인 호칭이었는지, 우산국이 자칭한 것을 신라가 인정하여 부른 것인

11) 大和가 한 지명이면서 日本을 의미하거나, 筑紫가 九州의 일부이면서 그 전체를 의미하는 경우와 같다.

지는 확인하기 어려우나 그렇게 호칭되고 있었기 때문이다.

우산국의 설명에 「우한」·「도이」 등의 차별적 용어가 사용된 것은 그것이 정토의 대상이었기 때문이다. 그런데도 정토의 대상에 「국」을 붙여 호칭한 것의 의미는 지증왕의 「국」에 대한 인식과 더불어 생각할 문제이다. 지증왕은 「신은 덕업이 날로 새로워진다는 것을 의미하고, 라는 사방을 망라한다」는 의미를 기저로 해서 신라를 국호로 정하고 그때까지의 재래식 호칭를 방기하고 「신라국왕」이라는 존칭을 취한 왕이다.[12] 그 지증왕이 정토의 대상에게 「국」을 붙여 칭한 것은 그 대상이 주변의 모든 섬을 「망라」해서 이루어진 「국」이라는 현실을 인정했기 때문일 것이다. 따라서 「우산국」은 울릉도와 그 인근의 독도를 요소로 해서 구성된 국가로 보는 것이 자연스럽다.

3) 화이적 용어

우산국에 대한 기록이 신라 중심이라 그 용어도 신라 중심이다. 『삼국사기』는 우산국인을 「우한」으로 『삼국유사』는 「도이」와 「교오」라는 용어로 설명했다. 이 같은 차별적 용어는 정벌하는 쪽에 정당성을 부여한다. 그래서 자국중심의 일방적 표현이라 할 수 있다. 그것은 자타를 차별하는 화이사상과 차별된 상대를 왕은으로 예의를 알게 한다는 왕화사상을 축으로 하는데, 이 용어의 차별은 화이사상의 실현으로 볼 수 있다.

12) 「新者德業日新, 羅者網羅四方之義」(『三國史記』智證麻立干, 4년).

용어로 차별되는 대상은 왕화의 대상으로 우선 복속되어야 한다. 그 방법은 스스로 복속하는 경우와 저항하다 복속당하는 경우가 있다. 저항하는 경우에는 무위가 동반되나 그것이 왕화를 위한 것이기 때문에 침략이 아니다. 「이」가 불복하는 것은 예를 모르는 일로 정토의 필요성은 더욱 증대된다. 복속시켜 예를 알게 하는 것을 왕화라 하는데 「이」는 「화」의 은덕으로 왕화되어야 하고 「화」는 「이」를 왕화시켜야 한다. 그것이 「이」의 도리이고 「화」의 책무인 것이다.

「이」의 정도가 심할수록 「화」의 위치는 고양되고 정토의 필요성도 증대한다. 그러한 필요에 의해 사용된 것이 우산국을 설명하는 「우한」·「도이」·「교오」 등의 용어다. 말하자면 우산국을 정벌하는 신라의 정당성을 확인하기 위한 용어들이다. 그래서 그것들이 우산국의 실체를 정확히 표현한다고 보아서는 안 된다. 오히려 그 용어와 정반대의 상황을 추정하는 것이 실체를 추정하는 방법이 될 수도 있다.

원래 부정적 용어는 당사자를 긍정하는 반어법으로 사용되기도 한다. 신라를 설명하는 용어 「광고(誑告)」나 「사고(詐告)」 등이 그렇다. 「광」은 「속이다」·「어루꾀다」·「혼란시키다」 등을 의미하는 자로, 「속이다」·「두려워하다」라는 의미의 「광(迋)」, 「속이다」·「속이는 말」을 의미하는 「광(誆)」과도 통하는 자이다.[13] 「사」에는 「속이다」·「어루꾀다」·「거짓말하다」·「말을 꾸민다」·「함정에 빠뜨리다」 등의 의미가 있다.[14] 모두 부정적인 의미를 포함하는 자이다. 이것들이 「고」와 함께 만드는 「광고」나 「사고」는 어떻게 보아도 부정적인 용어다. 그러나 이를 통치능력으로 보면 그 의미는 달라진다. 통치자가 취하는 속임수는 통치자의 지혜나 능력으로 간주되기 때문이다.

그 예가 『고사기』에 있다. 이는 천황이 천하를 통치하는 정당성을 확인하는 기록인데, 동서의 불복세력을 정벌하여 천하의 중심을 구축한 것은 야마토타케루노미코토(倭健命)였다. 그는 여장하는 방법으로 불복세력을 토벌하기도 하고 우인을 속여서 살해하기도 하는데 그런 행동들은 사술이 아닌 지혜와 능력으로 평가된다. 또 처첩을 많이 둔 인덕천황은 음란한 지도자가 아니라 유교적 성왕으로 평가받는다. 많은 사람을 만족시켜주었다는 것이 그 이유다.[15)]

그런 의미에서 우산국을 표현한 용어 「우한」·「교오」·「도이」 등의 의미를 살펴보는 것은 우산국의 실체를 아는데 빼놓을 수 없는 일이다. 또 그것은 사용한 주체를 감안해서 생각해볼 필요가 있다. 그것들은 우산국을 차별하여 신라를 긍정하기 위해 사용된 용어들이었으나, 우산국이 주체가 되는 기록이라면 신라를 대상으로 해서 사용되었을 용어들이다.

(1) 우한

「우한」을 「어리석고 사납다」로 이해하나 그것은 우산국의 입장을 고려하지 않은 해석일 뿐이다. 적어도 우산국인 스스로는 그렇게 생각하

13) 「誑詐也」(『釋文』), 「天又誑之[注]誑猶惑也」 (『國語』晉語2), 「誑通作迋」 (『正字通』), 「誑通作誆」 (『正字通』).

14) 「詐, 欺也」 (『說文』), 「無伐功而求榮富, 詐也」 (『呂氏春秋』 務本), 「有掎挈伺詐[注]詐僞其辭」, 「詐之也[注]祠謂陷阱奇伏之類」 (『公羊』哀, 9).

15) 神野志隆光 『古事記を読む』 下(日本放送出版協會, 1994), p.142.

지 않았을 것이다. 「우」에는 「지혜가 기능하지 않는 자」 「바보 같은 생각」 「바보」 등의 의미가 있고,[16] 「한」에는 「거칠다」 「조급하다」 「격심하다」 등의 의미가 있으나,[17] 「우」에 중점을 두는 해석을 취할 수도 있다. 그러나 「한」에서는 폭발하는 기운이나 제어하기 어려운 에너지 같은 것을 느낄 수 있다. 그것에는 「강하다」 「용맹하다」 「격심하다」 「날카롭다」 등의 의미도 있어[18] 「한」을 중심으로 해석할 경우에는 그 의미도 변하기 마련이다.

신라가 우산국을 「위」로 복속시킬 수 없다는 것을 알고 달리 「계」를 강구하게 되었다는 사실은 「우한」을 그저 「어리석고 사납다」로만 해석할 수 없다는 것을 시사한다. 그 「계」라는 것이 나무로 만든 「목우사자」를 보이며 위협하는 방법이었다. 나무로 만든 사자가 얼마나 정교하여 공포심을 가지게 했는지는 알 수 없으나, 아무리 정교하다 해도 그것을 보고 두려워하는 경우는 상정하기 어렵다. 만일 외형을 보고 공포를 느꼈다면, 그야말로 우한과는 거리가 먼 반응이다. 목우사자를 통해 사자를 처음으로 경험했다면 공포심보다는 호기심을 느꼈을 수도 있기때문이다.

그런데도 목우사자를 두려워했다면, 그것은 분명히 그 외형이 아닌

16) 「非是是非謂之愚」 (『荀子』脩身), 「三赦曰, 惷愚[注]惷愚, 生而癡騃童昏者」 (『周禮』秋官 司刺), 「敢不, 畧陳愚而抒情愫」 (『漢書』王褒傳).

17) 「析原禁悍[注]悍凶暴也」 (『荀子』王制), 「悍性急也」(『中華大字典』), 「水湍悍[注]集解曰, 悍彊也」 (『史記』河渠書).

18) 「上患吳會稽輕悍[注]師古曰, 悍, 勇也」(『漢書』吳王 濞傳), 「妻悍忌不得蓄媵妾」(『後漢書』馮衍傳), 「石藥之氣悍[注]悍者, 利也」(『素問』腹中論).

다른 것에 대한 반응이었을 것이다. 우산국 사람들이 목우사자를 보고 두려워했다면, 그들이 이전에 사자를 경험했다는 것을 의미한다. 그런데 사자란 우산국은 물론 중국에도 존재하지 않는다. 도저히 직접 경험할 수 없는 대상이었다. 그런데도 그것을 두려워했다면 사자와 관련된 문화를 경험했다는 것을 의미한다.

우산국이 「목우사자」를 두려워했다면 그것은 「어리석고 사납다」는 「우한」과는 모순된다. 외형을 두려워했다면 「사납다」는 것에 모순되고 그것이 상징하는 문화적 내용을 두려워했다면 「어리석다」는 것과 모순을 이루게 된다.

(2) 도이

『삼국유사』가 우산국을 단정한 「도이」의 「이」는 「동방에 있는 군자국의 사람」·「미개인」·「원방」 등을 의미하나,[19] 신라 중심으로 한 단정이므로 「먼 곳에 있는 미개인」 정도로 해석해야 할 것이다. 그것은 신라에 복속되어야 한다는 당위성을 나타내는 용어다. 다시 말하자면 신라가 정토하여 복속시키는 정당성을 확인하는 용어다. 용어로 차별된 나라를 정토하는 정당성을 획득하는 것은 자국중심의 세계관에서 가능한 일이다. 그 세계관에서는 상대의 동의를 구하지 않고도 자국중심의 세계를 실현할 수 있기 때문이다. 그래서 주변국을 차별하는 「화

19) 「東方曰夷」(『禮記』王制), 「夷, 東方之人也」(『説文』), 「戎伐其西南[注]戎, 山夷也」(『左氏』文 16), 「又其外方五百里曰夷畿」(『周礼』夏官 大司馬).

이사상」과 자국의 덕으로 감화 시킨다는 「왕화사상」을 축으로 해서 구성되는 세계관은 자의적인 것이다.

신라는 우산국을 「이」에 위치시키는 방법으로 「화」의 입장을 확보한 셈이나 우산국의 동의를 얻은 것이 아니므로, 그것은 자의적인 단정에 불과하다. 어쩌면 우산국이 신라를 「이」에 위치시키고 있었는지도 모른다. 신라의 질서를 거부하고 대항한 것을 보면 충분히 그럴 수 있었다. 그러나 결과적으로 우산국은 신라의 속국이 되고 말았다. 그렇다 해서 그것이 우산국 스스로가 「이」임을 인정했다는 것은 아니다. 패하여 조공하는 것이 자존사상을 방기했다는 것을 의미하는 것은 아니다.

고구려가 「광개토왕비문」으로, 일본이 『고사기』로 자국의 천하사상을 실현한 것을 통해, 독자적인 천하를 실현하려는 나라들의 자의적 세력 편성을 확인할 수 있다. 그것들은 자국의 천하를 실현하는 방법으로, 자국을 천하의 중심에 위치시키고 주변국을 속국으로 위치시킨다. 그래서 백제나 신라는 사실과 관계없이 속국이 되어있다. 고구려와 왜가 동의를 구하는 일 없이 임의로 속국에 위치시켰기 때문이다. 독자적 천하를 실현하는 데는 그러한 자의적 윤색이 필요했다.

신라는 「중원고구려비문」에서도 고구려의 주변국이다. 그곳의 고구려는 신라를 「동이」라 칭하며 의복을 하사한다.[20] 여기서 중요한 것은 그것의 사실여부가 아니라 고구려가 신라를 주변의 「동이」로 보려했다

20) 「諸位賜上下衣服教東夷寐錦」(徐永大 「中原高句麗碑」(『韓國古代金石文』제1권, 駕洛國史蹟開發研究院, p.44).

는 사실이다. 이처럼 다른 곳에서 「이」로 차별되는 신라가 우산국을 「이」로 보았다는 것은 무엇을 의미하겠는가. 신라도 독자적인 천하관을 구축하고[21] 그 중심에 자국을 위치시키고 우산국을 우산국의 의사와는 관계없이 속국에 위치시킨 것이다. 이처럼 상대방의 동의를 구하지 않고 구축하는 것이 자국중심의 천하관이라면 신라에게 「이」로 차별 된 우산국도 독자적인 세계관을 가졌을 가능성이 있다. 그 세계에서는 우산국이 중심의 「화」이고 신라가 주변의 「이」였을 수도 있다.

그것은 「교오」라는 표현으로도 추정할 수 있는 일이다. 「교오」의 「교」에는 「거만하다」「우쭐거리다」「강하다」 등의 의미가,[22] 「오」에는 「거만하다」「뽐내는 마음」「얕보다」 등의 의미가 있다.[23] 그리고 「교오」자체가 「거만하고 우쭐거리다」를 의미한다.[24] 신라가 우산국을 「교오」하다고 보았다는 것은 우산국이 그렇게 보일만한 태도를 취하고 있었기 때문일 것이다. 이것이 신라에게는 「우한」하거나 「도이」라 그런 태도를 취한 것으로 보였을지 모르나, 이 표현에서는 우산국의 신라에 대해 자신 넘치는 당당한 자세를 엿볼 수 있다. 어리석고 사나워서 취하는 자세라기보다는 자신감에 의한 태도로 볼 수도 있다.

사자를 매개로 하는 문화를 경험했고, 신라의 침략을 퇴치할 정도의

21) 權靜 「신라의 천하로서의 우산국」(『日本學研究』第19輯, 檀國大學校日本研究所, 2006. 10), p.211.

22) 「王兵勝而不驕[注]驕, 慢」(『戰國』秦策), 陵上慢下曰驕也(『皇疏』學而), 「驕, 逸也, 恣也」(『字彙』), 「四牡有驕」(『詩經』衛風 碩人).

23) 「傲慢也倨也」(『廣韻』), 「傲小物而志屬於大[注]傲, 輕」(『呂覽』士容).

24) 「驕傲侈泰, 離度絶理, 其唯無禍, 福亦不至矣」(『管子』禁藏).

국력을 가졌던 것이 우산국이었다. 그런 국력을 배경으로 하는 당당한 태도를 신라가 그렇게 본 것뿐이다. 그래야 정벌의 정당성을 획득할 수 있다.

신라는 우산국을 한 번에 복속시키지 못했다. 「위」로 복속시키려는 기도가 실패로 끝난 경험이 있기 때문에 「목우사자」를 보이는 정토를 계획하여 실행한 것이다. 그런 신라가 우산국이 귀복하지 않는 이유, 사실적으로는 정토에 실패한 원인을 자연적 조건에서 구하려 한다. 자연이 험하여 정토에 실패했다는 것은 상대를 평가 절하하여 자신들의 패배를 정당화하는 일이었다. 패한 것이 우산국의 강한 국력에 의한 것이 아니라 자연조건에 의한 것으로 하여, 우산국의 독자성도 인정하지 않고 패배를 정당화시키는 방법이었다.

따라서 『삼국사기』나 『삼국유사』가 우산국의 설명으로 사용한 용어는 신라를 중심에 위치시키는 것을 목적으로 해서 선택된 것으로, 우산국을 과소평가하는 용어, 우산국이 복속되어야하는 당위성과 신라가 우산국을 복속시켜야한다는 정당성을 확인하기 위한 용어로 보아야 한다. 만일 우산국의 정당성을 확인하기 위한 기록이었다면 이 용어들이 신라의 설명으로 사용되었을 것이다.

3. 우산국의 정벌

우산국을 차별적 용어로 설명하는 것은 그것을 정벌하는 정당성의 확인이었다. 그래서 신라의 정벌은 침략이 아니라 당연한 의무의 이행이다. 그런 정당한 정토에 실패하자, 신라는 종래의 「위」가 아닌 다른 방법을 모색하여 채택한 것이 「계」였다. 그것은 「위」에 의한 정토가 실패한 후에 채택한 것으로 「목우사자」를 보이며 위협하는 방법이었다. 「계」와 「위」가 어떻게 다른 것인가를 확실히 알 수는 없으나 「위」보다는 보강되고 강화된 계획이라는 것은 확실하다. 실패를 바탕으로 지혜롭고 치밀하게 짠 책략과 같은 것이다.

「위」의 「엄숙함」·「두려워하다」·「협박하다」·「위세」 등의 의미를 「우한」의 난폭성과 같이 생각하면 「협박하다」·「위세」 등으로 해석할 수 있다.[25] 그래서 「위」는 무력을 배경으로 하는 「무위」의 「위」 정도로 해석 할 수도 있다.

「계」는 「생각하다」·「계략」·「계획」을 의미하고,[26] 「모(謨)」는 「크게 꾀한다」·「획책한다」·「책모한다」 등을 의미한다.[27] 이 「위」와 「계」의 자의를 생각하면 종래의 정토는 무력에 의지하는 「위」로 복속시키려 했으나 우위를 확보하지 못하여 실패한 것이다. 그래서 강구한 것이 「목우사자」를 보이며 위협하는 방법의 「계」였다. 그렇다 해서 「계」에 「위」가 배제되는 것은 아니다. 「위」와 「계」를 병행하는 정벌, 「계」에 따라 「위」를 행사하는 정벌로 보아야 한다. 즉 보다 철저한 계획

25) 「威德也」(『廣雅』, 釋言). 「威畏也, 可畏懼也」(『釋名』, 釋言語). 「以威天下」(『周易』繫辭上). 「威力也」(『廣雅』, 釋詁2).

26) 「計, 謀也」(『廣雅』釋詁4), 「計者事之機也」(『史記』淮陰侯傳), 「一年之計莫如樹穀 十年之計 莫如樹木, 終身之計莫如樹人」(『管子』權脩).

27) 「謨議謨也」(『說文』), 「謨蓋都君咸我績[注]謨謀也」(『孟子』萬章上), 「夏宗以陳天下之謨」(『周禮』秋官 大行人).

과 보강된 세력으로 우산국의 정토를 계획한 것이다.

「계」로서 우산국을 정벌한 것은 이사부이나, 그 이전에 「위」로 정벌을 시도했다 패한 것도 이사부인지는 알 수 없다. 그러나 이사부가 군주가 된 후에 우산국을 「위」로 복속시킬 수 없다는 것을 인식하게 된 것을 생각하면 이사부가 아닐 가능성이 많다. 지증왕은 505년에 최초로 실직주를 설치하자 이사부를 군주로 임명했다가, 512년에는 다시 하슬라주의 군주로 임명했다.[28] 그 이사부가 우산국을 정벌한 것이다.[29]

국토방어나 외족방지를 위한 군사적 정치적 책임을 맡을 필요에 의해 생긴 것이 관리로서의 군주였다. 점령지의 획일적 지배나 왕권과 지방 세력과의 연결에 따른 통일적인 통제를 위해 왕의 측근자를 외관으로 파견할 필요가 있었던 것이다.[30] 따라서 군주로 임명된 이사부의 우산국 정벌은 계획된 국가사업으로 보아야 한다. 종래의 우산국정벌이 어떤 것이었는지 확인하기 어려우나 이 정벌이 그것과는 차원이 다르다는 것은 확실하다.

새로 설치한 주의 군주로 임명된 이사부가 우산국 정벌에 임한다는 것에서 그 정벌이 종전의 그것과는 다르다는 것을 알 수 있다. 이사부는 군주일 뿐만 아니라 태종이라는 별명도 가진 내물왕의 4대손에 해당하는 왕족이었다. 신분에 걸맞게 가야를 취한 경력도 있다. 우산국 정

28) 智證王6年, 以異斯夫爲悉直州軍主(『三國史記』卷40, 雜志9, 外官).

29) 군주는 신라 최고의 외관으로 진골에 임명되었으며, 예하의 군 · 현을 통제하면서 자체의 보좌관을 거느리는 특수한 관직이었다. (申瀅植 「新羅의 地方制度 發達과 軍主」, 『新羅史』, 이화여자대학교 출판부, 1993, p.151).

30) 申瀅植 「新羅軍主考」(『白山學報』19號, 白山學會, 1975, 12), p.207.

벌에 그런 인물이 임한다는 것은 신라가 우산국 정벌에 가야정벌 정도의 의미를 두었다는 것을 의미한다. 따라서 이사부의 우산국 정벌은 거국적 행사로 보아 마땅할 것이다.

이사부는 「위」로는 복속(「來」·「服」·「降」)시키기 어렵다고 판단하고 「계」를 취하기로 했다. 「목우사자」를 보이며 「광고」·「사고」하는 「계」였다. 그 결과 우산국은 신라에 「래」하게 되는 데, 그 「래」는 불복하던 우산국이 토산물을 바치는 「토의위공(土宜爲貢)」하기 위해 오는 것을 의미하므로, 외국의 사신이 와서 공물을 헌상한다는 「래공」이나 사방 만족의 왕이 즉위하고 천자에게 얼굴을 보인다는 의미, 또 만족이 조정의 뜻에 따른다는 것을 의미하는 「래왕(來王)」으로 해석할 수 있다.[31]

우산국의 복속을 의미하는 자로는 「래」만이 아니라 「항」과 「복」도 사용되었다.[32] 이 「항」자에는 「항복하다」 「항복시키다」[33]라는 의미, 「복」자에는 「항복하다」 「겸양하다」라는 의미가 있어[34] 「항복(降服)」·「항복(降伏)」·「복속」의 의미로 취할 수 있다. 그러나 이것에는 덕에 감화되는 과정의 설명이 없어 어쩔 수 없는 상황에 굴복한 것이 된다. 우산국은 「위」의 침략은 방어했으나 「목우사자」를 보이며 위협하는 「계」는 간파하지 못하고 속은 것이다. 즉 무위가 아니라 사자를 이용하는 등의 「계」를 알지 못하여 복속당한 것이다. 대적할 독자적 국력이 없었기 때

31) 「使各以其方賄來貢」(『史記』孔子世家), 「四夷來王」(『書經』大禹謨).
32) 「降服也」(『說文』).
33) 「齊人降鄣, 降之者何取之也」(『公羊』장, 30).
34) 「敵已服矣[注]服, 降」(『呂覽』論威), 「賤人以服約卑敬悲色告愬英主[주]服約, 謂屈服隱約也」(『管子』任法)

문은 아니었다.

그 우산국을 과소평가하는 것이 『삼국사기』와 『삼국유사』의 기록이다. 우산국이 「불복 · 불신」하는 원인을 자연조건에서 구하는 것도 마찬가지다. 그것은 우산국의 독자적인 방위력, 타국의 질서에 포함되지 않으려는 자립심, 지리 조건을 활용할 줄 아는 능력, 독자적 가치관을 평가하지 않으려는 의도된 설명이다. 그러나 우산국이 독자적이지 못했으면 신라의 질서에 포함되는 것에 저항하지 않았을 것이다.

『삼국유사』는 「교오」 · 「불신」을 이유로 우산국을 「도이」로 단정했는데 이것 역시 일방적인 판단이다. 이 「도이」는 예를 알지 못하는 야만인이 예를 아는 신라에 복속되어야 한다는 당위성과 그것을 위한 정벌에 정통성을 부여하는 용어다. 우산국은 「도이」이기에 정토당해야 하고 또 신라는 정토해야 한다는 것이다. 그것이 용어로 차별된 신라와 우산국의 관계다. 그것의 구체적인 확인이 목우사자를 보고 두려워하는 우산국인이라는 표현이었다.

그러나 그것은 스스로 모순을 나타낸다. 우산국이 「목우사자」의 외형을 두려워했다면 그것은 「사납다」는 「우한」과 모순을 이루고 그것이 상징하는 문화를 두려워했다면 그 문화를 이해한 것이 되어 「어리석다」는 「우한」과 모순을 이룬다. 따라서 기록된 직접적인 표현을 바탕으로 우산국을 평가해서는 안 된다. 기록과는 달리 우산국은 자체질서로 운영되는 독자적 국가로 보아야 한다.

우산국이 복속한 이후 배반했다는 기록이 없는 것을 보면 「목우사자」의 전법이 성공한 것은 틀림없는 일이다. 그렇다면 우산국 사람들이 사자를 언제 어떻게 경험했으며 그것의 무엇을 두려워했는가를 알아볼 필요성이 있다. 그것이 신라와 우산국의 관계, 우산국의 실체를 알 수 있는 조건이 될 것이다.

4. 우산국의 사자

1) 일본에 전래된 사자

사자가 우산국은 물론 신라나 중국에도 없다는 것을 생각하면 우산국이 그것을 직접 경험할 기회가 없었기 마련임에도 그것을 언제 어떻게 경험하고 그처럼 두려워했을까. 기록으로 확인할 수는 없으나 삼국을 통해서 일본에 전래된 사자의 인식이나 사자가 상징하는 문화 등은 추정할 수 있다.

삼국시대의 사자를 추정할 수 있는 것이 일본의 기록에 있다. 552년에 백제에서 건너간 미마지가 일본에 기악이라는 가면극을 전하였는데 그 속에 사자춤이 있다.[35] 또 마쓰에(松江)시의 고분에서 발견된「사교환두대도(獅噛環頭大刀)」는 백제나 고구려에서 제조된 것으로 추정되는 칼인데, 그 칼자루의 끝부분에는 둥근 고리의 테를 물고 있는 사자의 두상이 조각되어 있다. 무려 28개나 확인되고 있다. 또 후지와라미치노리(藤原通憲)의 『신서고락도(信西古樂図)』에는 「시라기코마(新羅狛)」

35)「又百濟人味摩之歸化. 曰, 學于吳, 得伎樂舞. 則安置櫻井, 而集少年, 令習伎樂舞」(『日本書紀』卷22,推古天皇 20년)「伎樂壹拾壹具、師子貳頭〈五色毛 在袴肆腰〉 師子子肆面〈衣服具〉」(『法隆寺伽藍緣起幷流記資材帳』).

라는 그림이 있다.[36)]

기악의 사자 「狛犬」는 「코마이누」로 읽는다. 고려의 개라는 뜻이다.[37)] 그러나 그것이 개와 비슷한 상을 하고 있으나 어차피 상징적인 동물이므로 사자를 의미하는 것으로 보아도 큰 무리는 없다. 또 『마쿠라노소시(枕草子)』의 「코마이누」는 「사자」와 어울려 쌍을 이루어 확실히 분류되지만 그것이 사자에 버금하는 맹수로 보아도 무방할 것이다. 이 「코마」는「고구려」·「고려」를 의미하는 용어이나 경우에 따라서는 한국 전체나 「고마」에서 전래된 것을 의미한다. 따라서 「시라기코마」는 신라의 사자를 의미하는 것이 된다.

이처럼 삼국의 사자상이 일본의 기악, 무기, 그림 등에서 확인된다는 것은, 삼국에 사자가 존재하지 않았으나 그것을 매개로하는 문화는 있었다는 것을 의미한다. 그렇기 때문에 일본에 전래된 것이다. 그것들이 각각 삼국과의 관계를 시사하는 「시라기코마」·「코마이누」·「코마시시(獅子)」·「시라기시시」 등으로 불리고 있으며, 기악의 사자춤이 백제에도 있었다는 것을 보면 사자를 매개로 하는 문화가 삼국에 존재했다는 것은 명백한 사실이다.

36) 本田安次 『日本の伝統芸能』第十巻 風流(錦正社, 1988), p.179.

37) 「狛犬」은 고구려의 개라는 의미라 하나, 실은 사자를 가리키는 것이라고 생각한다. 「新羅狛」이라고 불리는 새끼사자를 사이에 둔 영맹(獰猛)한 자웅의 사자가 「信西古樂圖」에 그려져 있으나, 이것은 「新羅獅子」라고 말했을 것이다. 또 「高麗獅子」라고 불리는 獅子舞는 지금도 岐阜縣 吉城郡 古川町 數河에서 행하고 있다.」(『本田安次著作集 日本의 傳統藝能』제10권 풍류1(錦正社, 1996년), p.170.

2) 우산국의 사자경험

사자를 직접 경험할 수 없는 우산국이 「목우사자」를 두려워했다는 것은 문화를 통한 사자나 사자를 매개로 하는 문화를 경험했기 때문에 보일 수 있는 반응이었다. 그것이 신라와를 통한 경험인지 고구려나 백제, 혹은 중국과의 교류를 통한 것인지는 확실하지 않으나 외국과의 교류를 통한 경험이었다는 것은 분명하다.[38)]

경험하지 않은 것은 두려워하지 않는다는 것은 신화를 통해서도 확인할 수 있다. 해모수가 천제의 아들이라는 신분을 밝히며 딸과의 교제를 요구했으나 하백은 허가하지 않는다. 천제의 아들이라 하지만 그 위력을 경험한 일이 없기 때문이었다. 그런 하백이 잉어, 꿩, 사슴으로 화생하는 주력을 발휘하는 것에 대응하여 해모수가 수달, 매, 승냥이 등으로 변하는 우위의 주능을 경험하고 그 교제를 허가했다.[39)]

『고사기』에도 천신과 지신의 우위경쟁이 있다. 지상신이 국토를 완성하자 천신은 그 후손을 지상의 통치자로 정하여 하강시키려 했다. 그러자 지상신들이 그것에 반발한다. 천신의 우위를 인정하지 않기 때문이다. 그러자 천계는 3회에 걸쳐 지상신보다 우위의 주능을 지닌 신을 보내어 뜻을 이루었다. 지상신들은 그렇게 천신의 주능을 경험한 후에

38) 「신라는 내물왕 26년의 전진통교 이래 진흥왕 25년의 대진조공까지 1회의 대양관계 이외에는 200여 년간 중국과의 교섭이 전혀 없었다.」(申瀅植 「新羅君主考」『白山學報』第19號, 1975, p.187)라는 식의 단정은 재고 되어야 한다.

39) 漣漪碧波中 河伯化作鯉 王尋変為獺 立捕不待跬 又復生兩翼 翩然化為雉 王又化神鷹 搏擊何大鷙 彼為鹿而走 我為豺而趨 河伯知有神 置酒相燕喜(『東明王篇』(金鐵埈·崔柄憲 『韓國古代史』고대편, 一志社, 1996년).

천손의 통치를 받아들였다.

따라서 우산국이 「목우사자」를 두려워했다는 것은 우산국의 사자 경험을 의미한다. 그런데 문제는 그들이 사자의 무엇을 두려워 했는가이다. 신라인들도 나무로 만든 가짜사자의 형상을 우산국이 두려워할 것으로 생각하지는 않았을 것이다. 그런데도 그것으로 위협했다면 그 외형 이외의 것을 두려워할 것이라고 확신했던 것으로 보아야 한다.

3) 불법의 수호신

사자는 중국에도 없어 공상의 동물로 전해지고 있었다. 한무제에게 사자를 헌상한 월씨는 「곤륜에서 태어나 기를 먹고 이슬을 마시는 동물」이라고 설명했다. 그 사자의 소리는 천둥과 같아 주변의 모든 동물이 벌벌 떨었고 백수의 왕이라는 호랑이도 사자를 보자 눈을 감았다 한다. 기를 먹고 이슬을 마신다는 것은 공상적 서술로 맹수임을 강조하는 방법이었다. 후한에 이르러서야 사자를 직접 경험했는데도 사자는 날개를 달고 있었다. 그 사자는 이미 단순히 맹수가 아니라 천계를 비상하며 인간의 영혼을 영계로 안내할 수 있는 성수였다.[40]

5세기의 남북조 시대에는 능묘만이 아니라 불교예술에도 등장하게 된다. 그것의 조각이 대좌나 기물의 옆에 놓이게 된 것이다. 절의 산문에서 불교를 수호하는 인왕상과 같은 역할을 수행하고 있었다.

40) 山東省 嘉祥県의 武氏石祠堂, 四川省 雅安頤의 高頤墓의 석조(野津龍『因幡の獅子舞研究』(米子プリント社, 2003年), p.275).

사자는 백수의 왕으로 실제로 무서운 동물이다. 그러나 중국인들은 그것에 공상을 첨가하는 방법으로 가공스런 허구의 위력을 첨가했다. 사자에 날개를 달아 비상하는 능력을 부여하고 그것에 의해 영혼을 안내하는 능력까지 부여한 것이다. 그 허구의 능력을 기반으로 불법을 수호하는 성수, 외도를 물리치는 성수로 인정받는다. 결국은 석가여래의 좌방협사 문주보살이 타는 성수로 등장한다. 현재 사찰의 정문에서 악마나 외도의 접근을 금하는 인왕도 사자에서 유래한다.[41] 맹수라는 사자의 실질적인 위용과 영혼의 운반자라는 공상적인 주력이 혼재하며 불법의 수호신으로 여겨지게 된 것이다.

사자와 불교의 관계는 기악이 불교의 흥륭과 더불어 번성했다는 것으로도 추정된다. 기악은 사자를 선두로 해서 괴이한 가면들이 줄지어 가는 예능이었다.[42] 이어 전래된 무악(舞楽)에도 사자가 있었는데, 둘 다 궁정이나 사찰의 법회 등에서 공연되고 있었다. 불법을 수호하는 성수가 되며 불법의 위력까지 획득한 것이다. 그러한 사자의 공상적인 위력에 의한 공포성은 신라 사자에 투영되어 있다. 『신서고락도』의 「시라기코마」의 손발에는 손발가락 대신에 사자의 두상이 그려져, 한 마리의 사자가 다섯 개의 머리를 달고 있다.[43] 무서움을 강조하기 위한 허구적인 사자상의 창출이었다.

사자의 위용은 무구에도 이용되었다. 환두대도에 조각되는 것은 물

41) 本田安次 전게서 36, p.160.
42) 本田安次 전게서 36, p.167.

론 투구의 장식물(眉庇)로도 사용되었다. 「정장잡기(貞丈雜記)」에 의하면 「사자머리의 투구라는 것은 투구의 차양을 사자의 면으로 만든 것」이라했다. 「본조군기고」[44]나 「양조평양(兩朝平壤)」에도 「왜중다재귀두사면(倭衆多載鬼頭獅面)」이라는 설명이 있다. 사면(獅面), 소위 탈(獅噛)은 비사문천[45]이나 팔부중[46]의 복부 등에 달기도 했다. 악마를 퇴치한다는 의미가 강하다.[47] 사자의 주력을 빌어 승리를 보장받으려는 주적인 행위였을 것이다.

현재에도 사자를 권현(權現)으로 모시는 동북지방의 예능은 마을을 돌며 악마퇴치, 방화 등의 기도를 하고 있다. 그런 사자춤의 의미는 다음처럼 설명된다.

> 아시아 농민의 다신교적 정신구조 또는 기반 속에서 사자는 때로는 신이고, 정령이고, 악마이고, 혹은 그와 같이 보이지 않는 존재의 상징으로 여겨져 왔다. 그 사자춤을 통하여 사람들은 초자연적 세계에 접촉하여, 신들의 은총, 혹은 영귀의 가호를 받을 수 있다고 확신해 왔다.[48]

민중들이 사자를 어떻게 이해하고 있었는가를 정리한 설명이다. 이

43) 本田安次 전게서 36, p.179.
44) 『本朝軍器考』新井白石가 지은 12권의 武家故實書. 속설을 일소하고 확실한 문헌 유품에 근거하여 실증적으로 고증했다.
45) 毘沙門天 : 四天王의 하나. 須彌山의 半, 第四層의 水精埵에 있다. 몸에 七寶莊嚴의 甲冑를 걸치고, 無量百千의 夜叉를 통솔하여 북방을 수호하고 재보를 주관한다.
46) 하치부슈(八部衆) : 부처의 설법을 듣는 8종류의 사람들. 불법을 수호하는 8종류의 신들(中村元 『佛教語大辭典』東京書籍, 1975년).
47) 本田安次 전게서 36, p.168.
48) 古野清人 『獅子의 民俗』(岩崎美術社, 1986), p.7.

런 사자관은 예전의 그것과 크게 다를 수 없다. 민중들은 사자에게 악마나 사신을 퇴치하고 불법을 수호하며 귀속자를 수호한다는 허구적 능력까지 부여하고 그것의 수호를 보장받으려 했던 것이다.

4) 우산국의 사자인식

우산국의 사자 인식도 삼국을 통해 인식한 일본의 그것과 크게 다르지 않을 것이다. 우산국도 타국과의 교류를 통해서 사자를 인식했을 것이므로, 그것은 공상적 요소가 첨가된 사자였을 것이다. 말하자면 불교를 수호하는 성수로서의 사자, 영혼을 안내하는 정령으로서의 사자 등으로 인식했을 것이다. 신라와의 대전에 한정하여 생각하면 신라의 의도에 따르는 사자로 인식했을 수도 있다. 따라서 우산국이 두려워한 것은 「목우사자」의 외형이 아니라 그것의 뜻을 거역하면 재앙을 내리는 성수로서의 능력, 신라의 의도에 따라 발휘할지도 모르는 주적능력과 같은 것이었을 것이다.

우산국은 「목우사자」를 보고 신라의 요구에 거역하면 그것의 주적능력에 의한 지벌을 받을 수 있다고 인식했을 수도 있다. 즉 신라의 요구를 거절하는 것으로 신라가 조절하는 사자에게 피해를 입는 것이 두려웠던 것이다.

사자와 그것이 상징하는 능력을 인지했다는 점에서는 우산국도 신라와 마찬가지였다. 그럼에도 신라는 그것으로 우산국을 위협했고 우산국은 그것에 속아 넘어간 것이다. 그것은 사자에 대한 인식 이상의 문제였다. 말하자면 사자를 인식하게 된 시기의 차, 생활 속에서 응용하는 능력의 차로 보아야 한다. 신라는 이미 이해단계를 지나 사자에 기복하여 뜻을 이루는 등 생활화하고 있었으나, 우산국은 그 단계에 이르지 못한 것이다.

우산국은 신라나 백제, 고구려, 중국 등과의 교류를 통해 자국에 없는 사자를 인식할 수 있었고 외래 종교인 불교도 인식하고 있었다. 그러면서도 그것의 응용이 후진적이었기 때문에 신라의 계교에 속은 것이다. 따라서 우산국이 신라에 복속하게 된 원인은 문화의 부재가 아니라 그것의 후진에서 찾아야 한다.

5. 결론

『삼국사기』와 『삼국유사』의 기록을 보면 우산국은 「우한」한 사람들이 사는 「도이」의 나라이다. 그래서 신라에 「강」 「복」하여 「공」을 해야 하는 나라에 지나지 않는다. 그러나 그것은 신라의 우산국 정벌의 당위성을 축으로 하는 기술로 그것에는 우산국에 대한 배려가 배제되어 있다. 이것은 우산국의 입장에서도 생각해 볼 문제다. 기록에 의하면 우산국은 신라가 「위」로는 복속시키기 어려운 나라였다. 때문에 신라 최고의 명장 이사부가 「계」를 세우지 않을 수 없는 상대였다. 우산국의 항전이 그만큼 완강했던 것이다. 기록은 우산국이 험준한 자연에 의지한 결과로 보고 있으나 그것 자체가 상황을 활용할 수 있다는 것으로 우산국이 야만의 「우한」의 단계를 초월했다는 것을 반증한다.

신라는 「목우사자」를 보이는 방법으로 우산국을 복속시켰는데, 이것은 스스로가 규정한 「우한」과 모순된다. 그들이 야만의 「우한」이었다면 어찌 나무로 만든 사자가 두려워 항복했겠는가. 처음 보는 것이었다면 두려워할 이유가 없다. 오히려 호기심을 자극 받아 더욱 용맹을 발휘했을 수도 있다. 그런데도 두려워했다면 그 원인은 그것의 외형이 아닌 다른 것에서 찾아야 한다.

사자를 두려워했다는 것 자체가 우산국의 사자에 대한 경험을 의미한다. 그런데 사자는 신라나 우산국에는 물론 중국에도 없고 인도에나 있는 맹수로, 그것이 삼국에 알려진 것은 불교나 사자의 가면을 쓰고 춤을 추는 것과 같은 예능을 통해서였다. 그 예능이 포교를 목적으로 한다는 것을 생각하면 결국 불교를 통해 전해진 것으로 보아야 한다. 따라서 사자를 무서워했다는 사실에서는 우산국에도 사자를 매개로 하는 문화나 문화를 매개로 사자가 전래되었던 것으로 보아야 한다. 즉 우산국은 외국과 교류하며 불교와 같은 외국문화도 경험하고 있었다.

우산국이 우매한 「도이」로 취급되는 것은 신라의 정통성을 확인하는 기록의 결과일 뿐이다. 실지로는 신라의 침략을 물리칠 정도의 독자성은 인정되어야 한다. 자국을 중심으로 하는 세계관을 구축하고 있었기에 신라의 질서를 거부할 수 있었을 것이다. 우산국이 신라의 침략에 대항할 수 있었던 것은 그 이전에 주변을 통합하여 동일 질서로 통치하는 국가로 완성되었기에 가능했다. 울릉도만이 아니라 주변의 섬들을 통합하여 국력을 축적했기에 대항할 수 있었고 신라도 「우산국」이라 칭한 것이다.

신라를 「국호」로, 왕호를 「신라국왕」으로 제정한 지증왕이 울릉도라 칭하지 않고 우산국이라 칭하며 정벌에 임했다는 것은 상대가 국가로서의 조건을 완비하고 있었다는 것을 의미한다. 이 경우 독도는 육안으로 확인할 수 있는 무인도이며 소유를 다툴 상대도 없어, 선언만으로 소유할 수 있는 섬이었다. 따라서 독도로 불리는 섬은 당연히 우산국에 포함되었기 마련이다.

우산국에 독도가 포함된다는 것은 그것이 무인도이고 해가 뜨는 동쪽에 있다는 사실로도 알 수 있다. 우산국의 독도 경험은 호기심에 의한 자의적인 것과 표류 등에 의한 타의적인 것을 생각할 수 있는데, 경험자가 증가하는 것과 더불어 그것은 생활권에 포함되기 마련이다. 거암으로 괴이한 정경을 이루는 독도가 신앙의 대상이 되는 것은 자연스러운 일이다. 태양을 배경으로 하는 독도의 정경은 태양에 대한 신앙심까지 획득하기에 충분했다. 독도와 우산국의 관계를 신앙의 가치관과 더불어 정립할 필요가 있다.

3장 우산국의 종교와 독도

3장

우산국의 종교와 독도

1. 서문

『삼국사기』의 우산국 기록은 간단하면서도 신라 위주이기 때문에 우산국의 실상을 아는 것이 불가능하다고 여길 수도 있다. 그러나 단서가 전혀 없는 것은 아니다. 신라의 정당성을 이야기하는 기록을 통해 추정할 수 있는 어느 정도의 단서는 있다. 신라가 우산국을 정벌하기 위해 사용한 전법 등이 그러한 단서이다. 신라는 무위로는 어렵다며 목우사자로 우산국을 위협하는 방법을 택했다. 이 전법을 『삼국유사』도 전하는 것으로 보아 그것이 널리 알려진 전법이었다는 것을 알 수 있다. 그런데 사자를 직접 경험할 수 없는 우산국이 목우사자를 보고 두려워했다는 것은 사자를 간접적으로 경험했다는 것을 의미한다.

사자란 인도에나 있는 맹수로, 중국에서는 영혼을 인도하고 불법을 수호하는 상상의 성수로 인식하고 있었다. 한반도의 불교가 중국을 통해 들어온 것을 생각하면 사자에 대한 인식 또한 중국의 그것과 같았을 것이다. 우산국이 사자가 두려워 항복했다는 것은 그것을 매개로 하는 불교와 같은 문화를 인지하고 있었다는 것이 된다. 원시종교의 가치를 숭배하던 우산국은 신라가 제시하는 목우사자를 보고 사자를 매개로 하는 불교의 새로운 가치가 자신들이 신봉하는 종교의 가치보다 우위를 점한다고 판단한 것이다. 즉 자신들의 수호령 보다 목우사자가 더 강력할 것으로 예단하고 두려워 항복한 것이다.

삼한과 그 이전의 시대는 모호한 시기로 기록이 많지 않다. 약간 존재하는 것도 중국의 동이열전의 기록이 주를 이룬다.[1] 그것에 진국 사람들이 노역을 피해 한족의 나라로 도망쳐 왔다는 기록이 있어, 그 시대에 삼한이 존재했다는 것을 알 수 있다.[2] 문헌이나 고고학적 자료를 보면 기원전 3세기 이전부터 남부에 존재하던 한족 세력이 삼한의 소국으로 발전했다. 유적을 근거로 하여 추정할 수 있는 사실로 한족이 소국으로 분화 발달하면서 삼한이 형성된 것이다.[3] 그 뒤를 이은 사회는 초기철기시대(기원전300~0)와 원삼국시대(0~300)로 구분하는데, 이는 기원전후 시기를 삼한 전기로, 삼국 성립시기부터 기원후 3세기까지를 삼한 후기(0~300)로 구분하는 것과도 거의 일치한다.[4]

이 단계에는 삼한의 세력에 중국의 이주세력이 혼합되기도 하고, 마

1) 『三國志』·『後漢書』·『晋書』·『通典』·『宋書』 등의 東夷列傳.
2) 古之亡人 避秦役 來適韓國 馬韓割其東界與之(『三國志』魏書 辰韓전).
3) 盧重國 「馬韓의 成立과 變遷」 『馬韓·百濟文化』10집(圓光大 馬韓百濟文化研究所, 1087).
4) 宋華燮 「三韓社會의 宗教儀禮」 『三韓의 社會와 文化』(韓國古代史研究會, 1995), p.60.

한이 변한, 진한의 발전단계에 관여하기도 하면서 문화의 교류도 같이 이루어지고 있었다. 『삼국지』에 의하면 난세를 피해 온 중국인들을 조선 준왕이 서부 영역에 거주시키기도 했고 한인(漢人) 1500명이 한(韓)의 포로가 되어 노비로 종사한 일도 있다.[5)]

이 같은 민족이동은 신라에 대항하다 복속된 우산국의 실상을 추정하기에 좋은 근거가 된다. 우산국의 주민들이 그곳에서 태어난 사람들로 구성되었다는 가능성을 배제할 수는 없으나, 이주한 외지인들이 혼거했을 가능성이 더 크다. 우산국에서 발굴된 고배를 근거로 그 원주민을 동해안으로 이주한 고구려계로 유추하는 것으로 보아[6)] 외지세력의 유입과 그 세력 간의 조정기간이 있었다는 것을 알 수 있다.

순수 도민의 집단이었다 해도 이주민이 혼거하는 집단이었다 해도 소집단이 대집단으로 통합되는 과정은 있었기 마련이다. 어느 경우라 해도 가치관을 달리하는 집단들이 통합해가는 과정이 있고, 그것은 가치관을 공유하는 방법으로 이루어졌을 것이다. 그럴 경우 신앙의 대상을 공유하는 것은 중요한 일이다. 가치관의 차이에 의한 분쟁은 그 모든 가치를 포함한다고 믿는 대상을 같이 신앙하는 것으로 종식시킬 수 있다. 이것이 바로 가치관에 의한 통합이다.

우산국이 신라와 대적하고 있었다는 것은 우산국이 같은 가치관을 중심으로 통합되었다는 것을 의미한다. 말하자면 동일한 수호신의 가

5) 『三國志』 韓傳.
6) 梁泰鎭 『한국독립의 상징 독도』(백산출판사, 2004), p.35.

치를 공유하는 것과 같은 통합이 이루어져 신라로부터 지켜야할 동일의 목적의식을 가지게 된 것이다. 이 경우 생각해볼 것이 통합의 방법이다. 먼저 생각할 수 있는 것이 무력에 의한 통합으로 그것이 가장 신속하고 효과적이었을 수도 있다. 그러나 그것보다는 가치관을 공유하는 방법이 효과적이라 할 수 있다. 동일의 대상을 신앙하며 그 가치를 공유하는 것이 모든 구성원의 합의를 유도하는 것이 보다 효과적인 방법이었다. 그러한 통합이 신라의 침략 이전에 이루어져 있었기에 신라를 격퇴할 수 있었던 것이다.

원래 종교는 자연현상에 대한 공포에서 유래하는 것으로 모든 민족의 공통적 현상이었다. 그것의 의미는 다양하나 영적 존재에 대한 신앙이라는 주장은 납득할 수 있다.[7] 초월의 영적 존재를 인정하고, 그것의 능력을 빌려 소망을 달성하기 위해, 그 방법으로 택하는 의례를 통해 집단 간의 화합과 통합을 꾀하는 과정은 어느 민족에게나 있었다.

고대의 일반적인 제천의례로 부여의 영고, 고구려의 동맹, 동예의 무천, 마한의 소도와 같은 것이 거행되고 있었다. 그 같은 제천의례는 한반도만이 아니라 중국과 일본에서도 이루어지고 있어 동아시아 전체의 공통적인 의례라 할 수 있다. 그러한 동아시아 전체의 제천의례를 감안할 때 우산국 역시 그 범위에 속한다고 볼 수 있다. 바다로 둘러싸인 우산국의 생활은 일월성신과 밀접하다. 그것의 소유를 다툴 상대가 없어 그것들의 수호도 독점한다고 인식하고, 그것을 보장받는 방법으로 제

7) 다이라의 종교정의 (佐々木宏幹『宗教人類学』, 講談社, 1995, p.25 再引用).

천의례와 같은 일정한 의례를 거행하고 있었을 것이다.

그럴 경우 해가 뜨는 동쪽에 위치하는 독도가 신앙의 대상으로 부각되는 것은 자연스러운 일이다. 거암이라는 것 자체가 신앙의 대상이기에 충분하다. 그 거암은 안개와 구름 속에 자태를 은현하며 신비감을 증폭시키고 있었다. 동쪽에 존재하는 것은 태양의 주거지라는 자격을 획득할 수 있는 조건이었다.

우산국에 대한 기록은 간단하여 그 구성에 대한 해석 또한 구구하다. 울릉도 자체가 우산국이라는 주장이 있는가 하면, 그 주변의 도서를 포함시키는 주장도 있다. 후자의 경우도 독도를 포함시키는 경우와 배제시키는 경우로 갈라진다. 우산국이 「도」가 아니라 「국」인 이상 독도를 포함한다는 주장이 있는가 하면, 무인도인 독도의 존재를 한국인들이 알게 된 것이 19세기 말이라 포함되지 않는다는 주장도 있다.[8] 그러한 주장은 울릉도에서 육안으로 확인되는 것이 독도라는 사실을 바탕으로 정리되어야 한다. 육안으로 확인되는 섬을 영토에서 배제시켰다면 그 이유가 설명되어야 한다.

독도가 우산국의 신앙의 대상이었을 가능성은 그것이 거암인 까닭에 거석숭배의 대상이었다는 것과 해 뜨는 동쪽에 존재하여 태양의 주거지로 여겨질 수 있었다는 데 있다. 독도가 태양의 주거지로 여겨지면 독도는 태양에 대한 신앙심까지도 획득할 수 있게 된다.

우산국의 종교에 대한 기록은 없으나 이것은 우산국 정벌을 설명한

8) 下條正男『竹島は日韓どちらのものか』(文芸春愁, 2004), p.118.

용어, 원시종교의 일반성, 그리고 부단히 이루어진 집단의 이동과 문화 교류의 보편성을 통해 추정 가능하다.

2. 원시종교와 우산국

1) 원시종교

우산국의 종교는 그것에 대한 기록이 없어 인류 보편적인 원시종교를 통해 추정할 수 밖에 없다. 이때 참고가 되는 것은 삼한이나 삼국시대의 일반적인 종교상이다. 동시대의 민족이 소유한 종교는 유사할 수 있기 때문이다. 또 중국 유민들이 곳곳에서 한민족과 잡거하고 있었으므로 그들이 소지한 문화를 통해서도 추정할 수 있다.

종교가 초월적인 존재로 믿는 영적인 존재, 즉 영혼 · 사령 · 정령 · 영귀 · 신 등을 신앙하여 원하는 것을 이루려는 의지를 바탕으로 한다는 것을 생각하면, 우산국에도 그와 같은 활동이 있었기 마련이다. 영적인 존재들이 인간과 교류할 수 있는 희로애락의 마음을 소유하고 있으며, 개인이나 사회의 운명을 좌우할 능력을 가지고 시간과 공간을 초월하여 이동할 수 있다고 믿는 이상,[9] 그것에 외경감을 가지며 그것을 자신들에게 이롭게 활용하기 위한 방법으로 그것들이 호감을 가질 수 있는 의례를 행하는 것은 당연한 일이다.

그것을 통해 참가자들은 공유하는 가치관을 바탕으로 연대체계를 형

9) 佐々木宏幹『宗教人類学』(講談社學術文庫, 1995), p.20.

성하고 확대시키려 한다. 우산국에 산재하며 적대하던 세력들이 통합되는 과정에도 그처럼 종교적 가치를 공유하기 위해 노력하는 과정이 있었을 것이다.

분산되어 존재하던 집단들의 종교형태를 정확히는 알 수 없으나 그것이 원시종교의 형태를 크게 벗어날 수는 없다. 미개의 부족 종교가 가지는 관념이나 의례, 관행으로서의 애니미즘이나 애니머티즘 등이 전형으로 민족종교에 계승되고, 세계적 종교에도 뿌리내리고 있다. 모든 종교는 영적인 존재에 대한 관념이나 신념으로 신앙과 무관하지 않아 다소의 차이는 있으나 애니미즘을 포함한다.[10] 원래 인간은 꿈이나 실신 등과 같은 경험을 통해 신체를 이탈할 수 있는 인격적인 실체로서의 영혼이 존재한다는 관념을 가지게 되었다. 그러한 영혼관은 인간만이 아니라 모든 생물이나 무생물에도 존재한다고 생각하는 정령관으로 확대되었다.[11] 그 영혼이나 정령은 인간과 같은 감정으로, 인간에 영향을 미치는 존재로 여기고 그것에 대처하기 위해 그것들을 숭배, 위무하거나 물리치려 했다. 그것이 종교가 발생하게 된 원인이다.

이러한 종교는 자연 발생적이었다. 그것은 특정지역에 거주하는 제 집단(씨족, 부족, 민족)의 생활환경을 기반으로 발생하여, 그 집단에 의해 지켜지고 있었기 때문에 종교 관념이나 의례가 특수성을 가져, 일정

10) 애니미즘이 모든 물체에 깃들어있다고 믿는 영적 존재를 신앙하는 것에 비해, 인물, 사물, 동식물 등이 가진다는 주력이나 신비력 등의 작용을 신앙하는 애니머티즘 역시 원시사회의 공통적 종교다.
11) 전게주 9 p.25. 사사키는 이곳에서 타이라의 애니미즘 등을 정리하여 설명했다.

지역의 한계를 넘어 보편화되기 어렵다. 그것이 세력 간의 불화의 근본이고 통합을 어렵게 하는 요인이었다. 그러다 그것을 포함할 수 있는 더 큰 가치가 나타나게 되면 통합을 이루거나 연대하게 된다. 그럴 경우 종교적 가치의 통합도 같이 이루어진 것으로 보아야 한다.

통합의 과정에는 그것을 주도하는 인물이 존재한다. 그는 보편적인 인물과는 이질적이어야 한다. 그것이 집단을 대표할 수 있는 조건이다. 그러한 인물에게는 이동 가능한 주력이나 영력이 깃들어 있어, 남다른 능력을 발휘하는 것으로 여겨졌다. 말하자면 마나(mana)라 칭하는 것과 같은 능력이다. 그들이 창칼로 세우는 전공은 그들이 소유하는 마나가 발현된 결과라 믿었다.[12] 그러한 관념을 기반으로 하는 원시종교에서는 영혼이나 정령, 주력이나 영력을 어떻게 이용하여 현실의 문제를 해결할 것인가가 중요하다. 그 방법으로 의례가 거행되는데, 이 경우의 지도자는 제사장이나 점술사 등의 역할을 겸하게 된다.

이러한 지도자가 통솔하는 소집단들이 통합하는 과정에서 문제가 되는 것은 각 집단이 신앙하는 영적 존재에 대한 인식의 차이였다. 그것을 어떻게 해소하느냐의 문제인데, 그것은 공유할 수 있는 신앙의 대상을 구하거나, 신앙하는 대상이 발휘한다는 주력의 우월성을 입증하는 것으로 가능한 일이었다. 일정한 대상이 타 집단의 소망까지 이루어지게 할 수 있다는 사실을 입증해야 통합도 가능하게 된다. 그런 과정을 통해 신앙의 대상은 보편적 가치를 획득하며 그 영역을 확장하게 된다. 가치

12) 佐々木宏幹 전게주9 p.27.

관을 공유하는 세력의 확장인 것이다. 그런 과정을 거쳐 모두가 숭배할 수 있는 신앙의 대상을 구하게 되면 그것을 구심점으로 지역적인 종교는 흡수 통합되게 된다. 그럴 경우 전체를 어우를 수 있는 정치적 절대자, 군주나 왕으로 칭할 수 있는 절대자도 나타나게 된다.

종교적 기능자라고 할 수 있는 절대자는 종교의례나 주술의 기능이 뛰어나 제사 · 주술사 · 샤먼적 역할을 주도했다. 그는 사람들을 대표하여 영적 존재에 간원하여 그들의 소원이 이루어지게 한다. 또한 영적 존재의 초자연력을 이용 · 조절하여 사람들의 구체적인 문제를 현실적으로 해결하는 역할을 수행하는데, 그때 의례도구를 사용하거나 주문을 외워 초자연력을 구사하기도 한다. 또 그는 영적 존재와 직접 교류하여 그 능력을 빌려 탁선 · 치병 · 예언을 하기도 한다.

우산국이 신라를 격퇴시켰다는 것은, 우산국에 절대자가 존재했다는 것을 의미한다. 추정에 지나지 않으나 그 정도의 세력을 구축할 수 있었던 자라면 그는 우산국의 모든 세력을 통합하고, 모두에게 동질의 가치관을 공유시킨 자였음에 틀림없다. 그래서 상정할 수 있는 것이 제사장적 지도자다. 그는 이질적인 가치관을 원인으로 하는 모든 문제를 포용할 수 있는 보편적인 가치관을 제시하고, 그것을 구현한다는 신앙의 대상을 제시하는 방법으로 우산국을 통합한 것이다. 그 국력이 신라의 퇴치라는 결과로 나타난 것이다.

2) 목우사자와 종교

우산국의 종교를 추정할 수 있는 단서는 우산국의 사자인식이나 우산국이 의지한다는 자연에 대한 인식에서 찾을 수 있다. 우산국이 신라가 보이는 목우사자의 외형이 두려워 항복했다고 해석하는 것은 우산국의 실체를 간과한 이해에 불과하다. 신라를 격퇴시킬 정도의 우산국이라는 것을 생각하면 목우사자의 진위도 구별하지 못할 정도로 우매한 집단이 아니었다는 것을 알 수 있다. 이것은 사자가 인도에나 있는 맹수라는 사실과 함께 생각해 볼 문제다.

인도에 존재하는 사자의 지식은 중국을 통해 불교와 함께 전해졌을 터인데, 중국에서도 처음에는 상상의 성수로 여기고 있었다. 한무제에 사자를 헌상한 월씨는 곤륜에서 태어나 기를 먹고 이슬을 마시는 동물이라고 설명했다. 후한에 이르러 사자를 직접 경험하고도 사자에 날개가 달린 것으로 여기는 것이 일반적인 인식이었다. 사자는 단순히 맹수가 아니라 천계를 비상하며 인간의 영혼을 영계로 안내할 수 있는 성수로 여겨져,[13] 절의 산문에서 불교를 수호하는 인왕상과 같은 역할을 수행하고 있었다. 중국은 그것에 공상을 첨가하는 방법으로 가공스런 허구의 위력을 첨가했다. 사자에 날개를 달아 비상하는 능력을 부여하고 그것에 의해 영혼을 안내하는 능력까지 부여한 것이다. 그 결과 석가여래의 좌방협사 문주보살이 타는 성수로서의 위치를 획득한다. 또한 현재 사찰의 정문에서 악마나 외도의 접근을 금하는 인왕도 사자에서 유래한다. 사자의 맹수로서의 실질적인 위용과 영혼의 운반자라는 공상

13) 山東省 嘉祥縣의 武氏石祠堂, 四川省 雅安縣의 高頤墓의 석조(野津龍『因幡の獅子舞研究』(米子プリント社, 2003年), p.275).

적인 주력이 혼재하여 불법의 수호신으로 여기게 된 것이다.

그러한 사자의 인식이 불교와 더불어 한국에 전래되었다. 불교를 처음으로 받아들인 것은 중국과 가까운 관계를 유지하던 고구려였다. 372년(小獸林王 2년)에 전진왕 부견(符堅)이 파견한 사신과 승 순도(順道)에 의해 불상과 경문이 전해졌고, 374년에는 초문사(肖門社)와 이불란사(伊弗蘭寺)를 지어 순도와 아도를 거주하게 했는데, 이것이 불교가 공인된 시초였다. 그 12년 후인 384년(枕流王 원년)에 진의 마라난타(摩羅難陀)가 백제에 불교를 전했다.[14] 신라의 불교인정은 법흥왕 15년(528)이나, 비공식적인 전래는 그 이전부터였다. 불교는 낙랑군 또는 백제나 고구려를 통하여 민간에 전래되었다. 눌지왕(417~458) 때에 묵호자가, 소지왕(479~500) 때에는 아도화상이 왔다. 소지왕 10년(488)에는 분수승과 궁주가 내전에서 잠통하다가 잡힌 일이 있어,[15] 승인 이전에도 불교가 전파되고 있었다는 것을 알 수 있다.

삼국의 사자인식은 일본의 사자를 통해서도 확인된다. 백제가 전한 기악에 사자탈이 포함되어 있고,[16] 또 마쓰에시(松江市)의 고분에서는 백제나 고구려의 것으로 보이는 「사교환두대도(獅噛環頭大刀)」가 발견되었는데 그곳에 사자상이 조각되어 있다. 『신서고락도(信西古楽図)』에는 「시라기코마(新羅狛)」라는 그림이 있다.[17] 그것들이 「시라기코

14) 李基白 『新羅思想史研究』 (一潮閣, 1986), p.4.

15) 李鍾旭 『신라의 역사』 1 (김영사, 2002), p.332.

16) 「又百済人味摩之歸化曰 學于吳得伎樂舞 則安置櫻井 而集少年 令習伎樂舞」(『日本書紀』卷22, 推古天皇 20년) 「伎樂壹拾壹具, 師子貳頭〈五色毛 在袴肆腰〉師子子肆面〈衣服具〉」(『法隆寺伽藍緣起幷流記資材帳』).

마」, 「코마이누(狛犬)」, 「코마시시(高麗獅子)」「시라기시시(新羅獅子)」로 불리는 사자상이다.[18]

신라가 불교를 공인하지는 않았으나 우산국을 정벌하는 512년 경의 삼국이 불교를 인지하고 있었으므로, 상상의 사자가 불법을 수호하고 영혼을 안내한다는 식의 인식은 하고 있었던 것으로 볼 수 있다. 신라가 목우사자로 우산국을 위협한 것도 사자의 그러한 능력을 믿고 취한 계책이었고 우산국은 그것을 두려워한 것으로 보아야 한다.

우산국이 사자의 주적 능력을 인지하지 못했다면 신라가 목우사자를 보이며 위협하는 일은 우스갯짓에 불과했다. 우산국도 사자를 인식하고 있었으나 그 인식의 정도가 신라에 뒤떨어져, 그 사자가 신라의 뜻에 맞는 주력을 발휘할 것으로 믿고 그것에 의한 재앙이 두려워 항복한 것이다. 그야말로 이것은 불교에 대한 인식의 차를 바탕으로 하는 판단의 오류가 초래한 결과였다.[19]

여기서 확인해야 할 것은 우산국이 사자를 인식하게 된 계기이다. 울릉도에 신석기시대의 유적과 유물이 있는 것으로 보아 오랜 옛날부터 내륙지방 사람들이 이주하기 시작한 것으로 볼 수 있다. 또 그곳에서 발굴되는 유물이 고배인 것으로 보아 그곳의 선주민은 동해안 지방으로 이주한 고구려계로 유추되기도 한다.[20] 그러나 동해안의 세력변화

17) 本田安次『日本の伝統芸能』第十巻 風流(錦正社, 1988), p.179.
18) 拙稿「신라국과 우산국」『日語教育』第39輯(2007, 3. 韓國日本語教育學會), p.155.
19) 拙稿 전게주 18.
20) 梁泰鎭「文獻的 側面에서 본 獨島關係 資料分析」『獨島研究』(한국정신문화연구원, 1996), p.56.

나 중국과의 교류 등을 감안하면 토기와 연관지어 선주민을 고구려계로 한정지을 수는 없다. 『삼국지』옥저조에 우산국으로 추정되는 기록이 있다.

> 소수의 군대를 파견하여 정벌했다. 원극의 땅까지 쫓아 오환의 골도를 지나, 옥저를 지나, 숙신국을 쳐부수고 동쪽 대해까지 나아갔다. 그곳에 사는 촌로가 말하길, 바다 저쪽에 얼굴모양이 다른 사람들이 살고 있다. 그곳은 태양이 뜨는 곳에 가깝다.[21]

이는 관구검이 동천왕대에 고구려를 공격한 기록이다. 이곳의 바다는 강원도 동쪽으로, 울릉도로 추정되는 곳이다. 그곳 사람들이 옥저인과 다르다는 것은 그들이 동해안 북부가 아니라 그 남부 사람들이 건너가 살았다는 것을 의미한다.[22] 그러나 이 추정은 그곳에서 발굴된 고배가 고구려의 것이라는 추정과 배치된다. 따라서 우산국의 선주민은 여러 계통의 집단이 시대와 공간을 달리하여 이주한 것으로 보아야 하며, 고구려 동천왕 19년(245) 이전에 사람이 거주하고 있었다는 것이 된다. 그 거주민은 여러 계통이 동시에 이주했을 수도, 시대를 달리하여 이주했을 수도 있다. 그것은 동해안의 주도권을 장악하는 세력의 변화와 더불어 이루어졌기 때문에 그곳의 거주민은 동예인,[23] 고구려인, 신라인

21) 井上秀雄「삼국지동이전」『동아시아 民族史』1(平凡社, 1995), p.15의 주6.
22) 김태원「울릉도민의 이주와 정착과정」『동해안 어민의 생존전략과 적응』(영남대학교출판부, 2003), p.327.
23)「옥저는 함흥을 중심으로 하고 동예는 그 남쪽에 있었던 같은 예맥족으로, 동예 혹은 동옥저라 하기도 한다」李丙燾『韓國史大觀』(普文閣, 1968), p.45.

등으로 추정할 수 있다.

『삼국사기』지리지 등을 보면 동해안에 위치한 현재의 강릉시, 동해시, 삼척, 울진군, 영덕군, 영일군은 고구려의 영토였다. 그중의 삼척은 실직국으로 신라 파사왕이 정복하였으며 지증왕 6(505)년에 주를 삼아 군주를 두었다.[24] 우산국을 정벌한 이사부가 그 군주였다. 신라는 고구려의 세력이 미치지 않는 동해안으로 진출하여 내물왕 말기인 4세기 말에는 실직국을 신라 영토로 편입했으나 자비왕 11년(468)에 고구려에 빼앗겼다. 따라서 지증왕 6년에 실직주를 설치한 것은 고구려를 축출하고 실지를 회복했다는 것이 된다.[25]

이 같은 동해안 지역의 변화에 우산국이 무관할 수 없어 그곳의 종교 또한 다양했을 것이다. 육지의 변화에 따라 건너오는 각지의 이주민이 전래하는 종교가 함께 혼재하며 변화되어가고 있었을 것이다. 그런 상황의 주민들은 신앙의 동질성을 인정하면 그것을 구심점으로 발전적 확대를 이루려했을 것이다. 그런 상황의 우산국에 불교와 사자의 지식이 전해진 것이다. 일정한 종교적 활동이 이루어지고 있는 상황에 새로운 종교가 전해지는 것은 가치의 차이를 원인으로 하는 마찰을 일으킬 수 있는 일이었으나, 불교의 경우는, 전래하는 세력이 문명화된 중국이라는, 어떠한 국가 보다 강하다고 믿는 국가였기에 기존의 종교보다 우위를 점하며 전래되었을 수도 있다. 또 그것은 권력자 층의 이익을 극대

24) 李明植「蔚珍地方의 歷史·地理的 環境과 鳳坪新羅碑」『韓國古代史硏究』2(지식산업사, 1989, 4), p.27.

25) 申瀅植「新羅君主考」『白山學報』第19號(白山學會, 1975, 12), p.69.

화하는 방법으로 이루어졌기 때문에 시대의 중심사상의 위치도 확보할 수도 있는 일이었다.

중앙집권적 국가를 형성하기 위해서는 그것을 합리화시킬 가치관이 필요했다. 그 이전에는 국조신앙의 특권화와 같은 의례를 통해 그것에 대응하고 있었으나 초인간적인 능력과 성스러움으로 타자와 구별해주는 종교 형태로서의 불교가 더 효율적이라고 판단하는 것이다. 불교의 의식은 종래의 의식과 달리 장엄하다. 또 그 의식을 통해 초인간적인 능력이 발현된다고 믿게 된다. 그것이 불교를 수용하는 원인이었으나 그것만은 아니다. 그런 정도는 재래의 의례를 통해서도 충족시킬 수 있다. 재래의 신앙은 씨족적 내지 부족적인 것이라 원시적인 전통이 남아있는 연맹왕국 시대까지는 사회적 역할을 담당할 수 있었다. 그러나 중앙집권적 통치체제가 정비되면 그것은 발전을 저해하는 요소로 작용하게 되어, 국왕은 새로운 사상체계로 왕권을 보호할 필요를 느끼게 된다. 그 목적에 부응하는 것이 불교였다.[26)]

이러한 불교에 대한 인식의 차가 신라와 우산국 사이에 있었다. 신라가 불교의 종교적 위력을 이해하고 그 위력을 활용하여 우산국을 위협할 정도에 이르렀으나, 우산국은 불교를 인식했을 뿐 그것을 활용할 정도에 이르지 못한 것이다. 불교의 초월적 능력을 발휘한다는 사자의 위험성만 인지하고 있었던 우산국이었기 때문에 신라가 사자를 조정하여 그 주적능력으로 자신들을 해할 것이라는 공포심을 느끼고 신라에 항

26) 李基白「古代 韓國에서의 왕권과 불교」『新羅思想史』(一潮閣, 1986), p.119.

복한 것이다.

우산국은 종래의 가치를 매개로 해서 단결하여 신라에 대적하고 있었다. 그리고 새로 전래한 불교의 위력이 그것보다 우월하다고 인식하는 정도에 머물러 있었기 때문에, 신라가 제시한 목우사자가 신라의 뜻에 따라 주력을 발휘할 것으로 믿고 두려워한 것이다. 이것은 문화적 후진성을 원인으로 하는 오판이었다. 우산국이 인식한 불법이 어떤 것이었는지는 알 수 없으나 백제 성왕이 왜에 설명한 내용과 크게 다르지 않았을 것이다. 성왕이 왜에 설명한 불법은

> 이 법은 무량무변의 복덕과 과보를 낳으며 무상의 깨달음을 이루는 것이다. 비유해 말한다면 사람이 뜻대로 이루어지는 보물을 품고 바라는 바를 모두 뜻대로 이루는 것과 같다. 이 묘법이 그러하여 뜻하는 바를 빌면 부족함이 없다.[27]

라는 것이었다. 불법의 신앙으로 뜻하는 바를 모두 이룰 수 있다는 설명이다. 우산국은 신라가 목우사자를 통해 원하는 바를 모두 이룰 것으로 믿고 그것에 거역하는 것은 불법의 재앙을 초래하는 것이라 판단하여 항복한 것이다. 불교를 인지하기는 했으나 숙지하지 못하고 생활화시키지 못한 것을 원인으로 하는 복속이었다고 말 할 수 있다.

27) 此法能生無量無邊福德果報, 乃至成辨無上菩提 (『日本書紀』卷19 欽命天皇13년 10월).

3. 신앙의 대상

1) 애니미즘

이사부는 우산국이 자연의 험함을 믿고 귀복치 않는다 했다. 그때 사용한 용어 「시험(恃嶮)」[28]을 어리석고 사납다는 의미의 「우한(愚悍)」과 연계하게 되면, 우산국 사람들은 어리석으나 자연이 험하여 정벌하지 못했다는 식으로 이해하기 쉽다. 또 그렇게 해석하는 것이 일반적이다. 그러나 그것은 우산국의 독자성을 간과한 판단이다. 설령 어리석은 자들이 자연을 의지하고 저항한다는 식으로 해석한다 해도, 그것 자체가 우산국의 독자성이나 단결된 우산국의 국력을 의미한다. 그러한 독자성이 신라를 격퇴시킨 것이다.

「恃嶮」의 「시」는 「믿는다」「의지하다」등을 의미하고 「험」은 「험하다」「높다」「깊다」등을 의미하며, 「시험」이 「요해를 믿는 것」을 의미하므로,[29] 우산국의 신라와의 대전이 자연조건에만 의지하는 것으로 알기 쉽다. 울릉도가 신라에서 멀고, 접근하기 어렵다는 것은 사실이다. 그러나 그렇다고 해서 상륙이 불가능한 것도 아니다. 목우사자로 위협할 때도 해안에 접근하고 있었다. 따라서 우산국이 자연이 험하다는 것만을 믿는다고 보는 것은 완전한 해석이라 할 수 없다.

험한 자연은 요새의 좋은 조건일 수 있으나, 애니미즘적인 면에서 보면 그곳은 요새로서의 자연보다는 영적존재들이 거주하는 자연으로 인

28) 于山国(中略), 侍險不服(『三國史記』).

29) 恃賴也, 從心寺聲(『說文』). 險, 阻難(『說文』), 險, 高也(玉篇). 虢叔恃勢, 鄶仲恃險, 是皆有驕侈怠慢之心(『國語』鄭語).

식했을 가능성이 더 크다. 자신들이 사는 곳이 영적 존재들의 거주지이며 그 영적 존재들이 자신들을 수호한다고 믿게 되면 그곳에 거주한다는 사실 자체가 자긍심을 가질 수 있는 일이었다. 그런 자긍심이 신라의 질서를 거부하고 대적하게 한 저력이었을 수 있다. 이럴 경우 자연은 험할수록 신성해지고 절대적인 위치를 확보하게 된다.

우산국의 신라와의 대전은 우산국의 통일을 전제로 하는데, 우산국이 처음부터 그런 나라였다고 생각할 수는 없다. 작은 세대의 복합체가 모여 취락을 형성하여 읍락, 국으로 발전하는 복속과 합병이 이루어지고 그것에 어울리는 대표자도 나타나 동질의 가치를 공유하게 되었을 것이다.[30] 그 과정에서 산재해 있는 독자적인 종교적 가치를 신봉하는 세력에게 가치관을 공유시키는 방법의 합병이 함께 이루어지기 마련이다. 영적 존재를 신앙하여 소망을 이루려는 의례를 함께 거행하는 방법의 합병이 이루어진 것으로 보아야 한다.

가치관의 공유에 의한 합병이 진행되면 그것에 따른 신앙의 대상도 변하기 마련이다. 독자적으로 신앙하던 대상 모두를 포섭할 수 있는 새로운 대상, 다른 가치관을 가진 집단 모두를 만족시킬 수 있는 대상을 필요로 하다가 결국에는 우산국 전체가 신앙할 수 있는 대상을 필요로 하게 된다. 그럴 경우 상정할 수 있는 것이 집단을 구별하는 하천이나 산, 집단이 공유하는 거목, 거암 등이다. 그것들을 공유하는 방법으로, 그것에 깃든 영적존재가 모두를 이롭게 한다고 인식하게 될 때, 같은 대

30) 權五榮 「三韓社會 國의 구성에 대한 고찰」 『三韓의 社會와 文化』(新書苑, 1995), p.53.

상을 구심점으로 하는 통합이 가능하다. 우산국이 신라에 대항하던 시기는 이미 그러한 구심점을 확보한 후로 보아야 한다. 우산국은 모두가 함께 신앙할 대상을 확보하고 그것의 가치관을 구심점으로 하는 통합을 이루었기에 신라의 질서를 거부하며 대항할 수 있었던 것이다.

문제는 그 대상이 무엇이었는가이다. 처음에는 각 집단이 접하기 쉬운 대상을 신앙하다 이웃 집단과 같이 신앙할 수 있는 대상으로 확대해 나가는 식으로 확대 발전했을 것이다. 그러다 울릉도 사람 모두가 신앙할 수 있는 대상을 설정하고 그것을 매개로하는 통합이 이루어지게 되는데, 그 대상이 될 수 있는 것은 울릉도의 중앙에 위치하는 성인봉과 같은 고산이나 거목, 천공에서 빛을 발하는 일월성신, 그리고 섬을 둘러싼 바다 등이다. 그것들은 모두가 공유할 수 있는 대상이며 생활과 밀접한 관계를 가지는 존재들이었다.

그것들과 어떤 관계를 설정하여 그것들의 수호를 어떻게 획득하느냐에 따라 생활이 달라지기 때문에 그 수호를 보장받으려는 의례가 다양하게 이루어졌을 것임은 고대신앙의 일반성에서 추정 가능하다. 그 대상에는 성인봉이나 일월성신은 물론이고 멀리 존재하나 육안으로 확인되는 독도, 은현(隱現)을 되풀이하는 방법으로 신앙심을 자극하는 독도가 포함되기 마련이다.

2) 자연 숭배

우산국이 무엇을 신앙하고 어떤 가치를 공유하고 있었는가를 알 수 있는 직접적인 기록은 없다. 그러나 우산국에는 시대와 공간을 달리하여 이주한 집단에 의한 종교 활동이 있었을 것이라는 사실과 그 이주민이 한국과 중국 그리고 왜로 한정된다는 것을 생각하면, 그곳에서 이루어지는 종교적 활동은 추정 가능한 일이다. 주변국의 종교가 다양하다 하나 그것들의 공통점을 이해하는 방법으로 추정할 수 있기 때문이다.

그것 역시 중국의 기록에 의지하게 되는데, 그것들은 우리를 동이의 범주에 포함시켜 원초적인 종교상황을 전하고 있다. 그것이 전하는 동이의 풍습에는 영고, 동맹, 무천, 소도와 같은 제천의례가 있어, 그들이 천을 숭상하고 있었다는 것을 알 수 있다.

부여는 은정월에 영고라는 대회를 열고 가무음주를 즐기며 천신을 제사했고, 집에 신당을 세워 귀신을 제사하고 영성과 사직을 모시는 고구려는 10월에 동맹이라는 제천의례를 통해 천신을 제사했다. 동예도 역시 10월에 음주 가무하는 무천이라는 의례를 거행했으며, 마한은 5월에 파종을 마치고 군중이 주야를 가리지 않고 가무를 즐기고 10월에도 소도에 모여 제천의례를 거행하고 있었는데,[31] 소도는 방울과 북을 단 장대를 세우고 신을 맞이하여 제사하는 제사장이었다.[32]

이 같은 천신 숭배는 건국신화에서도 확인된다. 시조 단군의 부신 환

31) 以殷正月 祭天 國中大會 連日飮食歌舞 名曰迎鼓. 於是時斷刑獄 解囚徒.(『三國志』魏志 夫餘傳), 於所居地左右 立大屋祭鬼神 又祀靈星社稷(중략) 以十月祭天 國中大會 名曰東盟(『三國志』魏志 高句麗傳), 常用十月節祭天 晝夜飮酒歌舞 名之爲舞天(『三國志』魏志 濊傳), 常以五月下種訖 祭鬼神. 羣聚歌舞飮酒 晝夜無休. 其舞數十人 俱起相隨 踏地低昂 手足相應 節奏有似鐸舞. 十月農功畢 亦復如之. 信鬼神 國邑各立一人 主祭天神 名之天君. 又諸國各有別邑名之爲蘇塗 立大木懸鈴鼓 事鬼神(『三國志』魏書(韓))

32) 柳東植 『韓國巫敎의 歷史와 構造』(延世大學校出版部, 1981), p.50.

웅은 하늘에서 생육되고 천상의 권위를 배경으로 해서 지상으로 강림한 후, 웅녀와 신혼을 맺어 단군을 낳았다. 이러한 출생의 신비가 단군을 천신 환웅의 후손에 위치시켜 천명을 받은 지상의 절대자이게 하는 것이다. 이것이 조선의 천신숭배이다. 조선의 천신숭배는 환인과 환웅의 「환」이 광명의 근원인 천신을 상징하는 신명이라는 것으로도 알 수 있다. 단 환인을 제석이라 주석하여 불교와 결부시키고 있으나,[33] 그것은 단군의 선조를 기록하는 당대의 절대신에 위치시키는 것으로 단군이 천손이라는 사실에는 변함이 없는 주석이다.

고구려의 시조 추모왕 역시 천제와 하백여랑의 신혼으로 태어난 천신이다. 추모왕이 천제의 혈통을 계승했기 때문에 태어나면서부터 신성하고, 천제의 뜻에 따라 지상에 고구려를 세우고 통치자로 군림할 수 있었다.[34] 백제의 건국신화를 고구려의 그것과 동일한 것으로 취급하는 통설을 따를 수 없어, 백제왕의 성씨가 부여라는 점에서 부여신화에 의거한다 해도, 백제와 고구려 두 신화에서는 큰 차이를 찾기 어려우며, 백제가 천신을 숭배했다는 사실에는 변함이 없다. 부여신화의 동명은 하늘의 기를 받고 태어났으나[35] 그 천손으로서의 가치를 인정하지 못한 부왕과 달리 돼지나 말은 그 가치를 알아보고 보호하려 했다.

이처럼 천신과의 혈통을 확인하는 것은 천제를 대행한다는 통치의

33) 『三國遺事』의 단군신화 인용.

34) 始祖鄒牟王(중략)天帝之子母河伯女郎剖卵降世生而有聖(중략)於沸流谷忽本西城山上而建都焉(廣開土王碑文).

35) 有氣如雞子. 來下我. 故有身. 後生子. (『三國志』魏志 夫餘傳).

정통성까지 확보하는 방법이었는데, 그것은 신라나 가야도 마찬가지였다. 혁거세는 전광이 비치는 곳에 말의 인도를 받고 알로 강림한 천신으로, 하늘의 빛으로 천손의 위치를, 난생으로 특이성을, 백마의 수호로 신비성을 확보하고 있다.[36] 그러나 난생이나 백마의 인도는 보조적일 뿐, 군림의 자격은 역시 천손이라는 혈통이었다.

가야 역시 천손이라는 조건이 군림의 절대조건이었다. 수로왕이 지상에 나타나는 것은 하늘에서 들려오는 소리에 따라 구지봉을 파는 과정을 거친 후였다. 그 알이 구지봉에서 나왔으므로 지신의 혈통을 받은 것으로 볼 수도 있으나, 그것이 하늘의 계시에 의한 결과였으므로 천손으로 보아야 한다. 또 구지봉이 천과 가까운 고지라는 점에서도 그러하다.

이처럼 건국신화들이 천손을 시조로 한다는 것은 당대인들이 천을 숭배하고 있었다는 것으로, 우산국의 거주자들이 고구려계이든 신라계이든 또 그와 다른 계통의 이주자들이든 간에 그들이 숭배하는 신에서 천신은 제외 할 수 없다. 중국과 일본 역시 천신을 숭배하고 있었으므로 우산국의 천신 숭배는 의심의 여지가 없다.

일본은 국명부터가 해 뜨는 극지를 의미하며 천과 밀접한 나라였다. 그들의 건국신화는 천신과 천황의 관계를 확인하는 내용으로, 천황의 혈통을 확인하는 방법으로 정통성을 확인하려한다. 신화 중에는 천신이 동굴에 들어갔다 나오는 것에 의해 천지가 동시에 암흑으로 변했다

36) 『三國遺事』의 신라건국신화.

광명을 되찾는 이야기가 있다.[37] 이는 천신이 천지의 질서를 같이 통제한다는 것으로, 천손인 천황이 천하를 통치해야 한다는 정통성의 확인을 목적으로 한다.

중국의 경우도 마찬가지다. 중국의 고대에는 인군의 가장 존귀한 칭호로 천신을 사용했다. 구체적으로 말하자면 신명 · 황 · 제 · 왕 · 호 · 천 · 화 등은 모두 태양신과 관계를 갖는다. 그리고 옛날부터 화하민족의 시조로 받들어 온 복희 황제 등은 모두 태양신의 칭호였다. 중국 역사상 복희는 유명한 존재로 동방에서 태어났으며 태양의 광명을 구비한 것으로 알려지고 있으며 태호로 불리기도 한다.[38] 천 숭배사상을 바탕으로 하는 이름이다.

이처럼 우리나라가 천이나 그것을 의인화한 천신을 숭배하고, 중국과 일본 역시 천신을 숭배했다는 것은, 시대와 공간을 초월하여 동아시아 전역에 천신을 숭배하는 사상이 유포되어 있었다는 것을 의미한다. 그 범위에 포함되어 있는 것이 우산국이었다는 것을 감안하면 우산국이 천신을 숭배하고 있었다는 사실은 쉽게 추정할 수 있는 일이다.

3) 삼한의 종교

삼한의 존재는 진의 폭정을 견디지 못하고 마한으로 망명했다는 삼

37) 권오엽, 권정 옮김 『고사기』상. 천석옥(고즈원, 2007), p.144.
38) 何新저 洪熹역 『神의 起源』(東文選, 1993), p.19.
39) 古之亡人 避秦役 來適韓國 馬韓割其東界地與之(『三國志』辰韓傳.) 이 내용은 『後漢書』에 「辰韓耆老自言 秦之亡人 避苦役適韓國 馬韓割東界地與之」로 전재되어 있다.

국지의 기록을 통해 확인되는데,[39] 그것은 그들에 의해 중국의 문화가 전래되어 각지의 문화와 혼재되었을 가능성도 시사한다. 삼한은 마한 · 진한 · 변한으로 구별되는데 마한이 중심을 이루었다.[40] 그곳의 종교의례 또한 중국의 사서를 통해 확인할 수 있다.

마한에서는 매년 파종을 마친 5월과 농경을 마친 10월에 군중이 함께 주야를 가리지 않고 음주가무를 하며 귀신을 제사하고 있었다. 그때 천군은 구슬과 북을 단 나무를 세운 소도라는 곳에서 천신을 제사했다. 그곳으로 범법자가 도망쳐도 추방할 수 없었다.[41] 그처럼 천신을 모시는 종교의례는 특수기능을 소유한 천군이 주재할 정도로 독자적인 가치관을 이루고 있었다.

마한의 종교의례가 비교적 자세히 기록된 것에 비해 진한, 변한의 그것을 추정할 수 있는 기록은 극히 제한적이다. 『삼국지』를 통해 확인할 수 있는 것은 진한 마한과 동일한 농경신을 제사한다는 정도다.[42] 방식에는 차이를 보이나 귀신을 제사한다는 면에서는 동일한데, 이곳에서 말하는 농경신이란 천신으로 보아야 한다. 그것은 곡령의 풍작을 보장하는 신으로 난생하는 형식으로 이야기되기도 한다. 난생한 「알지」의 「알」이나 우물에서 태어난 「알영」의 「알」이 곡물, 씨앗(種), 알(卵) 등

40) 其十二國屬辰王 辰王常用馬韓人作之世世相繼 辰王不得自立爲王(『三國志』東夷傳 弁辰傳).馬韓最大 共立其種爲辰王 都目支國 盡王三韓之地 其諸國王先 皆是馬韓種人焉(『後漢書』東夷傳韓傳.)

41) 전게주 31

42) 祠祭鬼神有異(『三國志』弁辰傳).

을 의미하고, 또 소아를 의미한다는 것으로[43] 농경신이 곡령의 형태로 이야기되고 있었다는 것을 알 수 있다. 곡물이 껍질을 까고 나오는 것 역시 알을 깨고 나오는 난생신화와 동질적이다. 곡물의 결실은 태양의 기에 감응한 결과로 그것은 천신과 지신의 신혼을 의미하기도 한다. 이처럼 곡령의 천과의 감응이, 천기에 감응하여 난생하는 시조신들의 탄생과 동질적이라는 것은 천신을 숭배하는 농경신앙을 그 모태로 해서 구성된 이형동질의 전승이었다는 것을 의미한다.

『삼국사기』가 전하는 진한 · 변한의 제사가 농사의 진행과 더불어 이루어지고 그 대상이 풍백, 우사, 영성을 대상으로 하는데,[44] 그것이 단군신화의 풍백 우사 운사와 유사하다는 것도 변한 · 진한이 천신을 신앙의 대상으로 삼고 있었다는 것을 시사한다. 이처럼 삼한 모두가 천신을 숭배하고 있었다는 것은 마한의 소도가 갖는 종교적 가치관을 삼한이 공유했을 가능성을 이야기 해준다.

그것은 마한이 정치적 종가였다는 점에서 추정 가능한 일이다. 『삼국지』에 의하면 마한과 진한은 정치적 주종관계였으며, 진한의 왕을 마한 출신이 세습하고 있었다. 마한에서 진한 지역으로 전파해 간 세형동검 문화도 그 같은 사실을 입증해 준다. 마한과 진한의 주종관계가 기원전 3세기경부터 신라 건국시기까지 지속된 것으로 볼 때, 그 기간에 마한

43) 如赫居世之故事 故因其言 以閼智名之 閼智 卽鄕言小兒之稱也(『三國遺事』金閼智).
44) 立春後亥日 明活城南熊殺谷祭先農 立夏後亥日 新城北門祭中農立秋後亥日 蒜園祭後農 立春後丑日 犬首谷門祭風伯 立夏後申日 卓渚祭雨師 立秋後辰日 本彼遊村祭靈星(『三國史記』卷第三十二雜誌第一祭祀條).

의 소도형 제천의식이 동령의 의기와 더불어 진한에 전파되었으며, 이런 종교의례의 수용은 진한 사회의 소국형성 과정에 기여한 것으로 추정된다.[45] 말하자면 인적교류와 더불어 문물이 전해지고 종교의례와 사상도 같이 전파된 것이다. 이것은 우산국의 종교의례와 사상적 가치를 추정하기에 좋은 전거가 된다.

4. 결론

『삼국사기』의 우산국 기록은 신라의 정벌을 이야기하는 과정에 언급된 것이라 우산국을 이해하기에 충분한 내용은 아니다. 그러나 그 중에는 우산국의 실체를 엿볼 수 있는 내용의 기록도 있다. 무위로는 불가능하므로 계교를 써야한다는 설명은 신라가 1회 이상 정벌에 실패했다는 것을 의미하고, 우산국 사람들이 목우사자를 두려워했다는 것은 그들이 사자를 매개로 하는 불교문화를 이해했다는 것을 이야기한다. 우산국이 자연을 의지했다는 것도 우산국 원시종교의 일면을 엿볼 수 있는 표현이다.

우산국이 험한 자연을 의지했다는 「시험」이나, 우산국을 위협하는데 사용했다는 「목우사자」는 우산국의 종교 상황을 내포하고 있다. 자연을 의지하여 적군에 대항한다는 것은 흔한 전법으로 우산국에 한정된 것이 아니다. 따라서 이곳의 시험은 단순한 자연이 아니라 그 자연에 깃

45) 宋華燮전게주 4. p71

들어 있다고 믿는 영적존재의 수호에 의지했던 것으로 보아야 한다. 그러한 믿음과 자긍심이 신라에 대항하게 했고 신라를 격퇴시킨 것이다. 사자를 직접적으로 경험한 일이 없는 우산국이 목우사자의 외형을 두려워했을 까닭이 없다. 그들이 두려움을 느낀 것은 그 외형이 아니라 그것을 매개로 하는 불법과 같은 문화적 두려움이었다.

중국의 사자 인식이 영혼을 운반하고 불법을 수호하는 성수라는 식이었으므로 그것에 대한 삼국의 인식도 유사했을 것이고 우산국의 인식도 크게 다를 수 없다. 그때까지의 우산국에는 시대와 공간을 달리하는 이주민들이 전래한 종교가 혼재하여 신봉되고 있었다. 동예나 고구려 신라 등을 출신지로 하는 그들은 출신지의 종교의례에 근거하는 신앙에 집착하고 있었을 것이므로 그 범위는 한정된다. 그리고 그것은 무천이나 동맹 영고 소도의 형식 안에서 이루어졌기 마련이다. 그것들이 상호 교류하여 복합되는 과정을 거쳐 우산국 독자적인 형태가 성립되었겠지만, 제천이라는 본질은 어떤 형태로든 잔재했기 마련이다. 중국과 일본 역시 동질의 제천의례를 거행하고 있었으므로 우산국 신앙은 그 범위에서 벗어날 수 없었다.

우산국은 애니미즘과 같은 신앙이 어울리는 도서국이다. 그곳 사람들은 자연에 깃든 영적 존재의 수호를 필요로 했고, 그 수호를 보장받아 소원을 달성할 수 있을 것으로 믿고, 그 방법으로서의 의례를 거행했기 마련이다. 그러면서 새로운 이주민이 전래하는 신앙도 수용하려 했을 것이다. 그것이 그들을 포섭하여 세력을 확장하는 방법이었기 때문이다.

우산국이 처음부터 신라를 퇴치할 정도의 나라였을 수는 없다. 다른 나라와 마찬가지로 촌락의 단계에서 국읍의 단계를 거쳐 발전한 나라였고, 그것은 신앙의 통합과 같이 이루어진 발전으로 볼 수 있다. 신앙을 달리하는 것에 의한 분쟁을 극복하는 과정과 더불어 신앙을 공유하는 형식의 통합의 단계를 거쳐 가치관을 공유하는 국가를 이루었기 때문에 신라의 침략이라는 위기에도 대처할 수 있었을 것이다.

그런 단계에서 필요한 것이 가치관을 공유하게 하는 신앙의 대상이다. 각 집단이 신앙하는 자연물로 추정할 수 있는 것이 거암이나 거목, 하천, 일월성신 등이다. 그것들의 가치를 인정하고 그것들의 수호가 동등하다고 믿을 때 그것을 매개로하는 통합도 가능했다. 먼저 신앙의 대상을 공유하는 방법으로 가까운 집단을 통합해 가다가, 그 범위가 확산되어 울릉도 전체의 통합이 이루어지고, 결국에는 우산국이 건국된 것이다. 그런 과정에 따라 그것에 어울리는 대상이 필요해 졌다.

말하자면 성인봉을 구심점으로 해서 울릉도 전체의 통합을 이루고, 울릉도를 중심으로 하는 우산국이 건국되면 그것에 어울리는 신앙의 대상이 필요해 진다. 성인봉이 중앙에 위치하여 울릉도 전부를 어우르듯이 성인봉 이상의 가치로 우산국 전체를 어우를 수 있는 신앙의 대상이 필요하게 되는 것이다. 우산국에서 그 요구를 충족시킬 수 있는 것은 사면을 둘러싼 바다, 천공의 일월성신, 동쪽 해안에 솟은 독도 등이라 할 수 있다. 특히 독도는 자취를 감추었다 나타냈다 하는 기암거석이었기에 신앙의 대상으로 부족함이 없었다. 그것은 조양(朝陽)과 더불어 나타나면서 우산국인들의 신앙심을 자극하기에 충분했다.

그 독도를 우산국이 자국의 영역에서 제외시킬 이유가 없다. 그곳에 깃들어 있다고 믿는 영적 존재들과 그 주적 능력을 신앙하고, 그것들의 수호를 통해 원하는 바를 달성하려 했으며 그 방법으로 의례도 거행하고 있었을 것이다. 그것은 종교의례를 통해 소원을 이루려 했던 고대인의 가치관과도 부합된다. 그처럼 신앙의 대상으로 충분한 독도를 우산국 스스로가 자국의 영역에서 제외시켰을 까닭이 없다.

4장
『죽도고』의 안용복

4장

『죽도고』의 안용복

1. 서문

숙종 19년(1693)에 납치당한 안용복은 울릉도와 자산도가 조선의 영토임을 주장하다 송환되어 처벌 받았으나 숙종 22년에 재차 도해하여 울릉도(동의로 사용될 때는 죽도로 표기함)와 자산도가 조선의 영토임을 주장하고 귀국했다. 일본이 「죽도일건」이라 칭하는 사건으로, 죽도에서 배타적 독점권을 확보하려는 돗토리(鳥取) 요나고(米子) 어민의 기도와 울릉도를 죽도로 칭하는 방법으로 탈취를 꾀하려 했던 쓰시마한(對馬藩)의 저의를 원인으로 하는 영토 분쟁이었다.

이 분쟁은 일본 스스로 자국민의 도해를 금하며 죽도의 조선영유를 인정하는 것으로 종결되었다. 그런데도 일본에는 그 결정에 불만을 품고 그 이전으로 복귀를 기대하는 세력이 존재했다. 그들은 기록을 자의적으로 해석하며 정당성을 피력하는 일도 있어, 기록의 본질을 바로 이해할 필요가 있다. 같은 기록이라 해도 다양한 해석이 가능하기 때문이다. 그런 주장은 죽도의 범위와 함께 거론되는데, 19세기의 『죽도고』는 동해에 존재하는 두 섬을 기록들이 보이는 차이를 근거로 부정한다. 그러면서 일본의 속도였던 죽도를 조선의 간계에 속아 빼앗겼으니, 조선에 불행한 일이 발생하면 그것을 기회로 해서 탈환해야 한다는 주장을 주저하지 않는다.

『죽도고』에는 안용복에 관한 기술이 많고, 그것을 전거로 하는 기록도 많아 『죽도고』를 근거로 안용복을 평가하는 것이 보통이다. 그런데 그것이 적대적 편견을 가진 오카지마 마사요시(岡嶋正義)의 기록이라는 것을 생각하면, 그것을 근거로 안용복을 이해하고 평가하려 한다면, 그 이전에 그것의 특성을 파악하는 과정을 필요로 한다.

안용복에 대한 기록은 둘로 대별할 수 있다. 하나는 당대의 기록으로 그 사건에 관계된 자들이 기록한 것이고, 또 하나는 전승을 근거로 하는 후대의 기록이다. 전자에 속하는 것은 안용복을 납치한 오야케(大谷家)의 기록, 오야케의 보고서에 근거하는 돗토리한(鳥取藩)의 기록, 안용복을 조선으로 송환시킨 쓰시마한(對馬島藩)의 기록 등이다. 후자에 속하는 것으로는 오카지마 마사요시의 『죽도고』, 『인부연표(因府年表)』 등이 있다.

전자가 관련된 자들의 직접 기록인 것에 비해, 후자는 죽도에 도해하지 못하는 것을 아쉽게 생각하는 후세인의 간접기록이라는 것을 감안하면, 그것들이 동질적일 수 없다는 것을 알 수 있다. 특히 후자를 대표하는 기록이 『죽도고』라고 생각한다.

그럼에도 불구하고 죽도문제를 논할 경우에는 그것의 기록이 많이 인용된다. 그것에 대한 검증 없이 그것이 전하는 내용을 그대로 신뢰하는 분위기다. 당대의 기록이 있음에도 19세기의 기록을 근거로 사건을 검증하기도 한다. 그럴 경우 기록자의 사고나 시대적 사고 같은 것은 고려되지 않는다. 내용이 유사하면 의미도 같다고 인식하기 때문이다.

안용복을 평가할 경우도 마찬가지다. 존재하는 기록 모두를 망라하면서 기록 간의 차이나 특성은 간과한다. 모순이 보일 경우는 자의적으로 판단하거나, 후세의 기록을 근거로 당대의 기록을 판단하기도 한다. 조선의 기록이나 안용복을 부정할 경우에 그런 경향이 많다. 유사한 내용이면 동질로 믿는 사고가 빚어내는 오류였다. 기록은 기록자나 사회적 사상에 따라 의미가 다르게 마련이다. 가해자와 피해자의 진술이 같을 수 없으며, 기록들의 공통점을 절대적 사실로 단정할 수도 없다. 그것을 의식하며 기록에 접근해야 한다.

우리는 『삼국사기』와 『삼국유사』에 소개되는 내용은 동질로 여기고, 내용이 구체적일수록 좋은 기록이라고 인식할 수도 있다. 그것은 일본의 경우도 마찬가지다. 일본의 『고사기(古事記)』와 『일본서기(日本書紀)』가 전하는 건국신화의 내용은 비슷하다. 지명이나 신명은 물론 줄거리까지 흡사하다. 그래서 그것이 전하는 신화를 「기기(記紀) 신화」라 칭하기도 하는데 그것은 잘못된 일이다. 그것들이 이야기하는 세계상이 근본적으로 다르다. 그것을 모르면 그 기록의 의미를 간과하여, 그것들이 보이는 모순의 의미를 알 수 없다.

고구려의 건국신화는 『삼국사기』·『삼국유사』·『동명왕편』, 그리고 중국의 기록에도 전하는데, 그 내용이 유사하다. 그래서 연구는 이들 기록들의 차이와 공통점을 비교 검토하는 식으로 이루어진다. 기록들의 특성보다는 공통점에 무게를 둔 것이다. 그래서 그런지 「비문」의 건국신화는 고구려인의 기록임에도 중시되는 일이 없다. 내용이 간략하다는 것을 이유로 그것의 존재를 소개하는 정도로 끝나는 경우가 많다. 고구려의 시조를 「비문」의 추모왕(鄒牟王)이 아닌 주몽(朱蒙)으로 인식하는 것도 그 같은 사고가 빚은 결과다. 그러나 전성기의 후손이 기록한 것과 신화의 소유주가 멸망하고 난 후세에 기록된 것이 같을 수 없고, 이민족의 기록이 후손의 기록과 같을 수 없다. 그런 차이를 고려하지 않는 단순 비교는 각 기록의 특성을 간과하게 만들고 만다.

이 같은 현상은 안용복의 평가에도 나타난다. 당사자들의 기록과 그 전승을 근거로 하는 후대의 기록을 동일시하고 있는 것이다. 당사자 안용복의 진술을 바탕으로 하는 『숙종실록』, 안용복을 납치한 오야케의 기록인 『죽도도해유래기발서공(竹島渡海由來記拔書控)』(이하 발서공), 당지의 기록 『백기지(伯耆志)』, 안용복의 송환을 책임졌던 쓰시마한의 『죽도기사』등은 관련자들의 직접 경험을 바탕으로 하는 당대·당지의 기록이다. 이에 비해 오카지마의 기록은 후대의 것으로 전승을 근거로 한 것이다. 따라서 많은 전승 자료를 참고한 이점이 있을 수도 있으나 편집자의 의도에 부합하는 자료가 우선되어 편향적일 수도 있다.

그런 의미에서 오카지마가 편집한 기록의 특성이 검토되어야 했다. 그의 사고나 편찬의도를 파악한 후에 다른 기록과 비교하고 혼용해야 했다. 그런 과정도 없이 단순 비교하거나 그 기록을 근거로 다른 기록을 평가하는 것은 문제의 본질을 왜곡시키고 만다. 특히 오카지마는 죽도를 조선령으로 인정한 막부의 결정에 불만을 가지고 있었으며, 죽도의 이권을 일본이 독점했던 시대의 복구를 갈망하여 객관적인 사고를 가질 수 있는 여유를 갖지 못한 인물이었다.

2. 유사기록의 이질성

먼저 기록의 특징을 확인하는 과정으로, 유사한 내용을 전하는 『삼국유사』와 「비문」의 고구려 신화, 『삼국사기』와 『삼국유사』의 신라 신화를 살펴보기로 한다. 『삼국유사』의 시조는 주몽으로, 그의 모신 유화(柳花)는 천제의 아들 해모수와 정을 통하다 추방당한 여신이었다. 그 유화가 금와왕(金蛙王)의 보호를 받을 때,

> 햇빛이 방 속으로 비쳐왔다. 그녀가 몸을 피하자 햇빛은 다시 쫓아와서 비쳤다. 이로해서 태기가 있어 알 하나를 낳으니 크기가 다섯 되 들이만 했다. 왕은 그것을 버려서 개와 돼지에게 주게 했으나 모두 먹지 않았다. 다시 길에 내다 버리니 소와 말이 그 알을 피해서 가고, 들에 내다 버리니 새와 짐승들이 알을 덮어주었다. 왕이 이것을 쪼개보려 했으나 아무리 해도 쪼개지지 않아 그 어머니에게 돌려주었다. 어머니는 이 알을 천으로 싸서 따뜻한 곳에 놓아두었더니 한 아이가 알을 깨고 나왔는데, (중략) 나는 천제의 아들이요, 하백의 손자이다. 오늘 도망해 가는데 뒤쫓는 자들이 거의 따라오게 되었으니 어찌하면 좋겠느냐. 말을 마치니 물고기와 자라가 다리를 만들어 주어,[1)]

무사히 피할 수 있었다. 이는 햇빛을 받아 난생한 자가 박해를 피해

도망친 곳에서 건국했다는 이야기로, 다른 기록들의 내용도 이와 유사하다. 특히 일광으로 상징되는 천제와 모신의 부 하백이 상징하는 지신의 혈통을 받고 난생했다는 내용은 공통적이다. 그러나 태어나면서부터 박해를 받다 도망쳤다는 내용은 「비문」의 그것과 다르다. 이러한 공통점과 차이는 기록상의 문제로 치부될 수도 있으나 그것이 기록자의 의도에 의한 차이일 수도 있어 중시되어야 한다. 그것이 이야기의 본질을 시사하고 있을 수도 있기 때문이다.

같은 내용이 「비문」에는 다음과 같이 기술되어 있다.

> 천제의 아들로서, 모는 하백의 여랑이다. 알을 깨고 세상에 내려와, 태어나면서부터 성스럽다. 가마를 명하여, 순행하며 남하한다. 길이 부여의 엄리수에 이르렀다. 왕은 물가에 임하여 말씀하시길, 나는 호천의 아들이고, 모는 하백의 여랑이다. 나를 위해 갈대를 엮고 자라를 띄우거라라고 말하셨다. 소리에 응하여 즉시 갈대를 엮고 자라를 띄웠다.[2)]

『삼국유사』가 시조를 주몽이라 칭하며 「천제의 아들」과 「수신의 딸」의 신혼으로 난생한 후손임에도 천대와 탄압을 받다가 견디지 못하여 타지로 탈출하여 건국한다. 그에 비해 「비문」의 천자는 도망치는

1) 幽閉於室中. 爲日光所照. 引身避之. 日影又逐而照之. 因而有孕. 生一卵. 大五升許. 王弃之與犬猪. 皆不食. 又弃之路. 牛馬避之. 弃之野. 鳥獸覆之. 王欲剖之. 而不能破. 乃還其母. 母以物裹之. 置於暖處. 有一兒破殼而出(중략) 我是天帝子. 河伯孫. 今日逃遁. 追者垂及. 奈何. 於是漁鼈成橋(『三國遺事』卷第一 高句麗).

2) 天帝之子母河伯女郎剖卵降世生而有聖□□□□□□□命駕巡幸南下路由夫餘奄利大水王臨津言曰我是皇天之子母河伯女郎鄒牟王爲我連 葭浮(廣開土王碑文第1면, 1행)

일이 없다. 난생하여 가마를 타고 당당히 순행하며 천자의 위엄을 보이고 있다.

도강의 경우도 전자는 애걸하는 형태이나, 후자는 자신의 정당한 권리를 요구하는 형태였다. 천자로서의 위엄을 지키며, 천자이기에 발휘할 수 있는 주능을 발휘하여 스스로 도강했다는 것을 알 수 있는 내용이다. 천자 추모왕이 강변에 이르러 도강의 방법을 요구하자, 기다렸다는 듯이 주변상황에 변화가 일어나, 쉽게 도강할 수 있었다. 도강의 방법을 애걸하여 도망친 경우와는 크게 다르다. 물론 시련을 경험한 후에 건국하고 통치자로 군림하게 되므로, 결과적으로는 동질적으로 볼 수도 있으나, 천제의 혈통으로 정통성을 보장받고 천하에 군림하는 천자에게는 필요 없는 과정이었다고 말할 수도 있다.

『삼국유사』의 건국은 역사적 시간에 이루어진 일이었으므로, 모든 것을 신화적으로 설명할 수 없었을지도 모른다. 역사적 사실과 신화적 허구를 접속시켜 고구려 건국의 신성성을 확인하려 했기 때문에, 건국자가 도망치는 등의 시련을 경험하는 기록을 했을 것이다. 또 그러한 시련은 건국 과정에 있었을 수도 있다. 그러나 「비문」의 고구려는 천자가 강림하여 최초로 세운 국가, 그래서 천하의 중심이기 때문에 그러한 시련이 필요 없었다.

양 기록의 차이는 그것을 소유하는 후손이 번성할 시기의 것과 후손들이 쇠락하여 신화가 설화로 회자되는 시대에, 혈연적으로 무관한 세력에 의해 기록된 결과로 볼 수도 있다. 『삼국유사』의 신화는 고려시대의 기록으로 고구려가 멸망된 상황에서 기록되었다. 따라서 신화로서의 신성성을 상실하고 설화 정도로 취급되고 있었을 것이다. 그에 비해 「비문」은 고구려의 전성기에 후손이 선조의 업적으로 위엄을 확보하고, 자신이 통치하는 세계상을 제시하는 것을 목적으로 해서 기록된 것이다. 그 기록에 왕통의 시련을 의미하는 내용이 필요할 리 없다. 천제와의 혈연으로 통치의 정통성과 천손이 통치하는 고구려가 천하의 중심이라는 사실을 확인하면 되는 일이었다.

기록의 특성을 인정하지 않고 그것의 유사성만을 중시하는 문장의 이해가 어떤 결과를 초래하는가는 왕건군의 「비문」 해석을 통해 확인할 수 있다. 그는 천자인 「비문」의 시조를 『삼국사기』의 그것과 비교하며 설명하는데, 그곳의 「其舊都」를 「其舊都(史稱舊夫餘, 즉 北夫餘)」라고 주했다.[3] 이것은 해부루(解夫婁)가 주워다 기른 금와왕에게, 천신이 나타나, 가섭원(迦葉原)으로 이주할 것을 명하여 금와왕이 이주하자, 그 자리에 해모수가 강림했다. 그곳을 『삼국사기』가 「구도」라 했는데, 그곳을 「부여, 즉 북부여」로 보고, 「부여」와 「북부여」를 동일지로 했다. 그러나 『삼국사기』에는 북부여가 나오지 않으며, 「비문」의 북부여는 동부여와 다른 공간이다. 그것을 근거도 없이 동일지로 처리하는 오류를 범했다.

그런 기준 없는 대응은 시조에 관한 설명에도 있다. 「비문」은 시조를 「천제지자」[4]로 명기했는데도, 그의 부를 「천제의 아들」로 하고, 그가

3) 其旧都(史稱旧夫余, 即 北夫余)(王健群저, 林東錫역 『広開土王碑研究』, 역민사, 1985), p.296.
4) 惟昔始祖鄒牟王之創基也出自北夫余天帝之子母河伯女郎(비문 제1면 제1행).

해모수라는 주를 달았다.[5] 이는 「비문」과는 동떨어진 해석이다. 「비문」에는 해모수가 등장하지도 않고, 천제의 아들이 추모왕이라는 것을 분명히 하고 있다. 그럼에도 추모왕을 천제의 손자로 하고, 천제와 추모왕 사이에 해모수를 삽입시키는 것은 『삼국사기』나 『삼국유사』가 전하는 내용을 바탕으로 하는 해석으로, 기록의 특성을 고려하지 않는 사고가 초래한 오류였다.

유사한 내용이라 해도 기록자의 의도에 따라, 시대적 사상에 따라, 그것의 의미는 달라진다. 안용복의 행적을 내용으로 하는 기록에 접근할 경우에도 그러한 전제가 필요하다. 안용복의 진술이나 그를 납치한 자들의 기록, 그 사건에 관여한 자들의 기록이 직접 경험을 바탕으로 하는 것에 비해, 후대의 기록은 직접 기록이나 전승들을 근거로 하는 간접 기록이기 마련이다. 그 같은 근본적인 차이를 간과하고 내용이 유사하다는 것만을 중시하여, 동질의 기록으로 취급하고, 그것들을 근거로 안용복의 행적을 판단하게 되면 본질을 간과하거나 왜곡시키는 오류를 범하게 된다.

3. 안용복 기사의 특성

안용복의 일본에서의 행적을 기록한 것으로는 『발서공』, 『백기지』,

5) 林基中 「한국에서 호태왕비의 탁본과 비문연구」 『廣開土好太王碑 硏究 100年』(학연문화사, 1996), p.200.

『죽도기사』, 『공장(控帳)』, 『인부연표』, 『죽도고』 등을 들 수 있다. 이 중의 『발서공』은 안용복을 납치한 오야케의 기록이고 『죽도기사』는 안용복을 송환시킨 쓰시마한의 기록, 『백기지』는 오야케의 주거지 호키슈(伯耆州)의 기록, 『인부연표』와 『죽도고』는 오카지마가 기록한 것이고, 『공장』은 돗토리한의 가신이 기록한 것이다.[6)]

이러한 기록들을 통해 안용복의 일본에서의 행적을 추정할 수 있는데, 그 전에 기록들의 특성을 살펴보아야 한다. 안용복의 일정은 물론 그의 언설이나 행적이 기록자의 사고와 목적 그리고 사회사상 등에 의해 그 내용이 달라질 수 있기 때문이다.

특히 안용복의 평가에 많은 영향을 미치고 있는 오카지마의 사고와 기록의 목적은 확인해야 한다. 오카지마는 죽도에 조선인이 살지 않는 이유를 일본인에 대한 공포심에서 구하고 있다. 그리고 일본인의 죽도 도해가 금지된 것을 아쉬워하며 조선인의 죽도 도해를 방치하는 것은 「우리나라를 멸시하는 근원이 되어, 통곡하게 될 것이다」[7)] 라며 조선인이 죽도에 도해하는 사실에 울분을 토했다. 그러한 울분이 있어서 인지, 오카지마의 기록에는 타 기록에 비해 조선에 대한 적개심이 노골적으로 나타나 있다. 이런 오카지마의 기록을 근거로 죽도의 영유권이나 안용복 납치사건의 본질을 판단해서는 안 될 것이다.

6) 鳥取藩家老의 일기로 『万留帳』, 『万控帳』, 『御櫓日記』이라고도 불린다. 연대에 따른 변화다. 鳥取縣圖書館藏(川上健三 『竹島の歷史地理學的硏究』, 古今書院, 1966, p.160).

7) 全く日本の威炎を震恐せるが故なる可き歟, 此度の挙を其侭に御捨置に相成候ことは, 本邦を軽蔑の基にして, 痛哭の至りなり(『因府年表』, 1844).

오카지마의 사상이 잘 나타나 있는 것이 1828년에 편찬한 『죽도고』다. 그것이 저술된 19세기 초의 돗토리에는 죽도 주변의 이권에 대해 배타적 독점권을 생각하는 사고와 자원의 공동이용과 공존이 바람직하다는 사고가 공존하고 있었으나, 주로 배타적 독점사고가 지배적이다.[8] 1696년에 결정된 일본인의 죽도 도해금지령이 취소되고, 종래에 오야·무라카와 양가가 독점적으로 행하고 있었던 상황이 부활되기를 대망하는 것이 오카지마의 염원이고 돗토리지역의 사회상이었다. 『죽도고』의 곳곳에서 확인되는 사실이다. 이하에서는 돗토리현립 박물관본을 저본으로 해서 그 개괄을 살펴보기로 한다.

4. 『죽도고』

『죽도고』는 분세이(文政) 11년(1828) 8월에 발간된 것으로 죽도에 관한 내용과 저자의 사고가 비교적 알기 쉽게 기록되어 있다. 그것은 죽도에 도해하며 많은 이익을 취하던 시대로의 복귀를 희망하는 돗토리지역의 배타적 사고를 반영한다. 즉 1696년에 일본인의 도해를 금한 도해금지령이 취소로 그 이전에 오야·무라카와가 독점적으로 도해했던 시대의 부활을 대망하는 것이 지역의 정서였는데, 오카지마가 그것을 정리하여 편찬한 것이 『죽도고』이다.

저자 오카지마는 돗토리한에 출사하고 있었으나 1826년에 면직되었다가 1859년에 75세로 사거했다. 사서의 편찬에 몰두하여 생애에 정리

8) 池內敏 「竹島考에 대해」 『大君外交와 武威』, 名古屋大學出版會, 2006).

한 것이 40점에 가깝다. 그는 죽도에서 얻는 이익이 어민만이 아니라 지역사회 전반을 이롭게 한다는 것은 알았으나, 그 욕구가 조선과의 국제적 관례에 이탈된다는 것은 생각하지 못했다. 그것을 영유하는 조선의 입장은 전혀 고려하지 않고, 그저 상고 이래의 침략을 기반으로 하는 이득만을 희구하고 있었다.

1) 『죽도고』의 구성

『죽도고』는 상하 2권으로 다음과 같이 나뉘어져 있다.

〈상권〉 (1) 자서, (2) 총설, (3) 도설(圖說), (4) 혹문(或問), (5) 도해지조의병물산(渡海之調艤幷物産), (6) 죽도송도지지리(竹島松島之地理).

〈하권〉 (7) 죽도통박발단(竹島通船發端), (8) 대곡촌천수전단수우막부(大谷村川輸栴檀樹于幕府), (9) 대곡지선표도조선국(大谷之船漂到朝鮮國), (10) 대곡촌천봉유서서우막부(大谷村川捧由緒書于幕府), (11) 조선인초도래죽도(朝鮮人初渡來竹島), (12) 대곡지선인나래조선인(大谷之船人拿來朝鮮人), (13) 대곡구위위문출부(大谷九右衛門出府), (14) 막부금알도해우죽도(幕府禁遏渡海于竹島), (15) 조선국통사박우본번(朝鮮國通使舶于本藩) (16) 막부착죽도지지리내력(幕府鑿竹島之地理來歷), (17) 운주송강지사득기남목(雲州松江之士得寄南木) (18) 발목다백기해변(拔木多伯耆海邊), (20) 자발(自跋).

그 내용을 이케우치사토시(池內敏)의 정리에 근거하여 소개하면 다음과 같다.[9)]

〈상권〉

① 자서에는 오카지마가 「죽도고」를 저술하게 된 이유가 있다. 막부의 요구에 응하여 돗토리한이 제출한 죽도관계의 서류를 우연히 근래에 입수했기에 「내가 여러 번 들었던 이야기(予ガ連歳耳目ニ得ル処ノ説)」와 같이 참고하여 본서를 저술한 것이라 했다. 그리고 「죽도도해를 재흥하는 일이 있을 때, 이 책의 한 구절이라도 취할 것이 있어 조금이라도 국가에 도움이 되면, 나의 영원한 행복이(竹島通舶再興の挙アラントキ, 此書ノ一句モ可采モノアッテ聊国家ノ為ニ補ト成コトアラバ, 予カ不朽ノ幸也)」라 했다.

② 총설에서는 게이초(慶長)·겐나(元和) 무렵부터 오야·무라카와 양가가 「무인의 폐도(無人ノ廢島)」로 물산이 풍부한 죽도에 도해하다, 결국에는 도해금지를 명받은 경과가 조술(粗述)되어 있다.

③ 도설에서는 1722년(享保7)에 막부에 제출한 「죽도송도지도(竹島松島之圖)」의 축도 및 『도서편(圖書編)』일본도, 『등단필구(登壇必究)』 사이총도(四夷總圖) 등에 있는 죽도 주변의 지도를 소개한다.

④ 혹문(或問)은, 여섯 문답으로 구성되는 상정문답집으로, 그 분량은 상권 42간분(丁) 중 18정 남짓을 차지한다.

⑤ 도해지조의병물산(渡海之調艤幷物産)에서는 오야·무라카와케의 죽도 도해선의 승무원 구성을, 칸분6년(1666)에 조선에 표류한 오야선을 경우를 예시하고, 또 죽도에서 수확한 물산명을 열

13) 池内敏 전게주 8

거한다.

⑥ 죽도송도지지리(竹島松島之地理)에서는 일본 · 조선 · 중국의 9종의 문헌(『삼국통람(三國通覽)』『백기민담기(伯耆民談記)』『동국통감(東國通鑑)』『청정기(淸正記)』『양조평양록(兩朝平壤錄)』『등단필구』『도서편』『수서』『징비록』에서 죽도라는 도명을 뽑아, 그 위치를 논한다. 이상이 〈상권〉이다.

〈하권〉

⑦ 죽도통박발단(竹島通舶發端)에는 오야 · 무라카와 양가가 죽도도해를 시작하게 된 경위가 기록되어 있다. 그곳에는 죽도가 「조선에 가까운 절도(朝鮮ヘ逼近セル絶島)」이기 때문에 오야 · 무라카와의 판단만으로는 도해할 수 없다고 생각하고, 하타모토(旗本) 아베시로고로(阿部四郎五郎)를 움직여, 겐나4년(1618)에 막부가 아케다 미쓰마사(池田光政) 앞으로 「죽도도해면허」를 내린 일, 도해선에는 「규어문(葵御紋)」이 들어간 기를 달았던 일이 기록되어 있다.

⑧ 대곡촌천유전단수우막부(大谷村川輪栴檀樹于幕府)는 간에(寬永)15년(1638)에 에도성 니시마루(西丸)를 수축할 때 죽도에서 벌채한 전단을 헌상한 일을 기록했다. 서원에 이용하고 남은 것으로는 책장을 만들고, 먼 곳의 자재를 사용할 수 있는 현실을 환우확청(寰宇廓淸)의 경사라 했다.

⑨ 대곡지선표도조선국(大谷之船漂到朝鮮國)은 간분(寬文)6년(1666)에 오야규에몬선이 죽도에서 귀범하다 표류하여 조선반도 동해안에 표류한 사실과 구조되어 귀국하는 내용은 물론 신상명세

서 등을 기록하고 있다. 특히 조선인들의 구조 활동과 조선정부가 귀국 시키면서 하사한 물품명 등도 기록하고 있다.

⑩ 대곡촌천봉유서우막부(大谷村川捧由緒書于幕府)에서는 텐나(天和)4년(1684년)에 죽도도해 유서서를 막부에 제출한 일을 기록하고, 겐나4년에 발급되었다는 도해면허의 문면도 실었다.

⑪ 조선인초도래죽도(朝鮮人初渡來竹島)에서는 겐나5년(1692)에 죽도에서 조선인을 만나자 「원래 이 섬은 일본국 장군님한테 배령하여 오랫동안 도해한 섬이다」라고 질책하였으나 결국 수확을 얻지 못하고 귀범한 사실을 기록했다.

⑫ 대곡지선인나래조선인(大谷之船人拿來朝鮮人)에서는 겐로쿠(元祿)6년(1693)에도 죽도에서 조선인과 다툰 일을 기록했다. 오야선은 안핀샤와 도라헤라는 두 조선인을 요나고로 끌고와 돗토리한을 통해 막부에 상신한 내용과 막부가 둘을 장기로 회송하도록 명령한 일, 조선인의 죽도도해금지를 요구한 사실을 기록했다. 나포한 조선인의 신상명세도 기록했다.

⑬ 오야큐에몬출부는 겐로쿠7년(1694) 오야큐에몬이 죽도에서 잡은 전복 등을 헌상하며 장군을 알현한 내용을 기록했다.

⑭ 막부금알도해우죽도(幕府禁遏渡海于竹島)에서는 겐로쿠9년(1696) 1월 28일에 노중이 연서한 봉서로 오야 · 무라카와 양가의 도해를 금한 일이 기록되어 있다. 무라카와이치베에는 겐로쿠11년부터 16년까지 에도에 체재하며 도해 부활을 호소했으나 이루지 못하고, 소금 도매업(鹽問屋)을, 오야는 솜도매(綿問屋) · 어조도매

업(魚鳥問屋)으로 전업했다.

⑮ 조선국통사박우본번(朝鮮國通使舶于本藩)에서는 겐조쿠9년(1696) 6월 4일에 안용복 일행 11명을 영접한 내용 등을 기록하고 있다. 11인의 신상명세서, 배와 배에 건 걸개 등의 그림도 있다.

⑯ 막부착죽도지지리내력(幕府鑿竹島之地理來歷)에는 교호(享保)9년(1724)에 막부가 돗토리한에, 죽도도해금지를 내리게 된 경위와 죽도의 지리 물산에 관한 설명을 요구한 내용이 있다.

⑰ 운주송강지사득기남목(雲州松江之士得寄南木)에는 죽도산 기남목이 오키에 표착할 가능성을 언급했다.

⑱ 발목다백기해변(拔木多伯耆海邊)에는 호랴쿠(宝曆)7년(1757)에 호키노쿠니 아세리군(汗入郡)의 해변에 대량의 목재가 표착하자 죽도에서 표착한 것으로 추정했다.

⑲ 자발에서는 많은 자료를 충분히 참조하지 못한 것에 대한 아쉬움과 후일의 보충을 염원하는 희망 등을 기록했다.

이상의 내용은 넷으로 구별지을 수 있다. 우선 〈상권〉의 ③⑤⑥을 하나로 묶는다. ⑥에는 약간 역사적 관점이 포함된 것으로, ③⑤와 함께 죽도 및 죽도도해에 대해, 정태적(靜態的) 으로 기술했다. 다음에 〈하권〉의 ⑦~⑯은 죽도도해의 역사를 시간의 경과에 따라 기술한 부분이다. 이 두 부분의 이해를 총괄한 것이 ②의 총설이다. 그리고 이상 내용을 바탕으로 문답이라는 형식으로 편자의 견해를 이야기한 것이 ④의 혹문으로, 분량적으로도 내용적으로도 중심을 이루는 부분이다.[10)]

2) 당대의 의문사항

(1) 해금정책의 이해

『죽도고』의 「혹문」은 당대인들이 죽도에 관한 의문을 여섯으로 나누어 질문하고 그것에 저자가 답한 것으로, 당대인들과 저자의 죽도에 대한 인식과 사상이 잘 나타나 있는 부분이다.

제1문은, 죽도는 조선에 가깝고 물산이 풍부한 섬인데도 옛날부터 그곳에 사는 사람이 없고, 조선에서 건너는 사람이 없는 것은 어찌된 일인가라는 것이다. 오카지마는 그 의문에 동조하며 진구(神功) 황후 이래의 일본과 조선, 중국의 관계를 설명한다. 강대한 「일본」과 일본에 종속되는 취약한 「조선」, 왜구에 대비하는 「중국」이라는 구도의 설명이다.

조선이 가까운 섬이라 해도 「우리 배가 왕래하는 바다에 있는 고도이므로, 살해당하는 것이 두려워 옛날부터 조선의 인민이 거주하지 못했다」는 것이다.[11] 또 오야·무라카와케가 죽도를 발견했을 당시는 도요토미히데요시(豊臣秀吉)가 침략한 기억이 남아있는 게이초(慶長)·겐나(元和) 시대였으므로 「우리 배를 보면 호아시랑(虎兒豺狼)을 본 듯 두려워서 도망친다」. 그래서 무인도가 된 것이라고 설명했다.

조선인이 도해하지 않아 무인도라는 말은, 그것이 조선령이라는 것을 의미하는 말이나, 조선인이 도해하지 않았다는 주장은 사실과 다르다. 오카지마는 진구와 도요토미의 침략의 경험을 기준해서 조선인을 평가

10) 전게주8, p.355.
11) 吾船隻ノ往來セル海中ニ在ル孤島ナレバ怯殺セラレンコト懼テ往昔ヨリ彼ガ人民居ヲ結ず又快ク渡海スルコトヲモ不得(『竹島考』或問1).

하고, 조선이 취약하여 강대한 일본을 두려워하는 것으로 침략의 본질을 호도하며, 침략에서 정통성을 구하고 있다. 그래서 자국의 살상행위를 거리낌 없이 언급하고, 조선인이 호아시랑처럼 혐오한다는 사실도 태연히 거론할 수 있는 것이다.

조선이 왜구의 피해를 예방하는 방법으로 해금정책을 취한 것은 사실이므로, 일본인들을 두려워하고 혐오한다는 설명은 옳은 지적이다. 그렇다 해서 그것에서 정통성을 구한다는 것은 침략에서 정통성을 구하는 일로 인국과의 선린에 기반하는 사고는 아니다. 오카지마가 거론한 진구와 도요토미는 조선을 침략했던 인물들이다. 그중 진구는 조선과의 관계를 논할 때 즐겨 인용하는 신화상의 인물로 신라와 백제를 복속시킨 것으로 알려진 인물이나, 일본의 의도와는 다른 의미를 가진다. 그를 『고사기』는 다음과 같이 이야기한다.

> 황후가 하나하나 신이 일러 가르쳐 준대로, 군세를 정리하고, 배를 늘어세우고 바다를 건너 가셨을 때, 바다의 고기가, 그 대소를 불문하고 모두, 배를 짊어지고 건넜다. 그리고 순풍까지 불어서, 배는 파도를 따라 앞으로 나아갔다. 그리고 그 배를 실은 파도는 신라국에 덮쳐 올라, 배는 한 숨에 나라의 중앙에 이르렀다. 그것을 보고 신라의 국왕은 두렵고 황송하여 아뢰길 「금후로는 천황의 명령에 따라 말지기가 되어, 매년 많은 배를 늘어세워, 배의 바닥이 마를 틈도 없이, 삿대나 노가 마를 틈도 없이, 항상 배에 공물을 실어 나르며, 천지와 함께 끝나는 일 없이, 받들어 모시겠습니다」라고 아뢰었다. 그래서, 이에 의해, 신라국을 말지기국으로 정하고, 백제국은 바다 건너의 관부로 정했다.[12)]

진구가 신라와 백제를 정벌했다는 내용으로, 일본은 이것을 근거로 한국에서의 기득권을 주장하기도 한국의 역사를 부정하기도 한다. 그러나 그가 신라에서 건너간 신라의 왕자 아메노히보코(天之日矛)의 7대 후손이고, 오진(應神) 천황의 생모였다는 사실, 응신시대에 많은 문화가 왜에 전해졌다는 사실을 감안하면, 그는 신라와 적대적인 인물일 수 없다.

진구는 신라왕조의 후예였고, 남편 추아이(仲愛) 천황은 신라를 정벌하라는 신탁을 거부하여 지벌을 받아 사거했다. 이 같은 신라와의 혈연은 진구의 신라 침략을 다른 의미에서 생각해 볼 필요성을 시사한다. 진구가 처한 시대는 후계자 문제가 복잡하여, 신라를 침략할 상황이 아니었다. 오히려 신라에게 수호되어야 후계자 경쟁에서 우위를 차지할 수 있었다.

따라서 진구의 도해는 정벌이 아니라 수호의 획득을 목적으로 한 것으로 보아야 한다. 추아이가 죽었을 때 진구는 응신을 잉태하고 있었으므로 안정된 위치를 확보하기 위해 방문한 것으로 보아야 한다. 그런 진구와 신라의 혈연적 의미를 떠나, 오카지마처럼 방문을 침략으로 보고 그것에서 정통성을 구하는 것은 기록의 본질을 떠난 주장에 지나지 않는다.

도요토미의 침략행위는 약탈과 살상을 수반하는 침탈행위로, 그 잔혹

12) 備如教覺, 整軍雙船, 度幸之時, 海原之魚, 不問大小, 悉負御船而渡. 爾, 順風, 大起, 御船, 從浪. 故, 其御船之波瀾, 押騰新羅之國, 旣到半國. 於是, 其國王畏惶奏言, 自今以後, 隨天皇命而, 爲御馬甘, 每年双船, 不乾船腹, 不乾柁檝, 共與天地, 無退仕奉. 故, 是以, 新羅國者, 定御馬甘, 百濟國者, 定渡屯家. 爾, 以其御杖, 衝立新羅國主之門, 卽以墨江大神之荒御魂, 爲國守神而, 祭鎭, 還渡也. (權五曄, 權靜 역주 『古事記』 中卷, 고즈윈, 2007, p.319).

함은 오카지마가 설명한대로, 전쟁이 끝난 후에도 침략자에 대한 공포가 남을 정도였다. 조선인은 일본인을 보면 「호아시랑」을 본 듯 두려워 도망치는 것이 바로 그 침략의 후유증으로, 일본이 스스로가 언급할 표현은 아니다. 「호아」는 강건한 남자도 의미하는 호랑이 새끼로(虎子) 무자비한 살육을 감행한 왜병들과 동떨어진 표현은 아니다.[13] 「시랑」은 이리와 승냥이로 긍정적으로 볼 수도 있는 「호아」와는 달리 탐욕스럽고 무자비한 자, 큰 해독을 끼치는 간악한 자에게 사용하는 부정적인 표현이다.[14]

그러한 표현에서 정통성을 구하는 것은 1695년의 다다요자에몬(多田與左衛門)도 마찬가지였다. 그는 안용복을 송환하며 조선인의 죽도도해금지를 요구하고, 조선의 답서에 있는 울릉도의 삭제를 요구하다 여의치 않자 왜란의 재발을 거론하는 방법으로 위협했다. 그 결과 조선인들은 그 같은 변란이 재발할 것이라며 불안에 떨었다.[15] 그야말로 일본인을 호아시랑으로 여기게 하는 협박이었다. 다다의 행적을 알고 있었을 오카지마가 120여 년이 지난 후세에 침략에서 죽도의 정통성을 구하려했다는 것 자체가 정통성을 확보하지 못한 초조함의 발현이었다.

오카지마의 근복적인 오류는 조선의 해금정책의 오인에 있다. 조선이 조선인의 죽도 도해를 금한 것의 본질은, 그의 표현대로, 일본인을 호아시랑으로 보고 취한 정책으로 볼 수도 있으나, 조선이 그곳을 무인

13) 二子烈 · 封, 年各數歲, 云云, 賓客進見, 呼示之曰, 此吾虎子也(『吳志』凌統傳).
14) 戎狄之心若豺狼之獸不可厭足也(『疏』).
15) 皆以爲壬辰之變不日將作人心波蕩靡有止泊久而後乃定(『肅宗實錄』21年 6月 20日).

도로 하거나 폐기한 일은 없다. 다만 조선은 도해를 금하는 정책으로 왜구와 같은 외적으로부터 자국민을 보호하려 했을 뿐이다. 왜구는 삼한시대부터 약탈을 생계의 방법으로 삼는 왜인들이 저지르는 고질적인 병폐였다. 특히 고려말에 창궐한 왜구의 폐해는 막대했다. 이성계가 조선을 건국할 수 있었던 것도 내륙의 오지에서까지 노략질하는 왜구를 소탕하는 공을 세웠기 때문이다.

조선은 태종 17년(1417)에 울릉도에 사는 주민들에게 육지로 이주시켰다. 이것이 19세기 말까지 지속되는 해금정책이었다.[16] 주기적으로 관리를 보내 정책을 위배하는 인민이 있으면 쇄환하고 있었는데, 이 정책은 일본이 자국민의 도해를 금하는 방법으로 죽도를 조선령으로 재확인한 1696년 이후에도 유지되었다.

(2) 무인도의 증거

두 번 째의 질문은 죽도는 옛날부터 어느 나라도 관할하지 않는 폐도로 인민도 살지 않는다는 증거가 있느냐는 질문이었다. 이에 오카지마는 『징비록』『양조평양록』을 전거로 해서 임진왜란 이전까지는 조선령이었으나, 도요토미히데요시의 침략 이후에는, 일본세력이 물러난 것에 만족하여 신경을 쓰지 않을 때, 오야 · 무라카와 양가가 죽도를 발견

16) 上曰刷出之計是矣 彼人等 曾避役安居 若定土貢 有主帥則 彼必惡之 不可使之久留也 宜以金麟雨 仍爲按撫使 還入于山武陵等處 率其居人出陸(『太宗實錄』 17年 2月 8日).

17) 豊太閤ノ威伐ヲ被リシ後ハ唯日本勢ノ引拂タルヲ幸トシ竹島ナドヘ念慮ヲカクル迄モ無リシ內大谷村川ハ渡海ヲ企ル間其レヨリ後ハ伯耆國ノ屬地ノ如ニ相成タル(『竹島考』上卷, 或問2).

하여 호키국의 속지처럼 되었다는 답을 했다.[17] 그러면서 그때 가옥을 세우고 거주했으면 후에 문제될 일이 없었을 것인데 그러지 않아 조선에게 탈취 당했다는 아쉬움을 표했다.

쓰시마한이 탐하려다 뜻을 이루지 못한 사실까지 소개하며 원래 조선령이었다는 사실을 인정하면서도, 임란 후에 조선이 관리에 소홀한 사이에 오야 · 무라카와 양가가 발견하여 호키국의 속지로 했으나 거주하지 않아 조선에 탈취당한 것으로 설명한 것은 사실의 교묘한 왜곡이었다.

죽도의 발견은 오야케의 『발서공』도 말하고 있으나, 그 이전부터 양국이 그 섬을 인식하고 있었기 때문에, 그곳에 도해한 것을 발견이라 할 수 없다. 오카지마가 임란 이전의 조선 소유를 인정하면서도, 전후의 와중에 도해한 것에서 영유의 정통성을 구하고 있는 것은 역사적 사실을 자의적으로 단정하는 일이다.

오카지마는 1696년에 막부가 일본인의 도해를 금한 것을, 일본인이 도해하면서도 거주하지 않은 결과로 설명했으나, 막부가 일본인의 도해를 금한 것은 거주만의 문제가 아니었다. 막부는 조선의 섬을 일본이 취한 일도 없고, 일본인이 거주하거나 이쪽이 취한 섬이라면 돌려주기 어려우나, 그런 증거도 없으므로 문제 삼을 일이 아니라며 도해를 금했다.[18] 취한 사실이 없어 돌려줄 필요도 없으니 도해를 금한다는 것이었다.

오카지마의 말대로 조선이 전후에 소홀했을 수는 있다. 그러나 그것이 폐도를 의미하는 것은 아니다. 따라서 양가가 조선의 허가 없이 도해한 것은 불법이었다. 만일 그곳에 가옥을 준비하고 거주했다면 그것은 무단으로 점거하는 침탈행위였다. 막부가 사실에 근거하여 금지령을 내렸는데도 오카지마는 지역과 일본의 이익에 집착하여 그 의미의 해석에 오류를 범하고 있다. 『죽도고』가 편찬된 것은 1828년의 일로, 죽도가 조선의 울릉도라는 사실을 막부가 인정하여 일본인의 도해를 금한 1696년으로부터 122년 후의 기록이다. 그 기록이 122년 전에 내린 결정만이 아니라 조선이 1417년부터 실시하고 있는 해금정책을 고려하지 않고, 죽도를 조선이 폐도한 것으로 단정하고, 임란 후에 발견한 것으로 하여 소유의 정통성을 확인하려 했으나, 그것은 사실의 왜곡으로 정통성을 확보할 수 있는 주장이 아니다.

(3) 죽도도해와 그 소속

제3의 질문은 두 개로 되어 있다. 오야 · 무라카와 양가가 죽도에 출어할 때 조선도 출어했으나 그 시기가 달라 만나지 않은 것 아닌가 라는 것과 죽도가 호키국에 속한다는 증거가 있는가라는 질문이다.

전자의 질문에는 80여 년 사이에 조선인이 도해했다면 한 번이라도 만났거나 그들이 다녀갔다는 흔적으로 사용하다 버린 어구라도 발견했어야 하는데, 그런 일이 없어, 조선인의 도해가 없었던 것으로 보아야 한다는 답을 했다.

18) 松平伯耆守殿へ相尋候処, 因幡 · 伯耆江付属と申ニ而も無之候(중략) 日本人居住仕候か, 此方江取候島に候ハバ 今更遣しかたき事ニ候得共, 左様之證據等も無之候間, 此方より構不申候様ニ被成, 如何可有之候哉(『竹島紀事』元祿九年正月二十八日).

일본의 어민이 80년 가까이 도해하며 조선인을 만나지 못한 것은 조선이 자국의 영토로 여기지 않았기 때문이라는 것이다. 일본의 기록에 없거나 일본인과 만난 일이 없으면 조선인이 그곳으로 도해한 일이 있을 수 없다는 인식이다. 그것은 기록되지 않는 사실은 그 사실 자체도 존재하지 않는다는 것과 같은 논리이다.

그러나 그 시기에 조선과 일본은 죽도가 조선의 울릉도라는 사실을 인식하고 있었다. 1614년에 왜선이 이소타케시마(磯竹島)의 형지를 조사한다며 위치를 묻자,[19] 조선은 의죽도가 울릉도라는 사실을 밝히고

> 아조에 이르러서도 여러 번 도망간 백성을 쇄출하여 왔습니다. 지금 비록 폐기했다 하나, 어찌 타국사람이 들어가 사는 것을 허가하겠습니까.[20]

라고 그곳에 들어간 백성을 쇄출하는 방법으로 관리하고 있다는 사실을 밝히며 일본인의 도해 요구를 거절했다. 1692년에도 오야케의 어민을 만난 조선인이 「이 섬 북쪽에 섬이 있어, 3년에 1번씩 군주의 명령으로 전복을 채취하러 왔습니다」라고 정기적으로 도해하고 있다는 사실을 이야기했다.[21]

안용복의 도해도 허가를 받은 것이 아니었다. 그래서 처벌 받았던 것

19) 倭船三隻, 称以探問磯竹島, 持路引出来, 問島何在, 則在我慶尚江原両間, 似是蔚陵 (『東莱府接倭事目抄』光海君 6년 6월조).
20) 逮至我朝屢刷逃民今雖廢棄 豈可容他人冒居耶(『疆界考』鬱陵島 安龍福事)
21) 『竹嶋之書附』 元祿申年一號

이다. 그는 비변사에서 「근년에 울릉도에 왕래한 사실」등을 자세히 진술했는데, 이곳의 「근년」이 1693년의 일을 말하는 것인지, 1692년의 일행에 안용복이 포함되어, 그 때를 의미하는 것이지는 분명하지 않으나 많은 조선인이 도해하고 있었다는 사실을 시사하는 표현이다.

뇌헌이 안용복의 설명을 듣고 1696년에 도해하는 일행에 참여했듯이 안용복도 처음에는 선경험자의 권유를 받거나, 이야기를 듣고 도해했기 마련이다. 이는 안용복의 이전에도 많은 조선인이 해금정책을 어기고 도해하고 있었다는 것으로, 80여 년간 죽도에 도해한 조선인이 없었다는 오카지마의 주장은 성립할 수 없다.

죽도가 호키국의 속지라는 증거를 묻는 후자에 대한 답은 복잡하다. 오카지마는 죽도가 조선의 속도가 아니라고 단정했다. 1666년에 오야선이 죽도에서 귀환하다 조선으로 표류했는데, 조선이 후대하여 송환한 일을 증거로 하는 단정이었다. 죽도가 조선령이었다면 그곳에 도해한 죄를 물어 처벌했어야 했는데, 처벌하지 않고 후대한 것은, 조선이 죽도를 일본의 속지로 보았다는 것이다. 이것은 1695년에 다다가 조선에 제출한 힐문과 같은 내용이었다. 당시 조선은 표착한 일본인들을 송환하며 조선국왕의 하사품과 목록까지 내렸다.[22)]

이어서 오카지마는 중국 모원의(茅元儀)의 『무비지(武備志)』(1616) 권231 「일본고, 도명지고」에 호키국에 죽도를 부속시키고 그것을「다케

22) 寬文六午年 竹島渡海之船 朝鮮國釜山沖ニ而及破船 尤船頭水主共無恙陸江泳上 則朝鮮國所所ニ而御馳走順順ニ送帰シ相成事 具別有之略ス尤朝鮮國王ヨリ 船頭水主江餞別目録二通有之于今致所持 則左書顕也(『拔書控』 본문 10)

시마(他計仕麼)」로 기록한 것을 영유의 근거로 든다. 중국이 죽도를 일본령으로 인정하기에 일본음인 「다케시마」로 읽었다는 것이다. 이것이 중국 기록을 근거로 하는 주장이라 객관적인 것처럼 여길 수도 있으나 그것이 왜구의 대비와 무역의 효율을 목적으로 하는 기록이라는 것을 생각하면 그 의미는 달라진다. 중국이 사용하는 「다케시마」가 일본과의 무역을 통해 얻은 지식을 바탕으로 하는 지명인 이상, 이것은 무역의 중심이었던 이와미긴잔(石見銀山)과 같이 생각할 문제다.

16세기의 오우치 요시타카(大內義隆)는 보초(坊長)에서 일어나 이와미, 쓰쿠시(筑紫)에 영지를 확대한 서국의 영웅이었다. 하카다(博多) 항의 권익을 쥐고, 무역의 부를 쌓아가고 있었다. 1526년에 이와미긴잔을 개발하였다. 이 긴잔을 매개로 중국, 인도, 조선의 배는 물론 서양의 배들도 왕래하게 되었다. 이곳의 막대한 양의 은은 생사나 목면, 직물이나 도자기 등과 교환되어 조선이나 대륙으로 이동되었다. 멀리 유럽까지 전해지기도 했다. 1568년에 발행된 포르투갈의 지도에 이와미는 「은광산왕국」, 호키는 「은금광산왕국」으로 기록될 정도였다. 그 지식이 널리 퍼져, 장황(章潢)의 『도서편』 일본도는 산인호키(山陰伯耆)의 섬을 전한다. 모원의의 『무비지』도 사쓰마(薩摩)의 다네가시마(種子島), 히젠(肥前)의 히라토시마(平戸島), 아키(安藝)의 미야지마(宮島) 등을 나열하며 호키의 「다케시마(他計仕麼)」를 소개하고 있다. 오카지마는 이것이 죽도가 일본령이라는 것을 국제적으로 인정한 것이라 했다.

왜와 교역하는 명(明)은 교역의 본원인 일본 은산지의 주변, 그리고 바다의 항로를 충분히 파악해야 했는데, 이미 「다케시마」는 널리 알려져, 장관으로 승진하기 위한 지식을 망라한 군인의 필독서였던 왕명학(王鳴鶴)의 『등단필구(登壇必究)』「일본도」도 다지마슈(但馬州) · 호키슈(伯岐州) · 이와미슈(岩見州)의 난바다에 그것을 소개하고 있다.

1561년에 정약증(鄭若曾)은 『일본도찬(日本圖纂)』을 저술하고, 왜구의 근원지 · 일본을 소개했다. 그는 제작에 임하여 일본을 방문했던 무역상이나 뱃사공, 붙잡은 왜구들, 또 『일본일람(日本一鑑)』을 저술한 정순공(鄭舜功) 등한테 정보를 얻고 있었다. 부도 『일본국도』에도 죽도가 그려져 있다. 정약증은 왜구대책의 참고로 다양한 자료를 모아 『주해도편(籌海圖編)』의 일부를 담당했다. 『주해도편』은 그의 상사인 호종헌(胡宗憲)이 1562년에 간행했다. 해군의 해방교서(解放敎書)로, 왜구의 폭위에 대항하기 위한 것이었다.

이 지도에 3개의 섬이 배치되어 있다. 미시마(三島), 오키야마(隱岐山), 죽도다. 미시마란 야마구치켄(山口縣)의 미시마(見島), 오키야마는 오키노시마(隱岐島), 죽도는 울릉도를 뜻한다. 바다를 건너가면 반드시 이 3개의 섬을 만나게 된다. 정약증은 일본의 호키국, 이나바국(因幡國)의 북해에 있는 죽도의 존재를 인식하고 있었다.

정약증의 『일본도찬』의 본문은, 이 죽도를 다케시마(他界什麽)라고 적고, 호키의 북방해양 30리라고 주기한다. 명대 후기의 항해자들은 죽도가 산인(山陰)의 먼 바다 북방에 있고, 바다 가운데 멀리 떨어진 섬으로, 일본에서 조선으로 가는 중계섬이라는 것을 알고 있었다.

후계고(1573~1619)의 『일본풍토기』도 일본 및 왜구의 사정을 수록한 것으로, 정약증의 『일본도찬』을 계승하고 있다. 이곳에도 역시 호키국 · 이나바국의 난바다에 죽도가 기록되어 있다. 명의 지식인들은 해적, 왜구, 해상들의 건널목이 되는 섬으로 여기고 있었다.[23)]

이상의 전적들이 지명을 일본음으로 호칭한 것이나 조선인이 「쓰시마」를 「대마도」로 부른다는 언어의 습관을 근거로 「죽도에 한해 자국의 관할지임에도 일본음을 빌려 발음할 이유가 없어」[24)] 죽도가 호키국에 속한다는 것이다. 중국이 죽도를 「다케시마」로 칭한 것은, 일본과의 교역의 편리나 군사적 필요에 의해, 보다 자세한 정보를 얻기 위한 방법의 하나였지, 그것이 일본의 영유라는 사실을 증명하기 위한 기록은 아니었다. 당시 그 섬은 울릉도나 죽도, 의죽도만이 아니라 「우루친토우」, 「무루구세무」 등으로도 호칭되고 있어, 중국이 「다케시마」로 호칭했다는 것만을 근거로 그것을 호키국의 속도로 할 수는 없다.

이는 죽도를 울릉도의 이명으로 여긴 돗토리한의 공식적인 견해와도 배치된다. 막부가 1695년 10월에 돗토리한에 죽도에 관하여 7개조의 질문서를 보냈는데, 그 중에 「죽도는 언제쯤부터 양국에 부속한 것인가」라는 내용도 있었다. 그러자 돗토리한은 그 다음날에 「죽도는 이나바 · 호키의 부속이 아닙니다」라고, 질문을 받은 다음 날에 답했다.[25)] 그것은 그 답을 미리 준비하고 있었거나 그것이 돗토리한의 일반적인 인식

23) 「大西俊輝저 權五曄 · 權靜역 『獨島』, (제이앤씨, 2005), p141

24) 日本ノ分内ダ二朝鮮國二近キ地ハ如此呼來レリ而ル二竹島二限リ自己ノ所轄ノ地二和訓ヲ假ベキ道理ナシ明人ノ既二筆載セル処歷然トシテ分明ナレバ, 竹島ハ伯耆國ノ属島タリシコト何ノ疑カ是アラン(『竹島考』或問3).

25) 因州伯州江付候竹島は, いつの比より両国江附属候哉(中略)竹島は因幡伯耆附属にては無御座候 (『竹嶋之書附』二號 · 三號).

이었다는 것을 의미한다. 이러한 돗토리한의 인식을, 실증주의자라는 오카지마가 보지 못했을 리 없다. 보고도 죽도를 호키의 속도로 단정했다면, 그의 자료 인용이나 해석이 목적적이었다는 것을 의미한다.

(4) 오카지마의 속설론

1859년 6월에 75세로 사거한 오카지마 마사요시는 1828년에 『죽도고』를, 1844년에 『인부연표』를 편찬했다. 그는 지역의 전승에 관심이 많아 많은 것을 암송하여 기록하는 것이 습관으로, 고기록이나 전승에 이상한 것이 있으면 사람을 찾아 물었다. 그래서 그를 명확한 자료로 입증하고 비판하고 논리에 입각하는 저술가라고 평하기도 한다. 특히 지지나 역사의 기록에 그 같은 자세를 취한 것으로 평가되기도 한다.[26) 그 스스로도 자서에서, 제가의 사기비설(私記稗說)을 취하고, 혹은 고로의 구비를 듣고 집록한 것이 쌓여 쓰레기산을 이룰 정도라고 밝힐 만큼 자료 수집에 열심이었다.[27)]

그의 논리에 입각하는 저술 자세는 『호키민담기(伯耆民談記)』나 『이나바시(因幡志)』에 대한 평을 통해서도 엿볼 수 있다. 그는 죽도를 논할 때 『백기민담기』에 의거하는 사람이 많다는 것에 대하여, 그것이 항간의 속설을 그대로 취한 것이라 믿을 수 없다며 다음과 같이 말했다.

> 이 책에는 백기 1주의 일을 편집하여 죽도를 주요하게 다루지 않았다.

26) 浜崎洋三郎『伝えたいこと』(定有堂書店, 鳥取, 1998年 2月), p.23, p.36.
27) 諸家之私記稗說ヲ采リ, 或ハ故老ノ口碑聞テ集錄之遂漸斯ニ塵塚ト成レリ(『竹島考』自敍).

> 그래서 그 설에 정밀하지 않은 곳이 있다. 지금 그 심한 것을 들어 논변하려 한다. (중략) 생각해보면 백기민담기는 그저 항간의 설을 취하여 깊이 알아보지도 않고 책에 실은 것을 독자도 헤아리지 않아 지금은 개가 짖는 것 같은 설이 유전하는 것이라고 나는 생각한다.[28]

라고 「개가 짖는 것과 같은 설」이라고 혹평했다. 그의 혹평은 아베교안(安否恭庵)의 『인번지』의 경우도 마찬가지였다. 『인번지』에는 울릉도를 일본에서는 죽도라 칭하고 자산도를 송도라고 칭한다는 내용이 있는데, 이것을 「죽도라는 이름은 중국 및 조선국의 서적에 왕왕 실려 우리나라만 죽도라고 칭하는 것이 아님이 분명하여 일부러 논할 가치도 없다」라고 평하고 그것을 유설(謬說)로 단정했다.[29] 많은 자료를 수집하여 비교 검토한 지식을 바탕으로 하는 자신이 넘치는 평으로 볼 수도 있다. 그를 실증주의자로 인정하는 사람들은 그의 혹평에 동의할 수도 있다. 그러나 오카지마의 평은 사실에 근거한것이 아니다.

『호키민담기』의 「오야・무라카와 죽도도해지사」항에는 죽도의 이야기가 있다. 그것은 죽도가 조선에 가깝다는 것을 강조하며, 18리의 가까운 거리라 밤에는 그곳의 등불이 보일 정도라는 이야기, 30세를 넘으면 배를 타기 어렵다는 이야기, 남풍을 타고 출항하여 북풍을 뒤로 하고

28) 此書ニハ伯耆一州ノコトヲ編集シテ竹島ヲ以テ主要トセス是ヲ以テ其說精密ナラザル處アリ今ソノ甚シキモノヲ拳テ論辯セン (중략) 竊惟ハ伯耆民談記ハ特閭巷ノ說ヲ採テ審察詳糺祥糺セズシテ載著セルモノナルヲ看人亦不察シテ今ニ犬吠ノ說ヲ流傳セルコトト愚察セラルル也(『竹島考』或問4)

29) 竹島ノ名ハ唐山及朝鮮國ノ書籍ニ往々コレヲ載レバ本邦ノミニテ竹島ト称スルニ無之コト昭然タレバ强テ論ズルニ不足サレトモ(『竹島考』或問5).

귀항한다는 이야기, 밤에 대나무를 바다에 담갔다 아침에 건지면 가지에 전복이 매달릴 정도라는 이야기 등이 있다. 오카지마는 이 내용에 의문을 표했다.

죽도에서 조선까지의 거리는 경험자들의 이야기를 근거로 해서 18리가 아니라 약 40리라고 정정했고, 선원의 연령은 오야케의 선원 21인 중에 30세 이상이 반을 넘는다는 사실과 일본에 표류한 조선인 12인 중에 30세 이하는 단 한 사람이고 60세를 넘긴 자도 있었다는 사실을 들어 부정했다. 또 선원 중에 전복 담당자가 셋이나 있었다는 사실을 들어 전복에 대한 설명을 부정했다. 자료에 근거해서 판단한다고 믿을 수 있는 평이었다.

또 『인번지』는 논할 가치도 없으나 유설의 기원을 밝힌다며 『삼국통람』과 『동국통람』의 내용을 들어 근거를 설명했다.

『삼국통람』 노정도에 의하면 강원도 해상에 섬이 하나 있고, 그것과는 따로 오키와 조선의 등거리에 죽도가 그려져 있다. 한편 『삼국통람』의 「조선국전도」에는 강원도 해상에 「울릉도(鬱陵島)·천산국(千山國)」이라는 기록이 있다. 그것을 『인번지』는 「조선국전도」가 말하는 「울릉도천산국」을 울릉도와 천산도의 2도로 보고, 「千」과 「子」를 교환하여 노정도의 2도에 대응시켰다. 그것을 오카지마는 『동국통감』이 우산국을 울릉도의 고명으로 한 것을 근거로 2도설 자체를 부정하고 『인번지』의 내용을 유설로 단정했다.

『백기민담기』의 평도 그렇고 『인번지』에 대한 평도 많은 자료를 들어 오류를 지적하여 실증적인 평으로 여기기 쉽다. 그러나 동해에 2도가 존재한다는 사실을 감안하면, 복잡한 설명으로 부정했으나, 지리적 사실을 감안하지 않는 평이 되고 말았다.

타인의 기록을 혹평하는 오카지마의 기록은 어떠한가. 그는 『죽도고』의 자서에서 많은 자료를 수집한 사실을 밝히고, 과거에 돗토리한이 막부의 요구에 응하여 죽도에 관한 내용을 정리하여 제출했던 세밀한 기록(精記)과 지도를 숙독해본 결과, 근거로 삼기에 충분하다는 사실까지 부기했다.

그러나 그의 기록은 자료를 심찰상규(深察詳糺)한 것으로 보기 어렵다. 만일 심찰상규한 기록이라면, 그 내용이 사실과 달라, 죽도 영유의 정통성과 도해금지령, 그리고 죽도를 발견했다는 주장은 기록을 심찰상규한 객관적인 사실로 보기 어렵다.

오카지마는 죽도를 폐도로 단정하고 그것을 일본인이 발견한 것으로 해서 그것에 대한 정통성을 주장하는데, 조선은 폐도한 일 없이 해금정책으로 관리하고 있었기 때문에, 발견을 근거로 영유의 정통성을 주장하는 것은 허구를 근거로 하는 허위일 뿐이다. 죽도가 조선령이라는 사실은 일본은 물론 쓰시마한과 조선의 관계를 잘 아는 오카지마도 알고 있었다. 그러면서도 주장하는 발견설은, 죽도에 가운을 걸었던 오야 · 무라카와케의 주장과 다를 바 없다. 도해면허를 얻는 방법으로 주장했던 발견설을, 실증을 강조하며 다른 사람의 기록은 가차 없이 혹평하는 오카지마가 비판없이 그대로 취한 것은, 스스로 실증주의자가 아니라는 것을 입증하는 일이었다.

그는 기록을 종합하여 결론을 도출하는 것처럼 말하는데, 『인번지』가 전하는 울릉도와 자산도가 일본이 말하는 죽도와 송도라는 내용도, 다른 기록은 근거로 부정하는 방법으로, 『인번지』의 내용을 부정했다. 그러나 그것은 2도가 존재하는 지리적 사실을 무시한 주장이다. 안용복이 1696년에 오키에 표착하여, 그곳의 대관(代官)에게 「조선팔도지도」를 보이며 「죽도를 대의 섬이라며, 조선국 강원도 동래부 안의 울릉도라는 섬이 있는데, 이것을 대의 섬이라 합니다. 송도는 같은 도내로, 자산이라는 섬이 있습니다. 이것을 송도라 합니다」[30] 라고 설명한 것과도 배치되는 주장이었다.

그것만이 아니다. 막부가 일본인의 죽도 도해를 금한 것은, 돗토리한 등을 통해 정보를 수집 분석하여, 죽도가 조선의 울릉도라는 사실을 재확인하고 내린 결정이었다.[31] 오카지마도 자서에서 돗토리한의 보고서를 입수하여 참고한 사실을 언급한 이상,[32] 죽도가 돗토리한의 속지가 아니라고, 돗토리한이 막부에 보고한 내용을 인지하고 있었기 마련이다. 막부는 금지령을 내리기 전에 돗토리한 등을 통해 정보를 수집하여, 죽도가 조선의 울릉도라는 사실을 확인했었다. 오카지마가 그런 과정을 몰랐다면 자료를 해석하는 능력의 문제이고, 알고도 금지령의 원

30) 安龍福申候ハ竹島ヲ竹ノ島ト申朝鮮國江原道東萊府ノ內ニ鬱陵島ト申嶋御座候是ヲ竹ノ嶋ト申由申候(中略)松島ハ右同道之內子山ト申嶋御座候是ヲ松島ト申由是も八道之圖ニ記申候(「元祿九年丙子年朝鮮舟着岸一卷之覺書」, 権 五曄 · 大西俊輝 주석『元禄覚書』, 제이앤씨, 2009).

31) 因幡 · 伯耆江付属と申ニ而無之候, (中略) 朝鮮之島を日本江取候と申ニ而無之候(『竹島紀事』 元祿 9年 1月 28日).

32) 幕府之旨ニ応シテ条上シ給ヘル処ノ竹島ノ精記及図予ニ投セル人アッテ是を熟閲スルニ其ノ根拠トスルニ足リ今予ガ連歳耳目ニ得ル処ノ衆説ト会シテ選テ為一書名テ日竹島考(『竹島考』 自敍).

인을 조선 어부의 간계(漁豎의 奸濫)의 결과로 보았다면, 스스로 실증주의자임을 부정한 것이 된다. 그렇지 않으면 그가 말하는 심찰상규가 객관적 사실이 아니라 목적된 논리의 구축을 위한 과정이고 방법이었다는 것을 의미한다.

그의 심찰상규가 자의적이라는 것은 『죽도고』를 편찬한 목적이 분명했다는 것으로 알 수 있다. 그는 자서에서 『죽도고』를의 편찬 목적을

> 죽도도해를 재흥하는 일이 있을 때 이 책의 한 구절이라도 채택되는 것이 있어, 조금이라도 국가를 위해 보탬이 되는 일이 있으면 나의 불후의 행복이다.[33]

라고 국가를 위한 일이라고 분명히 밝히고 있어, 그의 자료의 집록과 심찰상규가 일정한 목적을 가지고 이루어지는 일, 입안한 목적을 합리화하는 논리를 구축하기 위한 과정이고 방법이었다는 것을 알 수 있다. 이처럼 목적이 확실한 오카지마가 죽도도해의 재개를 목적으로 해서 많은 자료를 집록하여 심찰상규했다는 것은 객관적 사실의 규명이 아니라 죽도영유의 정통성 구축을 목적으로 하는 일이었다는 것을 알 수 있다.

(5) 죽도도해 재개의 가능성

마지막 질문은, 막부가 다시 죽도도해면허를 발급하면 옛날처럼 도해

33) 竹島通船再興ノ擧アラントキ此書ノ一句モ可采モノアッテ聊國家ノ爲ニ補ト成コトアラバ予ガ不朽之幸也(『竹島考』上卷, 自敍)

할 수 있는가 라는 것이었다. 이에 오카지마는 1724년(享保9)에 막부가 죽도도해의 경위를 돗토리한에 물은 일을, 도해재기의 준비로 추정하고, 죽도도해가 어떤 이유로 중절되었는지를 알고 싶다는 희망을 피력했다. 그러면서 죽도는 원래 호키국의 속도이므로 속히 수복하는 것을 의논할 필요성을 제기했다.

이미 일본이 조선의 영지임을 인정한 사항에 아쉬움을 표하는 그는 조선을 저주하는 표현도 주저하지 않았다. 다섯 정도로 정리할 수 있는 내용이다. 도해금지가 오래 전에 결정된 일이라 그것을 알 수 있는 자료가 많지 않다는 것이 첫째다. 둘째는 1724년에 막부가 죽도도해에 관한 사정을 청취한 일이 있어 재개를 기대했으나 아쉽게도 그런 일이 없었다는 아쉬움의 표현이었다. 셋째가 과거와 달리 나라의 법이 엄하여 과거 왜구의 약탈과 같은 일은 하기 어렵게 되어, 빈번한 무역이 이루어지고 있다는 내용이었고, 넷째가 막부의 선정이 이루어지자, 무위에는 겁을 내는 유약한 조선이 귀순하지 않는다는 내용, 다섯째가 조선에 위기가 발생하면 그 기회를 놓치지 않고 죽도를 차지해야 한다는 내용이었다.

오카지마의 사상과 편찬목적이 잘 나타나 있는 내용이다. 그는 기본적으로 조선인은 심약하여 무위로 누르면 무서워하나 은덕에는 감사할 줄 모른다며 그 예로 히데요시의 침략에 무력하게 당한 사실을 들었다. 침략에는 전율하던 조선이 그것에 대한 걱정이 없자 오만해지고 배은망덕한 자세를 취하더니, 일본이 죽도에서 막대한 이윤을 얻고 있는 것이 부러워 간계를 부려 탈취한 것이라 했다.

전쟁을 즐겨하지 않아 굴욕을 당한 것을 심약한 것으로 보는 것은 이해할 수 있는 일이나 그것을 은혜로 여겨야 한다는 주장은 이해하기 어렵다. 또 조선이 죽도에 가는 것은 삼국시대 이래의 주권행사였다. 그것에 이의를 제기했던 막부도 조선의 영유를 인정하고 일본인의 도해를 금하기까지 했다. 그럼에도 조선인의 간계에 의해 탈취당한 것이라는 주장은 많은 문제를 포함한다. 침략을 반성하거나 인국과의 화합을 생각하기 보다는 자국의 이익만을 추구하는 사고였다.

그의 탐욕은 사실을 왜곡하는 것에 그치지 않고, 죽도를 차지하기 위해서는 조선에 분란이 일어나 분할되거나 침략 당하는 경우까지 원하는 저주로 변한다. 그는 조선이 위기에 처하면 「재빨리 수복해야 한다(速ニ是ヲ修復スルノ計議)」는 선동으로 혹문의 답을 정리했다.

오카지마의 사상은 많은 자료를 종합하여 이루어진 것처럼 보여, 마치 그것이 객관적인 사상, 진실을 바탕으로 하는 사상, 일본인들이 취해야 하는 사상으로 인식될 수도 있어 위험하다. 역사인식에 침략을 긍정하는 색채가 아주 강하다.[34]

5. 오카지마의 사고

1) 죽도인식

오카지마가 말하는 죽도에는 일관성이 없다. 그가 말하는 죽도는 울

38) 池內敏「竹島考」 전게주 8, p.358.

릉도와 다른 섬으로 혼동할 정도다. 그는 아베교안(安部恭庵)의 『인번지』가 전하는 「울릉도를 일본에서 죽도라 칭하고 자산도를 송도라 칭한다고 기록되어 있다」라는 내용을 유설이라며 2도설을 부정한다.

아베는 『삼국통람』의 「울릉도천산국」을 울릉도와 천산도로 보고, 「千」을 「子」로 바꾸어 동해의 2도에 대응시켰다. 이것을 오카지마는 『동국통감』의 「천산국이 신라에 항복하여 토공을 바쳤다. 명주의 정동쪽에 있는 나라로 울릉이라 이름한다」[35]를 근거로, 「천산국」과 「울릉」을 동명으로 보고, 2도설의 성립을 부정했다. 동해에 울릉도와 자산도라는 2도가 존재하는 지리적 사실을 감안하지 않고 기록들의 이동에 근거하는 주장이다. 이 같은 주장은 조선의 기록이 전하는 2도설을 부정하는 방법으로 조선인의 독도인식 자체를 부정하는 다가와코조(田川孝三)나 가와카미켄조(川上健三)로 이어진다.[36]

오카지마는 죽도에 대한 조선의 정통성을 인정할 수 없어, 막부가 1696년에 일본인의 도해를 금한 사실을 「이방어수(異邦漁豎)의 간람(奸濫)」에 의해 탈취 당한 것으로 해석하고, 죽도에 도해했던 정통성을 「천재의 폐도」와 침략의 무위에서 구하고 있다.

조선의 죽도 영유는 신라가 정벌한 것을 고려에 이어 계승한 것을 정통성으로 하는 일로, 비록 조선이 1417년부터 해금정책을 펴고 있었다 하나, 그것은 출입을 금하여 백성을 보호하는 방법이었다. 그것을 오카

35) 千山國降リ新羅ニ納ル土貢ヲ, 國在リ溟州正東ノ海島名鬱陵ト(『竹嶋考』或問5).
36) 田川孝三「竹島領有に関する歴史的考察」(『東洋文庫書報20, 1988』), 川上健三『竹島の歴史地理學的研究』(古今書院, 1966).

지마가 「천재의 폐도」로 표현하고, 그것을 오야 · 무라카와케가 발견한 것처럼 표현하는 것은 사실의 왜곡으로, 죽도도해에 가운을 걸었던 오야 · 무라카와케의 주장과 다를 바 없다. 오야케의 『발서공』은 죽도를 진키치(甚吉)가 발견했고 막부가 그 공을 인정하여 도해를 허가한 것으로 전하여, 조선의 역사적 정통성을 간과하고 있는데 오카지마가 그것을 그대로 답습하고 있는 것이다.

그런 그도 조선의 전통적 정통성은 무시할 수 없어, 임진왜란 이전에는 조선령으로 여기고 있었다는 사실과, 대마번이 울릉도를 의죽도(礒竹島)로 칭하며 그곳에 이주하여 거주 하고 싶다고 청한 사실을 전하는 『징비록』의 내용을 소개했다. 그러나 임진왜란 이후에 조선이 그곳에 관심을 가질 여력이 없게 되자 오야 · 무라카와 양가가 도해하게 되어 호키국의 영지처럼 여겼으나, 양가가 귀범한 틈을 이용하여 조선이 탈취한 것(朝鮮人帰船ノ隙ヲ伺ヒ遂ニ吾属地ヲ奪壊セシリ)이라며 아쉬움을 표했다. 이 설명에는 막부가 죽도에 대한 정보를 다방면으로 수집하고 조선의 주장을 검토하여 일본인의 도해를 금한 역사적 결정에 대한 고려나 조선의 역사적 정통성에 대한 고려가 없다.

2) 일본의 정통성

오카지마가 말하는 일본의 정통성은 임란 이후의 것으로, 그 이전의 영유 논리는 없다. 죽도를 512년에 신라가 복속시켜 고려왕조가 계승하여 통치하다 조선이 계승하여 통치하는 것이 죽도라는 것을 생각하면, 임란 이후의 영유권 주장은 그 이전의 역사적 사실을 부정하는 일이다.

역사를 부정해야 정통성을 확보할 수 있다고 판단한 듯, 그는 신화적인 인물 진구황후와 16세기의 히데요시를 죽도의 영유에 관련시키고 있다. 진구황후 이래의 일본과 조선의 관계를 「강대한 일본」과 「취약한 조선」으로 설정하고 조선을 「복종」하는 나라에 위치시켰다. 강대한 일본을 이웃으로 하고 성질이 취약하기 때문에 옛날부터 일본의 해적에게 피해를 입은 사실을 소개하는 방법으로,[37] 조선의 피해를 숙명으로 호도하려 했다. 그럴 경우 소개하는 일본의 해적질이나 침략행위는 반성의 자료가 아니라, 취약한 조선과 강대한 일본을 실증하는 자료였다.

죽도문제에 진구황후의 신라 정벌을 소개하는 것은 『고사기』와 『일본서기』의 세계관을 끌어들이는 것으로, 일본의 모든 것을 정당화하는 방법이었다. 『고사기』는 천황이 통치하는 일본이 천하의 중심이라는 것과 천황이 일본을 통치해야 한다는 정통성을 설명하는 기록이라 그곳에 등장하는 나라 모두는 일본에 조공하는 속국이어야 했다. 그런 의미의 진구황후를 죽도문제와 연계하는 것은 논리가 아니라 감정적으로 정통성을 확립하는 방법이었다.

오카지마가 히데요시의 침략담을 소개한 것도 마찬가지다. 일본의 침략을 경험한 조선은 일본인들이 왕래하는 해중에 있는 죽도가, 고유영지임에도 살해될 것이 두려워 왕래하지 못하게 되었다. 침략이 경험이 얼마나 혹독했던지 일본인을 보면 「호아시랑」을 보듯 깜짝 놀라며

37) 強大ノ日本ニ隣リ彼人性脆弱ナレバ往世ヨリ動スレバ本邦ヨリ海賊入リテ州県ヲ騷擾シソノ残害ヲ蒙レルコト毎々ナリ(『竹島考』或問1).

도망칠 정도였다. 일본인이 혐오의 대상이었다는 것을 알 수 있는 표현으로, 일본인이 거론하기에는 적절하지 못한 내용이다.

그럼에도 오카지마가 일부러 소개하는 것은 조선인이 도해하지 않는 것을, 조선이 죽도를 폐기한 것으로 해석하여 발견했다는 논리를 구축하기 위해서였다. 영유의 정통성을 구축할 수만 있다면 어떤 평가를 받아도 상관없다는 사고다. 그것은 『고사기』의 세계가 잔혹함을 용맹의 입증으로 축첩을 화합의 실현으로 보는 것과 같은 가치관이다.

조선이 죽도를 폐기한 일 없이 외적으로부터 백성을 보호하기 위해 도해를 금하는 방법으로 관리하는 죽도를, 일본은 폐도로 해석하고, 오야・무라카와케가 폐도를 발견한 것으로 하여, 그것을 영유의 정통성으로 하고 있다. 이런 오카지마의 견해를 오늘의 관점으로 보면 역사인식에 침략 긍정적인 색채가 보인다고 말하기도 하나,[38] 그런 사고의 소유자는 현재에도 존재한다. 1905년에 송도를 죽도로 개명하여 일본의 고유영토라며 일본에 편입시킨 일에 동조하는 세력이 그런 류에 속한다.

3) 오카지마의 저주

오카지마는 일찍부터 해적이 조선에 잔해를 입힌 일, 무로마치(室町) 시대에는 수만의 무리를 이룬 왜구들이 마음대로 침탈하며 사람을 베었던 일, 히데요시의 침략으로 신민(臣民)의 간뇌(肝腦)가 땅에 떨어진

38) 池內敏 전게주 8, P358.

일 등을 기록하여, 일본이 조선에 가한 폐해를 잘 알고 있었다는 것을 알 수 있다. 그렇다면 조선인이 입은 잔해를 당연한 일로 보기보다는 근린 관계를 이룰 수 있는 방안을 제시하거나 일본의 침탈 행위를 부정했어야 했다.

그는 침략을 경험한 조선인들이 일본인을 호아시랑으로 보고 있었다는 사실도 알고 있었으므로 일본에게 친근감을 줄 수 있는 방법을 강구하여 제시했어야 했다. 그것이 그가 「사람이 고금의 일을 알지 못하면 소나 말이 옷을 입은 것과 같다」는 고어를 교훈으로 삼고 지낸다고 말한 것과 일치되는 일이었다.[39]

그러나 그가 원한 것은 그것과 상반되는 일이었다. 그는 죽도에서 얻는 이익이 돗토리지역을 이롭게 한다는 사실에 집착한 나머지 인국의 분란과 멸망을 원하는 저주도 주저하지 않았다. 『죽도고』를 편찬하는 목적이 죽도도해의 재흥을 도모할 때 도움이 되어 애국하는 것이었다고 말한 그는 죽도의 도해를 기원하며

> 이방이라 해도 국난이 일어나기를 사람으로서 원해서는 안 되지만, 시운은 예측하기 어려워, 그 나라가 혹시 내란으로 삼한시대처럼 갈라지거나 나라를 칠 일이 생겨, 세가 불리해지면 옛날처럼 본방에 무릎을 꿇는 것이 필연이다. 쉽게 그런 기회가 오면 원래 죽도는 백기국의 속도였으

39) 古語ニ曰く人トシ不通古今ニ馬牛ニ而襟裾セル者ト恒ニコノ戒ヲ恐ト雖(『竹島考』自序).

40) 異邦ト雖國難ノ生ゼンコトヲ人トソ冀可キニハアラネトモ時運ハ計リ難ク彼國モシ內乱起テ三韓時代ノ如ク分剖スル歟或敵國ヲ生ジテ勢危起ニ及トキハ必シモ往世ノ如ク本邦ニ膝ヲ屈ンコト必然ナリ苟モ其機ノ見ルルトキハ元來竹島ハ伯耆國ノ屬島ナレバ速ニ是ヲ收覆スルノ計議アル可コトナリ(『竹島考』或問6).

므로 재빨리 이것을 수복하는 계획의 의론이 있어야 한다.[40)]

라고, 국난을 원하지 않는다고 전제하기는 했지만, 조선이 삼국시대처럼 분할되거나 침략을 받아 세력이 약해지면, 그것을 호기로 삼아 죽도를 차지할 계획을 세우자는 제언이었다. 그야 말로 인국의 위기를 염원하는 선동이고, 죽도에 도해할 수 있으면 어떤 일이고 불사하겠다는 의지의 표현이며, 일본의 이익을 위해서는 인국이 쇠락해도 좋다는 저주였다.

특히 「敵國ヲ生ジテ」가 시사하는 의미는 간과할 수 없다. 이것은 「(조선)을 치는(敵) 일이 발생하여」로 읽느냐, 「조선을 치는 나라(敵國)가 나타나서」로 읽느냐에 따라 의미는 크게 달라지나, 어느 쪽이라 해도 조선에 대한 저주임에는 틀림없다. 전자의 의미로 기록했다면 침략을 기원하거나 의지를 다지는 저주였다.

4)맹성광폭과 포악

오카지마는 일본인의 죽도도해가 금지된 원인을 다음과 같이 설명했다.

> 천재의 폐도를 옛날에 우리나라가 개도하여 다년간 막대한 이윤을 얻고 있는 것이 부러워 겐로쿠 중에 여러 간람을 부려 우리 배를 거부하여 결국은 죽도를 탈양하여 오랫동안 자기들 속지로했다.[41)]

라고 일본이 개발하여 막대한 이익을 얻고 있는 것을 조선이 간계를 부려 탈취한 것으로, 사실과 다른 이야기를 했다. 이곳의 「죽도의 탈양」은 「겐로쿠」를 근거로 생각하면 겐로쿠 6년 1월 28일에 내린 죽도 도해금지령이라는 것을 알 수 있다. 또 자서에 「어수의 간람」이라는 표현이 있어 「간람」의 주어가 조선의 「어수」라는 것을 알 수 있고, 이것을 종합하여 겐로쿠기에 죽도와 관련된 조선인을 추정하면, 겐로쿠 6년(1693)에는 납치당했고, 겐로쿠 9년에는 자진해서 도해했던 안용복이 해당한다. 즉 오야케가 안용복을 납치하여 조선인의 죽도도해를 요구한 것이 양국의 영토문제로 발전되어, 일본인의 도해가 금지된 사실을, 조선의 어수, 즉 안용복이 간람을 부린 결과로 왜곡한 것이다.

「어수(漁竪)」의 「수」가 더벅머리, 천하다, 비루하다 등을 의미하여,[42] 안용복을 비롯한 조선어민들의 천칭으로 사용한 의도된 용어로 볼 수 있다. 「간람」의 「간」은 범하다, 어지럽히다, 희롱하다 등을 의미하고,[43] 「람」에는 예나 법에 어긋나다, 훔치다, 탐하다 등의 의미가 있어,[44] 주어 어수를 긍정적으로 평가하는 용어가 아니다. 도해를 금지당한 사실을 왜곡하여 전하는 오카지마가 모든 원인을 조선어민의 「간람」으로 돌리는 것은 죽도에 대한 집념 때문에 자료를 객관적으로 해석할 수 있는 능력을 상실했다는 것을 의미한다.

41) 千載ノ廢島ヲ曽テ吾邦ヨリ開島ヲ成シタル多年ノ間渡海ノ莫太ノ利潤ヲ得ルコトヲ羨ミ元祿中種々ノ奸濫ヲ構ヘテ吾舩隻ヲ拒ミ遂ニ竹島ヲ奪攘ノ永ク己ガ属地ト成シタリ(『竹島考』或問6)
42) 竪, 凡卑鄙者亦曰竪(『正字通』)
43) 奸, 亂也(『玉篇』), 奸, 犯淫也(『集韻』).
44) 小人窮斯濫矣(『論語』衛靈公), 君子以爲濫, 注濫亦盗竊也(『禮』禮器). 虞公濫於寶與馬(『呂覽』權勳).

안용복에 해당하는 조선인을 아무런 설명도 없이 「어수」로 표현한 것은 오카지마만의 표현으로 다른 기록에서는 찾아볼 수 없다. 『숙종실록』은「罪漁人」, 「漁採人」, 「安龍福」, 「漁氓」, 「犯人」, 「朝鮮人」, 「我人」, 「龍福」, 「其人」, 「渠」, 「吾」, 「鬱陵子山兩島監稅長」, 「奸民」, 「狂蠢浦民」 등으로 표현했는데, 그 중에는 「죄어인(罪漁人)」, 「범인(犯人)」, 「간민(奸民)」, 「광준포민(狂蠢浦民)」등의 표현도 있어 「어수」에 비견할지도 모르나, 그것은 조선의 해금법을 어긴 죄를 의미하는 용어이기 때문에 같은 의미로 볼 수 없다. 『숙종실록』은 그가 범한 죄를 밝히고 있으나, 오카지마는 아무런 설명도 없이, 일본의 법을 범한 일도 없는 조선어민을 「어수」로 표현하여 동질의 기록이라 할 수 없다.

안용복을 납치했던 오야케의 『발서공』은 「당인」, 「아히찬」으로 기록했고, 쓰시마한의 『죽도기사』는 「조선인」, 「요쿠호키」, 「안요구」, 「인질(質人)」, 「어민」 등으로 표현했으며, 안용복의 진술을 전하는 『원록각서』는 「안용복」, 「통사」, 「3인」, 「11인」, 「조선인」으로 기록하고 있다. 모두가 안용복을 경험한 사람들의 표현이다. 당대의 모든 기록에 안용복의 죄를 중시하거나 참무하는 표현이 없는 셈이다. 그런데 125년 후의 오카지마의 기록에는 적의를 포함하는 용어가 포함되어 있다.

적의의 표현은 「어수」, 「간람」만이 아니다. 『죽도고』에서는 「맹성광폭(猛性狂暴)」이라는 용어로, 『인부연표』에서는 「포악(暴惡)」이라는 용어로 안용복을 설명했다. 『죽도고』는

그런데 안핑샤는 맹성강폭한 자이기 때문에, 전부터 그런 소문에 있었

> 기에, 혹시 도중에 난폭한 거동이 있어서는 안 되기에, 부녀자와 아이들이 거리에서 구경하는 것을 금하는 바이다.[45)]

라고, 그가 부녀자에게 해를 끼칠 정도로 맹성강폭한 자로 소개했고, 『인부연표』도

> 집안의 가신을 비롯한 모두 구경하러 나오는 자는, 함부로 행동을 하지 말 것을 엄히 주의하여, 그 중에서도 여자와 아이가 나오는 일 없도록 하라는 뜻을 알렸다. 이번의 이객 중에 포악한 자가 있다고 들었기 때문이다.[46)]

라고 『죽도고』의 「맹성광폭」을 「포악」으로 바꾸었을 뿐 유사한 표현을 하고 있다. 다른 기록에는 없는 적대적 표현이 오카지마의 기록에만 있는 것이다.

5) 『공장』의 안용복

요나고의 보고를 돗토리한은 어떻게 받아들였을까. 안용복의 송환은 요나고에서 나가사키(長崎)로 보내는 것이 효과적이었음에도 돗토리한

45) 此時アンピンシャハ猛性强暴ナル者ノ由, 兼テ其ノ聞エアリケレバ, 若シ途中ニテ狼籍ノ挙動アッテハ惡カリナントテ, 婦女幼児ノ道路ニ在テ見物スル事ヲ停止セラレケル(『竹島考』大谷之舩人拿歸朝鮮人).

46) 御家中ノ家來末々迄見物ニ出候トモ, 猥リニ無之樣堅ク可申付候. 其內, 女童ノ出候コトハ可爲無用之旨被仰触.此度, 異客ノ內ヘ暴惡ノ者之有由相聞エ候ユエナリ(『因府年表』元祿6年5月28日).

은 요나고의 담당자가 경호하여 돗토리에 들렀다 갈 것을 명했다. 안핑샤와 도라헤는 요나고에서 돗토리성하로 보내졌다. 요나고에서는 안용복을 돗토리로 송치하며 안용복의 정보를 제공했다.[47] 그것에「맹성광폭」,「포악」이라는 표현이 있다.

그 보고를 받고, 안용복을 6월 1일에 인계받아 6월 7일에 나가사키로 송치시킬 때까지의 기록이『공장』에 있다. 그것은 돗토리한의 가로가 기록한 일기로『오야구라일기(御櫓日記)』,『가로일기(家老日記)』라고도 한다. 따라서 125년 후에나 편찬된 오카자키 기록과 당대의 관계자들이 기록한『공장』의 관계는,『공장』을『죽도고』나『인부연표』가 인용할 수는 있어도 반대의 경우는 있을 수 없는 관계이다.

일정에 따라『공장』을 살펴보면 다음과 같다.

> 4월 28일
>
> 예년과 같이 죽도에 전복을 잡으러 가는 배가 도해했는데, 그 섬에 조선인이 있어, 어로하지 못하고 돌아오며, 조선인 두 사람을 태우고 왔습니다. 이때 아라오슈리가 요나고에 있으므로, 슈리가 보고하여, 에도에 7일 걸리는 비각을 보냈다. 에도에서 지시가 있을 때까지, 조선인을 오야큐에몬의 곳에 두고, 야마토쿠미(大和組)의 작회인에게 명하여 경비원 둘을 배치하도록 슈리에게 명했다.[48]

47) 今夕子下刻, 米子より宿送りニて, 朝鮮人今朝米子發足, 明日爰元江到着申由, 注進有之事(『控帳』元祿 6年 5月 29日).

48) 例年竹島に鮑取江參候船渡海侯處, 彼島に唐人居申候付て, 獵不罷成戻り候付, 唐人二人船に乘せ參候由, 此節荒尾修理米子に罷越居申候故, 修理より申越. 依之江戸へ七日割之御飛脚差出す. 江戸より御左右有之內は, 唐人大屋九右御門手前に差置, 大和組中之內, 作廻人申付. 足輕番人に, 付置候樣に修理に申遣事(元祿 6年 4月 28日).

5월 26일

에도에서 금월 16일부의 파발이 도래했다. 조선인의 일을 장군에게 여쭈었더니 들으시고, 나가사키로 보내라는 내용의 분부가 있어, 이 건에 대해 오늘 불시에 장감댁에 모여 이일을 상담했다. 이번에 조선인을 나가사키로 보내는 일, 모든 것을 상의했다. 미노우라쿠란도 · 가와지마겐시치 · 야마자키슈마 · 오메쓰케들이 참가했다.[49)]

5월28일

조선인이 요나고에서 올 때, 함부로 구경하는 일이 없도록 모든 사람들에게 알려달라는 뜻이 다음과 같다. 이번에 조선인이 요나고에서 올 때, 또는 이곳을 떠날 때, 구경하러 나가는 모든 사람들은, 멋대로 하지 못하도록 엄하게 주의할 것. 그 중에서도 여자와 아이가 구경하러 나가는 일이 없도록 할 것. 조선인이 행패(狼藉)를 부린다고 들었기 때문에, 그 뜻을 알아둘 것. 경비원들에게도 이 뜻을 전할 것.[50)]

동월 29일

오늘 밤 1시경, 요나고에서 숙소로 연락하길 조선인이 오늘 아침에 요나고를 출발하여, 명일 이곳에 도착한다고 보고해 왔다. 이것을 주진했다.[51)]

49) 從江戸今月十六日御飛脚到來, 朝鮮人之儀公儀江御窺之處, 御聞届, 長崎江送可被遣由被仰出之旨申來, 此儀ニ付今日不時之寄合於將監宅ニ相談有之事. 箕浦藏人 · 河嶋源七 · 山崎主馬 · 御目付共參會之事(元祿 6年 5月 26日).

50) 朝鮮人米子より參候節, 見物猥無之樣ニと御家中へ相觸候趣, 如左. 今度朝鮮人米子より參候節, 又ハ此元發足之節, 家來末々見物罷出候とも, 猥無之樣堅可被申付候. 其內女わらんべ見物罷出儀は可爲無用, 朝鮮人狼藉も可致樣子相聞候間, 被得其意, 組中へも此旨可被申渡候(元祿 6年 5月 28日).

51) 今夕子下刻, 米子より宿送にて朝鮮人今朝米子發足, 明日爰元江到着申候. 注進有之事(元祿 6年 5月 29日).

6월 1일

조선인 오늘 밤 요나고에서 도착했다, 오늘 밤은 히로카즈의 집에서 1박하고 명일 회소로 가기로 한다.[52)]

동월 2일

조선인이 오늘 밤 회소에 갔다. 그 전에 시키부 · 쇼칸 · 휴가가 동행하여 히로카즈의 댁에 찾아가 만났다.[53)]

동월 5일

나가사키에 가는 사자 야마다효에몬, 히라이진에몬을 시키부의 집에 불러들여, 나가사키 봉행에 보내는 문서 및 도중의 일정 문서 등을 위 두 사람에게 건넸다. 드디어 모레 7일에 발족하도록 하라고 명했다.[54)]

6월 7일

오늘 아침 9시에 조선인 양인이 이곳을 떠났다. 자세한 것은 다른 기록에 있다.

동일

조선인이 당지를 출발한 것을 에도에 보고하기 위해, 오늘부터 9일 걸리는 비각을 보냈다.[55)]

52) 朝鮮人今晩米子より參着, 今夕は大和 所ニ一宿, 明日會所江參申事(元祿 6年 6月 1日).
53) 朝鮮人今晩會所江參, 其節式部 · 將監 · 日向同道ニて, 大和宅江參逢候事(元祿 6年 6月 2日).
54) 長崎江之御使者山田兵左衛門 · 平井甚右衛門, 式部宅江呼寄, 長崎御奉行江之御書, 並道中御條目御書出等, 右兩人江相渡申候. 弥明後七日發足候樣ニと申聞候事(元祿 6年 6月 5日).
55) 今辰之下刻, 朝鮮人兩人当地發足候事. 委細別帳ニ有之事. 朝鮮人当地罷立候儀, 江戸へ申上ため, 今日より九日割之御飛脚差出候事(元祿 6年 6月 7日).

7월 18일

나가사키에서 주진, 야마다 효자에몬 · 히라이 진에몬이 사고없이 조선인과 동도하여, 지난달 그믐에 나가사키에 도착하여, 다음 달 초하루에 조선인을 무사히 봉행소에 인도한 사실을 알려 왔다. 일전에 보고해 왔다.[56)]

이상의 기록을 보면 돗토리한은 안용복이 도착하기 전에 요나고에서 보고한 「맹성광폭」, 「포악」이라는 표현을 믿고, 그가 행패(狼藉)를 부릴지도 모르니 주의하고, 여자와 유아는 나오지 못하게 하라고 주의시켰다는 것을 알 수 있다. 그러나 안용복이 행패를 부렸다고 해석할 만한 기록이 없다. 이곳의 「랑적(狼藉)」은 요나고의 보고를 근거로 일어날 수 있는 상황에 대비한 것이지, 돗토리한의 경험을 바탕으로 하는 표현은 아니었다.

돗토리한이 포악한 사람으로 보지 않았다는 것은 그를 맞이하기 위해 사전협의를 하고, 나가사키로 보낼 때는 총인수 90여인이 호송하고 안용복과 박어둔을 가마에 태웠다는 사실로도 알 수 있다.[57)] 요나고의 보고를 믿고 난폭자로 인식했으나 송환시킬 때는 빈객 대우를 하고 있었다. 불과 7일사이의 변화였는데, 오카지마의 표현대로의 안용복이었다면, 그런 후대는 있을 수 없는 일이었기 때문에, 오카지마의 표현은

56) 長崎より注進, 山田兵左衛門 · 平井甚右衛門, 朝鮮人道中無異事致同道, 先月晦日長崎江到着, 翌朔日朝鮮人無異儀御奉行所江相渡由, 先達て注進申來事(元祿 6年 7月 18日).

57) 朝鮮人貳人五月七日因幡發足六月晦日長崎江到着因幡より護送之御使者松平伯耆守様l御家來山田兵左衛門平井甚右衛門惣人數九拾余人相附尤朝鮮人駕籠にて被相送候(『竹島紀事』元祿六年六月).

신뢰를 잃는다. 오카지마가 많이 참고했다는 원 자료에는 그런 내용이 있었을지도 모른다. 그러나 그런 자료가 있다 해도 실증을 중시하는 그라면 그 허실을 판단하고 선택했어야 했다. 오카지마에게서는 그런 과정의 흔적을 엿볼 수 없다.

오카지마가 소개한 「맹성강폭」과 「포악」같은 표현은 요나고 어민들과 안용복의 관계, 납치하여 심문하는 요나고 어민과 납치당하여 심문받는 안용복의 입장을 이해해야, 그 의미도 이해할 수 있을 것이다. 오야케는 안용복을 납치한 정통성을 확립하기 위해 무리한 심문을 하며, 그것에 반발하는 안용복을 그렇게 보았을 수도 있다. 오카지마는 그런 상황에 대한 설명 없이 그저 난폭한 사람으로 인식하기 쉬운 표현을 하여, 그 용어가 안용복의 실체를 반영한 것으로 보기 어렵다.

6. 결론

기록이 사건을 그대로 전해주지 못하는 이상, 그것의 해석에는 기록자의 사상과 목적의 이해를 필요로 한다. 또 내용이 유사하다해서 동질의 기록으로 보아서도 안 된다. 기록마다 특성이 있기 때문이다. 독도를 거론할 때 많이 인용되는 것이 오카지마의 기록이나, 그것이 일본을 위해서는 조선이 불행해져도 좋다며, 그것을 기원하는 자의 기록이기 때문에 신중을 기해야 한다.

1828년에 발간된 『죽도고』는 죽도 주변의 이권에 대해 배타적 독점을 생각하는 돗토리한의 19세기 초의 사고를 반영한 기록으로, 일본인의 도해를 금한 금지령이 해제되어 다시 도해할 수 있는 상황을 갈망하는 사고를 바탕으로 하는 내용이다.

오카지마는 죽도에서 얻는 이익이 지역사회 전반을 이롭게 한다는 생각에 빠져, 그것이 조선과의 국제적 관례에 어긋난다는 것이나 그것을 영유하는 조선의 입장은 고려하지 않고, 상고 이래로 침략에 의지하는 방법을 정통성으로 하여 그 소유를 주장하고 있다. 그런 사고를 반영한 것이 1828년의 『죽도고』와 1844년에 『인부연표』이다.

그는 고기록이나 전승에 관심이 많아, 명확한 자료로 입증하고 비판하고 논리에 입각하는 저술가로 평가되기도 한다. 본인 스스로도 제가의 사기비설(私記稗說)을 취하고, 고로의 구비를 듣고 집록한 것이 쌓여 있다고 밝힐 정도였다. 그는 자신의 실증적 능력을 과신한 듯 타인의 기록을 혹평하는 일도 주저하지 않았다.

『백기민담기』를 항간의 설을 취하여 심찰상규(深診詳糺)하지 않아 개가 짖는 소리(犬吠)와 같다 했고, 『인번지』의 울릉도와 자산도를 일본이 죽도와 송도로 호칭한다는 내용이 사실과 다르다는 설명을 하며, 논할 가치도 없는 유설로 단정했다. 자신 있는 평이라 실증에 근거하는 것으로 여기기 쉬우나 그의 기록을 살펴보면 그렇지 않는다는 것을 알 수 있다.

그는 자서에서 여러 자료를 참고한 사실과 돗토리한이 막부에 제출했던 죽도관련 보고서를 보고 기록의 근거로 인용하기 충분하다는 의견을 말하기도 했다. 그것은 죽도에 대한 막부와 돗토리한의 인식이나 금지령이 결정된 과정도 알고 있었다는 것을 의미한다. 그러나 오카지마의 기록에는 그 자료들을 심찰상규한 흔적이 보이지 않는다. 그런 과정이 있었다면 도해금지가 조선어민이 간람한 결과가 아니라 막부의 결정이었다는 것, 조선이 죽도를 폐기한 일이 없다는 것, 죽도는 삼국시대 이래로 조선이 지배하는 영지라는 것 등을 알았기 마련이다.

그런데도 오카지마는 조선인이 일본인을 혐오하여 죽도에 가지 않았다며, 그것을 폐도의 증거로 하여, 발견의 당위성을 만들고, 발견을 영유의 정통성으로 하는데, 그가 수집했다는 자료들을 심찰상규했다면 취할 수 없는 주장이다. 그가 명확한 자료로 입증하여 비판하고 논리에 입각하는 저술가라는 평가가 있는 이상, 수집한 자료들을 심찰상규하는 과정은 인정할 수 있어, 그가 말하는 심찰상규의 방법과 목적에 의문이 생긴다. 그가 말하는 심찰상규란 사실의 추구가 아니라 목적한 결론을 얻기 위한 방법이었던 것 같다,

그는 죽도에 대한 집념이 강하여, 소유의 정통성의 확인할 수 있으면 일본의 치부를 거론하는 일도 주저하지 않는다. 왜구들의 만행이나 히데요시의 침탈행위도 서슴없이 거론하며 그것으로 죽도영유의 정통성으로 삼으려 한다. 그런 집념은 조선의 불행을 기원하는 저주로 발전한다. 일본에 이익이 된다면 조선이 불행해져도 상관없다는 사고였다.

그런 사고는 도해의 재개에 자신의 기록이 도움이 되면 불후의 행복이라고 말할 정도로 죽도에서의 이익에 집착한 결과다. 그런 뚜렷한 목적을 가지는 것이 오카지마의 기록이기 때문에, 그의 기록을 위한 자료의 선택과 해석도 목적적이었다는 것, 그의 심찰상규가 원하는 자료의 선택을 위한 과정이었다는 것을 알 수 있다.

돗토리한 등을 통해 얻은 정보를 근거로 내린 막부의 금지령을 안용복을 의미하는 어수의 간람의 결과로 보고, 조선의 해금정책을 죽도의 폐도로 해석하고, 납치의 부당함을 반론하는 안용복을 맹성강폭한 자로 중상하고, 이미 조일 양국이 인식하고 있는 죽도를 발견한 것으로 주장하는 것 등을 보면, 그의 기록이 사실을 근거로 하지 않는 다는 것을 물론, 사실의 왜곡을 목적으로 해서 편찬되었다는 것을 알 수 있다.

이처럼 목적이 분명한 것이 오카지마의 기록이라는 것이 입증되고, 그런 사고의 결정체가 『죽도고』인 이상, 그것의 해석이나 인용에는 신중해야 한다. 『죽도고』에는 이외에도 의심스러운 내용이 많은데, 안용복의 것으로 소개한 호패도 그 중의 하나다. 이 호패의 진상을 규명하는 것도 안용복의 실체를 확인하는 하나의 단서가 될 것이다.

5장 안용복의 에도행

5장

안용복의 에도행

1. 서문

일본에 납치되었다 송환된 안용복은 에도(江戶)에서 관백에게 울릉도와 자산도가 조선의 영토임을 주장하여, 관백이 이를 인정하는 서계를 받았으나 쓰시마한(對馬藩)에서 그것을 탈취 당했다고 진술하였다. 『숙종실록』이 전하는 내용이다. 유사한 내용을 전하는 것으로는 『강계고』, 『증보문헌비고』, 『만기요람』 등이 있으나 이것들은 서계를 에도가 아닌 돗토리(鳥取)에서 받은 것으로 하고 있다.

그래서 관백의 서계를 받은 곳이 에도인가 돗토리인가가 문제일 것 같으나 아예 서계의 존재자체를 부정하는 의견이 주류를 이룬다. 그뿐 아니라 그것을 근거로 하여 안용복의 진술을 과장이 가득 찬 허언으로 단정하기도 한다.

안용복의 에도행이 사실이라면 일본의 관백이 울릉도와 자산도를 조선령으로 인정한 사실은 물론, 후에 일본인의 죽도 도해를 금한다고 내린 막부의 금지령에 자산도가 포함되었다는 사실을 부정할 수 없기 때문에, 그것을 부정하려는 연구자는 안용복의 에도행을 인정할 수 없는 것이다. 그들과 달리 에도행을 부정할 필요가 없는 연구자들도 『숙종실록』이 전하는 에도행을 검토하는 과정도 없이 부정하는 것이 현재의 흐름이다.

안용복의 에도행은 납치당했던 안용복의 진술을 기록한 『숙종실록』만이 전하는 내용이 아니다. 그를 납치하여 죽도에서의 배타적 도해권을 강화하려 했던 오야케가 기록한 『발서공』, 안용복의 송환 업무를 명받은 것을 기화로 해서, 숙원이었던 죽도침탈을 실현하려 했던 쓰시마한의 기록 『죽도기사』, 오야 · 무라카와케의 거주지의 기록인 『백기지』 등도 전하고 있다.

이것들은 안용복의 납치와 관여된 자들이 기록한 것으로, 안용복의 납치와 처벌이 이루어졌던 당대의 기록이기 때문에 이것을 바탕으로 그의 행적을 논해야 했다. 그럼에도 안용복의 에도행과 관백의 서계는 기록에 의한 것이 아니고 그의 출신과 신분을 근거로 해서 판단되고 있다. 그럴 경우 인용하는 것이 안용복에게 적대적인 오카지마 마사요시(岡嶋正義)가 납치사건에서 135년이나 지난 1828년에 기록한 『죽도고』나 『인부연표』가 전하는 내용이다. 오카지마는 죽도에 도해하는 것이 돗토리한에 이롭다는 판단 아래 그것의 실현을 위해서는 조선이 분열되거나 침략을 당해도 된다는 저주도 서슴지 않는 자였다.

이상하게도 그가 기록한 『죽도고』나 『인부연표』 등에는 에도행에 대한 언급은 없고 「맹성강폭」이나 「포악」과 같은 용어들이 안용복을 장식하고 있다. 그래서 오카지마의 기록이 말하는 일정이나 상황만을 보게 되면 에도행이 불가능했던 것처럼 생각되기도 한다. 그래서 많은 사람들은 그것이 전하는 내용을 그대로 믿고 당대의 당사자들이 기록한 내용의 의미를 규명하려 하지 않는다.

에도행이 조선의 기록에만 있는 내용이라면 안용복의 허언에 동조하는 세력들이 기록한 것으로 치부할 수도 있다. 그러나 납치를 감행한 오야케의 『발서공』, 지역의 기록인 『백기지』, 적대적인 쓰시마한의 『죽도기사』등이 전하고 있어 부정만 할 수는 없는 일이다. 당대의 당사자들이 기록한 내용을 후세의 기록, 그것도 죽도의 재도해를 염원하는 세력을 대변하는 기록을 근거로 해서 부정한다는 것은 기록의 바른 이해라 할 수 없다.

이하에서는 에도에서 관백의 서계를 받았다는 안용복의 진술이 사실이라는 것을 확인해보기로 한다.

2. 에도행의 기록

1) 납치와 도해

오야케는 안용복과 박어둔을 납치하여 4월 27일에 돗토리한에 보고했고, 돗토리한은 4월 30일에 7일 걸리는 비각으로 에도 번저에 연락했다.[1] 에도 번저가 5월 10일에 막부에 보고하자, 막부는 5월 13일부의 답서로 그들을 나가사키(長崎) 봉행소에 송치할 것을 명했다.[2]

돗토리한의 보고서는 요나고 어민의 뜻에 동조하여 조선어민들의 처벌을 요구하는 내용이었다. 돗토리한은 요나고 어민이 죽도의 전복을 배타적으로 확보하여 변함없이 막부에 헌상하고 싶다는 희망사항을 밝히며 조선인의 처벌을 요구했다.[3] 보고를 받은 막부는 5월 13일부로 돗토리한에게는 조선인을 나가사키로 송치할 것을 명하고, 쓰시마한 에도 주재원에게는 조선인을 나가사키에서 인도받아 쓰시마로 송치할 것과 그들을 조선에 양도하며 조선인들의 죽도도해금지를 조선에 요구할 것을 명했다.[4]

안용복과 박어둔은 숙종19년(1693) 6월 7일에 돗토리를 떠나 6월 30일에 나가사키에 도착하여, 다음날에 쓰시마한 연락소에 인도되었다. 8월 14일에 쓰시마한에서 온 사자를 따라 16일경에 나가사키를 출발하여 9월 2일에 쓰시마한에 도착하여, 10월 22일에 그곳을 떠나 11월 2일에 왜관에 도착하여 12월 10일에야 조선에 양도되었다.

쓰시마한은 죽도가 조선령일지도 모른다는 의구심이 들었으나,[5] 다다요자에몬(多田与左衛門)을 사자로 정하고, 선문사(先問使)를 파견하여 조선인의 죽도도해금지를 요구하는 교섭의 주제를 정하자며 다음과

1) 荒尾修理より申越す, 之に依り江戸へ七日割の御飛脚を出す(『控帳』, 元祿 6年 4月 28日).

2) 鳥取藩政史料『御用人日記』鳥取縣立博物館, 元祿 6年 5月 13日條.

3) 向後彼嶋江朝鮮人不參候樣致シ, 鮑をも前之通獻上仕度旨申達候處, 御聞届之由ニ而, 右之朝鮮人其許江遣, 御差圖次第相渡候樣にとの儀御座候(御用人日記, 元祿 6年 5月 15日條).

4) 竹島と申所江去年朝鮮人罷越獵仕候, 依之松平伯耆守樣すり御見届, 重而不參候樣ニト被御含御返候處, 又又當年人數四十人程罷越獵仕候故, 右人數之內二人被召捕置, 公儀江御案內有之候付, 長崎御奉行所江右兩人被送届, 長崎より對馬江御届候樣被にと仰渡候(対馬藩政史料『(国元表書札方)每日記』長崎県立対馬歷史民族資料館,『宗家文庫資料目錄(日記類)』表書札方Aa—l / 75,元禄 6年 6月 3 日). 池內敏『大君外交と武威』名古屋大學出版會, 2006, p.279)

같은 서계를 보냈다.[6)]

> 귀국 해변의 어민이 이 해에 배로 본국의 죽도에 가서, 몰래 어렵을 하였습니다. 이는 그야말로 올 수 없는 곳이었으므로, 토관이 나라의 금령을 상세히 논하여 다시 오지 말 것을 엄히 말하고, 그들을 모두 송환하였던 것입니다. 그런데 금년 봄에 또다시 나라의 금령을 어기고 어민 40여 명이 죽도에 들어가, 뒤섞여서 어렵을 하였습니다. 그래서 토관이 어민 두 사람을 구류해서 주사의 인질로 하여 증거로 하고, 우리 이나바슈의 목은 전후 사정을 기록하여 동도에 서둘러 보고하였습니다. 그 어민들을 우리 고을에 주어 본토로 돌려보내라 하셨습니다. 이후로는 그 섬에 오는 어선을 결코 용납하지 않을 것이니, 엄히 금지시켜야 합니다. 나는 동도의 명에 의해 귀국에 알리는 것입니다.[7)]

조선어민들이 일본의 법을 어기고 조업한 사실을 지적하고, 그들을 송환하나 차후에 그런 일이 있으면 용납하지 않겠다는 내용이다. 조선은 울릉도가 조선의 영토라며 사자의 파견을 거부했으나, 다다는 도선주 우치야마 코자에몬(内山郷左衛門) · 봉진 데라사키 요시에몬(寺

5) 彼島江磯竹彌左衛門仁左衛門與申者住居いたし居候を召捕被差出候様に院與光雲公江被仰付, 即此方より被召捕被差出たる事在之候, 然者竹島之儀日本伯耆之內之島與 公儀に被思召候はは伯耆之太守より彌左衛門仁左衛門召捕被可差出候様に被仰付之所御國江被仰渡候は朝鮮之竹島與被思召上たる事與相見へ候(『竹島紀事』6年 9月 4日).

6) 是より前先向使永瀬傳兵衛被差渡竹島之一件ニ付御使者渡海之趣裁判高瀬八衛門(『竹島紀事』元祿 6年 10月).

7) 貴域瀕海漁民, 此年行舟於本国竹島, 窃為漁採, 極是不可到之地也, 以故土官詳諭国禁, 固告不可再, 及使渠輩尽退還矣, 然今春亦不顧国禁, 漁民四十余口, 住入竹島, 雑然漁採, 由是土官拘留其漁氓二人, 而為質於州司, 以為一時之証, 故我国因幡州牧速以前後事状, 馳啓東都, 蒙令彼漁氓附興敝邑以還本土, 自今而後決暮容漁船於彼島, 弥可存制禁, 不佞今奉東都之命, 以報知貴国云々『通航一覽』巻137, 1693年 9月.

崎与四右衛門) · 아비루 소베에(阿比留総兵衛), 그리고 안용복 · 박어둔과 같이 10월 22일에 쓰시마를 떠나 11월 2일에 부산 왜관에 도착했다.

그 후에 조선인의 죽도도해금지요구는 영토분쟁으로 발전되고 만다. 조선은 일본이 조선인을 송환해준 것을 「인호하는 정의」로 평가하고 「범인들은 형률에 의거하여 죄를 과하」겠다며 안용복의 처벌을 약속했다.[8] 자국민이 울릉도에 간 것을 치죄하겠다는 것은 당대의 해금법을 위배했기 때문이었다.

처벌내용은 확인되지 않으나 2년의 형을 받은 것으로 되어 있다. 그가 1693년 12월 10일에 송환되어 2년의 형기를 마쳤다면 1695년 말에나 자유의 몸이 된 것으로 볼 수 있다. 그가 기록에 다시 등장하는 것은 1696년 3월 18일로, 1696년 3월 18일 아침에 일행 10인과 같이 동해안을 출항하여 석양에 울릉도에 도착했다.[9] 안용복이 1695년 말에서 1696년 3월 18일 이전에 형기를 마쳤다는 것을 알 수 있는 기록이다.

안용복은 해금법을 위배하여 처벌받았기 때문에, 2년의 형기를 마쳤다 해도 해금법이 존속하는 이상 도해하면 또 처벌당해야 했다. 그럼에도 도해를 결심하고 실행한 것은 그럴만한 동기가 있었다는 것으로, 상정할 수 있는 것은 송환시 돗토리한이 취한 후대와 쓰시마한이 취한 냉대다. 그가 소송할 것이 있다며 돗토리로 도해하여 쓰시마한의 비리를

8) 今此漁船敢入貴界竹島, 致煩領送遠勤書諭, 隣好之誼, 實所欣感, 海氓猟漁, 以為生理, 或不無遇風漂転之患, 而至於越境深入雑然漁採, 法当痛徵, 今将犯人等, 以律科罪, 此後沿海等処, 厳立料条各別申飭『肅宗實錄』20年 2月 辛卯. 『通航一覽』卷137, 1693年 9月條에도 유사기록이 있다.

9) 當子三月十八日朝鮮國朝飯後ニ出船同日竹島ヘ着夕飯給申候由申候(『權五曄 · 大西俊輝 역주 『元禄覚書』, 제이엔씨, 2009년, 본문11).

거론한 것과 에도 번저가 안용복이 전에 받은 쓰시마한의 냉대를 언급했다는 정보를 쓰시마한 측에 제공한 사실을 감안하면,[10] 쓰시마한의 비리를 소송하는 것이 원인이 된 것으로 볼 수 있다.[11]

1696년 3월 18일에 울릉도에 도착하여 2달 가까이 머물다 5월 15일에 그곳을 출발하여 자산도에 도착하여, 16일에 그곳을 출발하여 표풍으로 18일 아침에 오키노시마(隱岐島) 니시무라(西村)에 표착했으나 바람이 세어 선회하다 20일에 오쿠무라(大久村)에 정박하고 대관을 찾아가 신고했다. 그곳에서 안용복 일행이 진술한 내용과 11명의 행적을 기록한 것이 『원록각서』로 현존한다.

오키에서 머물다 호키의 아카사키(赤崎)에 나타난 것이 6월 4일, 5일부터 11일까지는 아오야(青谷)의 센넨지(專念寺 : 千念寺)에 머물다, 12일에 돗토리의 가로(加露)에 있는 도젠지(東善寺)에서 머물렀고, 21일에 돗토리성하로 들어갔다. 이후의 일정에 대한 기록은 없으나, 일행은 귀국하는 8월6일까지 약 50일간을 고야마이케(湖山池)에 갇혀 있었다. 8월 6일에 돗토리의 가로를 떠나 귀국한 일행은 8월 29일에 강원 감사 심평에게 체포되어 한양으로 압송되었는데 이때, 비변사에서 진술한 내용이 『숙종실록』에 있다. 그곳에는 돗토리태수와 대좌하여

> 근년에 내가 이곳에 들어와서 울릉 · 자산 등의 섬을 조선의 지경으로

10) 訴訟之儀者其元様之儀に而御座候様に聞へ申候(中略)アンヒチヤクを先年竹島江參候節御國元朝鮮に而しはりなと不成様之事を申候(『竹島紀事』元祿 9年 6月 23日).

11) 若將生釁 國人憂之 而不知爲馬島所瞞 龍福憤甚走蔚山海邊(『增補東國文獻備考』卷31「輿地考」19).

> 정하고, 관백의 서계까지 있는데, 이 나라에서 정식이 없어서 이제 또 우리 지경을 침범하였으니, 이것이 무슨 도리인가 (중략) 전일 두 섬의 일로 서계를 받아낸 것이 명백한데도 대마도주가 서계를 빼앗고는 중간에서 위조하여 자주 차왜를 보내고 법을 어겨 함부로 침범하였으니, 내가 장차 관백에게 상소하여 죄상을 두루 말하려 한다.[12]

라고, 울릉도와 자산도가 조선의 영토임을 인정하는 관백의 서계를 쓰시마에서 탈취당했다는 사실과 그 약속을 어기고 일본인들이 자주 침범한다는 사실을 거론하고, 그 같은 비리를 범하는 쓰시마한을 관백에게 소송하기 위해 도해했다며, 도해의 과정과 목적을 밝혔다. 이는 『원록각서』가 「돗토리 태수에게 소송하기 위해 온 것」이라 말한 것과 같은 내용으로,[13] 그의 도해가 쓰시마한의 비리를 원인으로 했다는 것을 알 수 있다.

안용복의 도해목적을 돗토리한은 물론 막부도 알고 있었다. 오키에 표착한 안용복 일행은 그곳의 대관에게 소송하기 위해 돗토리에 간다는 사실을 밝혔고, 대관은 그 사실을 돗토리한을 비롯한 관계요로에 보고했으며, 돗토리한도 그 사실을 막부에 보고했다.[14] 그러면서도 돗토

12) 渠言頃年吾入來此處 以鬱陵子山等島 定以朝鮮之界 至有關白書契 而本國不有定式 令又侵犯我境 是下道理云爾(中略)前日以兩島事 受出書契 不啻明白 而對馬島主 奪取書契 中間僞造 數遣差倭 非法橫侵 吾將上疏關白 曆陳罪狀(『肅宗實錄』 22年 9月 戊寅).

13) 伯州江參取鳥伯耆守樣江御斷之義在之罷越申候 (中略) 其方義取鳥伯耆守樣へ訴訟在之參候と之申方ニ而候間(權五曄 · 大西俊輝 『元禄覚書, 제이앤씨, 2009, 본문 14·22.

14) 今度伯耆國江罷渡候朝鮮人之內, 先年竹嶋に而捕對馬守方江御渡被成候兩人之內壹人, 此渡も罷越候由風說及承候 (中略) 竹嶋之儀御訴訟申上候哉與邪推ニ奉存候(『竹島紀事』 元祿 9年 6월 24일).

리한은 도해의 목적을 알지 못한다는 보고를 했다. 앞으로 해결되어야 할 의문의 하나다.

2) 에도행을 부정하는 주장

(1) 안용복의 부정

안용복이 에도에서 관백의 서계를 받았다고 진술한 이상 그것은 사실로 받아들이고, 이를 근거로 일본에서의 행적을 논하는 것이 기록을 해석하는 일반적인 방법이다. 그런데도 진지하게 논하는 일없이 안용복의 에도행은 일방적으로 부정당하고 있다.

가와카미 겐조(川上健三)는 일본이 1696년 1월28일에 일본인의 죽도 도해를 금한 이상, 5월에 울릉도와 자산도에서 일본인을 만났다고 공술한 것만 보아도 안용복의 진술이 허구라는 것을 알 수 있다며, 그가 돗토리도주와 대좌하여 상소했다는 내용은 물론 대좌 자체를 허구로 단정했다. 일본의 기록이 언급하지 않았다는 사실을 방증으로 하는 단정이다.[15] 그러면서 『발서공』등에 있는 에도행이나 서계의 존재를 상징하는 「어증귀(御贈帰)」에 대해서는 언급하지 않았다.

안용복이 배에 「조울양도감세장신안동지기」라는 내용의 깃발을 걸었던 것도 안용복의 무지를 입증하는 것이라며 그가 「허세를 부리고 적당한 관명을 참칭한 것」으로 보았다. 그러나 안용복이 칭한 관명은 당대의 납속제도(納粟制度)와 같이 생각문제로, 관명을 근거로 안용복을

15) 川上健三『竹島の歴史地理学的研究』(古今書院, 1966), p.171.

부정하는 것은 사실을 떠난 이야기다. 당대에는 일정량의 재물을 바치는 자에게 국역부담을 면제시켜 주거나 사회신분적 지위를 상승시켜주는 제도가 실행되고 있었기 때문에, 안용복이 칭한 「통정대부」, 「동지」라는 관직은 경제적 기반이 약한 양민도 쉽게 구득할 수 있었다.[16)]

가와카미는 근본적으로 안용복의 진술내용을, 납치 경험의 진위를 혼합하여 자신의 비리를 변명하면서 정부에 영합하기 위해 작위한 공술로 보려한다. 그런 인식은 다가와 코조(田川孝三)도 마찬가지로, 일본에서의 안용복의 행적은 목격한 증인도 없는 허구와 과장이라며

> 마침 당시는 쓰시마에 대해서는 죽도 영유권 문제 때문에, 조야에 적의가 가득 차, 분로쿠 · 게이초가 재발될 것을 경계하여, 엄청난 시의의 눈빛을 번쩍이고 있을 때였다. 그래서 그 허구 과장은 오히려 그러한 감정에 가득 찬 당사자 일부는 마음속으로 잘 되었다며 그 언동 태도에 호의조차 보이는 자가 있었다.[17)]

라고 사실의 문제가 아니라 혐일 감정의 문제로 호도하여, 기록을 근거로 해서 허실을 규명하려는 의지가 엿보이지 않는다. 안용복을 부정하여 사건의 본질을 호도하려는 의도만이 보이는데, 그런 의도는 안용복의 비난으로 이어진다.

『죽도고』가 전하는 안용복의 호패에는 의문점이 많다. 같은 『죽도고』에 기술된 안용복의 진술과도 다르고 타 기록과도 다른 내용이다.

16) 徐漢教 「17 · 18세기 丹城地方 納粟人의 實態와 身分變動」(『歷史教育論集』제23 · 24), p.860.
17)田川孝三 「竹島領有に関する歷史的考察」(『東洋文庫書報』10, 平凡社, 1988), p.24.

그럼에도 해독되지 않는 문자를 「사노」로 해석하여 안용복을 사노 출신으로 규정하고 있다. 『죽도고』는 안용복의 연령에 대해 42세와 36세를 같이 기록하고 있는데, 시모조 마사오(下条正男)는 호패의 연령 36세를 기준으로 해서, 안용복의 나이가 다른 것을 안용복의 탓으로 돌리며 「연령을 속여 허세를 부린 것이다. 허언은 안용복의 성격 같아, 그 후에도 자주 주위를 혼란에 빠뜨린다」라고 비난하고 있다.[18] 그의 인신 비난은 그것으로 멈추지 않는다.

돗토리한으로 도해했을 때, 돗토리한은 안용복 일행을 아오야의 센넨지에 잠시 숙박시키고 유학자 쓰지반안(辻晩庵)을 보내 필담하게 했다. 그리고 필담을 했으나 도해목적은 알지 못한다는 보고를 했다. 그것은 사실에 반하는 보고로, 돗토리한이 그런 보고를 한 이유를 아는 것도 선결되어야 할 문제의 하나다. 그럼에도 시모조는 안용복이 한문을 알지 못하여 도해의 목적을 파악하지 못한 것이라 했다. 이미 안용복은 그 이전에 오키의 대관들과 서류로 교류하며 도해목적을 밝혔고 필요한 협조도 요구하고 있었다. 그런 사실을 감안하지 못한 시모조는 안용복을 「일조의 영토인식을 혼란시키는 원흉」이라며 비난한다.[19]

이런 평가들은 기록을 떠난 것으로 안용복의 행적과 언설에 대한 부정을 목적으로 한다. 부정을 한다 해도 신분의 비난보다는 기록의 적부를 확인하는 방법을 택해야 했다. 그것이 진실에 접근하는 방법이다.

18) 下條正男 『竹島は日韓国どちらのものか』(文春親書, 平成18年), p.34.
19) 下條正男 전게주18, p.66.

안용복과 돗토리한의 관계에서는 신뢰가 엿보이는데, 돗토리한의 태도 변화를 통해 안용복이 진술한 내용의 진부도 확인할 수 있다. 또 죽도 도해금지령을 근거로 안용복의 자산도 인식을 부정하는 것도, 금지령과 관계없이 도해가 이루어진 사실이나 안용복의 자산도 인식을 확인하면, 안용복의 에도행과 관백의 서계를 부정하는 주장의 근거가 상실되어, 안용복의 진술은 사실로 인정하지 않을 수 없게 된다.

(2) 안용복과 돗토리한

1696년에 도해하던 중에 오키노시마에 표착한 안용복은 대관을 찾아가 울릉 · 자산이 조선의 영지임을 주장했는데, 그때의 안용복은 소송문서와 쓰시마한의 비리로 추정되는 문서를 소지하고 있었다. 또 오키에서도 필요한 문서를 작성하여 제출했고, 오키의 대관은 그것을 첨부하여 세키슈(石州)를 비롯한 관계요로에 보고했다. 안용복 일행이 그처럼 서류를 지참했고 또 오키에서 새로 문서를 작성했다는 것은 소송에 만전을 기하는 것으로, 소송의 내용을 객관적으로 입증하기 위한 만반의 준비였다. 그 서류의 내용은 확인할 수 없으나 비변사에서 진술한 것과 『원록각서』 등을 통해 확인할 수 있는 내용, 즉 관백의 서계를 탈취했던 것과 같은 쓰시마한의 비리 등이 기록되어 있었을 것이다.

해금죄를 위배한 죄로 처벌받은 안용복이 조건이 바뀐 것도 없는 상황에서 다시 도해하는 것은 처벌을 각오한 일로, 그만큼 확실한 목적이 있었던 것으로 보아야 한다. 처벌을 받더라도 도해하여 소송해야만 하는 필요가 있었다는 것이 된다. 그 필요성은 그가 도해한 곳이, 처벌을 요구했다 도중에 빈객대우를 했던 돗토리한이었다는 사실과 함께 생각해볼 문제다. 조선과의 교류를 독점한 쓰시마한을 소송하기 위해 돗토리한으로 도해했다는 것은 안용복과 돗토리한 사이에 일정한 신뢰가 구축되어 있었다는 것을 의미한다.

돗토리한이 안용복에 대한 태도를 바꾼 데에는 그럴 만한 이유가 있었기 마련이다. 그것은 안용복과 관백과 돗토리한의 관계를 통해 확인할 문제이나, 현재로서는 방법이 없다. 다만 돗토리한이 보인 호의와 안용복이 돗토리한을 의지했던 사실을 근거로 추정할 수밖에 없다. 돗토리한이 보이는 후대의 원인을 안용복은 알고 있었기 때문에 귀국 후의 처벌을 각오하고 쓰시마한의 비리를 소송하겠다며 다시 돗토리한을 향해 도해한 것이다.

쓰시마한이 양국 사이에서 제도의 차이를 악용하여 이익을 취하는 것은 일반적인 일로, 국서의 변조도 주저하지 않았다.[20] 그런 쓰시마한이었기에 범죄자로 단정한 포로의 서계를 탈취하는 것 정도는 간단한 일이었다. 어쨌든 안용복이 자진 도일해서 소송을 제기한 것이 사실인 이상, 그 내용에 대한 검증이 이루어져야 했다. 안용복의 신분이나 그의 진술이 보이는 일부의 오류나 허구를 근거로 전부를 부정하고 외면해서는 안 되는 일이었다.

20) 対州と朝鮮の奸臣が謀り, 途中において彼の国王の復書を破棄し, そのなかの字を書き加えたり, 書き改めるなどして, 来書の体裁に擬製してしまった(田代和生『書き替えられた国書』, 中央公論社, 1983, p.37).

(3) 돗토리한의 태도변화

오야케가 안용복과 박어둔을 납치한 것은 조선인이 계속해서 죽도에 나타나면 이후의 어렵이 어려워진다는 이유였다.[21] 납치 사실을 보고 받은 돗토리한은 요나고 어민들의 주장에 동의하고, 죽도의 산물을 헌상하는 관행을 유지하게 해달라는 내용을 막부에 요구했다.[22] 이후에 조선인이 도해하지 못하도록 하는 조치를 취해달라는 것이었다.

그랬던 돗토리한이 그들을 나가사키로 송치하라는 명을 받은 이후에는 의사와 요리사를 포함한 90여 명에게 호위시키고 둘은 가마에 태우는 호의를 보였다.[23] 후세인이 「참으로 희유한 변사다」라고 말할 정도였다.[24] 후대는 그것으로 끝나는 것이 아니었다. 안용복이 재차 도해했을 때는 전마 9필과 가마 2대로 영접하고 본부의 정회소에 머물게 하는 편리를 제공했다.[25]

이와 같은 돗토리한의 태도 전환은 막부가 안용복의 송환을 명하며

21) 子細は去年も此島に唐人居申に付, 重而此島へ渡り猟いたし候義堅無用之段, おどししかり段々申聞せ候処, 亦当年唐人猟仕居申候ニ付, 加様ニ御座候へハ已後島之猟可仕様も無御座, 別而迷惑ニ奉存, 乍恐何とぞ御断可申上ためと奉存, 右之唐人二人召連, 卯月十八日に竹島を出船仕, 隱岐国福浦へ同廿日に參着仕候(川上健三 전게주16, p148.『因府歷年大雜集』).

22) 전게주 3

23) 六月晦日長崎江到着因幡より護送之御使者松平伯耆守樣御家來山田興左衛門平井甚衛門惣人數九十余人相附朝鮮人賀籠にて被相送候(『竹島記紀』元禄六年六月). 取鳥發足仕長崎表江廿六日振ニ罷着申候, 其間所々而御馳走被仰付候, 膳夫一汁七八菜程宛ニ御座候, 兩人共ニ乘物ニ而長崎迄罷通候(『竹島紀事』元祿 六年 九月 四日).

24) 御醫師竹間玄碩御徒方五人輕率御小人若干其ノ外脚力料理人マデモコレヲ附屬セラレ(中略)兩人ノ異客ヲバ轎ニ乘テ陸路ヲ長崎ノ津迄送還セラレケル實ニ稀有ノ變事ナリ(『竹島考』大谷之舩人拿歸朝鮮人).

25) 十一人ノ異客等ヲ鳥府へ御迎へニ相成, 伝馬九疋ヲ被遣(安同知・李進士両人ハ乘輿ナリシニヤ). 戸田市右衛門, 岡嶋藤兵衛, 牧野市郎右衛門, 途路ヲ警護シ, 本町ノ町会所へ御差置ニ相成リ, 裏判御吟味役羽原伝五兵衛へ逗留中馳走ヲ被命(『因府年表』元祿 9年 6月 21日).

같이 보낸 질문과 무관하지 않을 것이다. 막부는 나가사키로 송치할 것을 명한 후에 죽도도해의 유래를 질문했고, 돗토리한은 무라카와케와 오야케에 물어 답했다.[26] 1695년 12월 24일에는 막부가 죽도의 소속을 포함하는 7개항을 돗토리한에 질문하자, 돗토리한은 25일에 「죽도는 이나바 · 호키의 부속이 아닙니다」라고 답한 것과 동질의 답이었다.[27]

이것은 돗토리한이 안용복의 처벌을 요구한 후에, 죽도의 소속을 묻는 막부의 질문을 받고, 오야 · 무라카와케 등을 통해 조사 정리하는 과정에서, 죽도가 조선의 영지라는 것을 새삼스럽게 확인했다는 것으로, 그때까지 관행적으로 도해하고 있었기 때문에 일본령으로 여겼던 인식이 잘못된 인식이었다는 것을 인식하게 되었다는 것을 의미한다.

또 그것은 그때까지 관행적으로 이루어져 온 죽도도해를 묵인하고 협조한 일이, 당대의 쇄국정책에 위배하는 일로 책임져야 할 경우가 올지도 모른다는 위구감을 갖게 하기에 충분한 일이었다. 죽도도해가 당시의 주인선제도와도 다른 형태로 이루어지고 있었기 때문에 번주의 안위까지 걱정하지 않을 수 없었을 것이다.

그런 위구감이 관행적인 도해에 의문을 가지게 했고,[28] 관행적인 일에 신중을 기하게 했다. 안용복을 나가사키로 송환한 다음해인 1694년

26) 竹嶋江渡海初候儀様子, 先頃於江戸松平美濃守殿御尋之由ニ付, 委細村川 · 大屋江相尋候て申越候様ニと志摩より申來. 依之村川市兵衛儀修理へ申候て, 呼寄委書付差出候付, 寫候て御奉書之寫(『控帳』元禄 6年 6月 7 日).

27) 「因州伯州江付候竹島は いつの頃より両国江附属候哉 (중략) 竹島は因幡伯耆附属にては無御座候, 伯耆国米子町人大屋九右衛門, 村川市兵衛と申者渡海仕候儀松平新太郎領國之節, 以御奉書被仰出候旨承候, 其以前渡海仕候儀も有之様には及承候之共, 其段相知不申候事」(『竹嶋之書附』, 元禄八年, 二号와 三号).

11월에 오야·무라카와케가 도해에 대비하여 예년과 같이 자금대여를 신청하면서 조선인이 섬에 있을 경우에 대한 대책을 문의하자, 번의 담당자는

> 비용차용에 관한 신청이 빈번하여 이를 허가하지 않으며, 도해에 대해서는 개인의 사업과 관련되는 것이므로 관여하기 어려우니 마음대로 할 것. 조선인이 있을 경우에 어 떻게 하면 좋을지는 번청으로서는 지시할 수 없다.[29]

라고 답했다. 종전과는 달리 발을 빼는 대응이었다. 그때까지 의례적이었을 자금의 대여를 거부하고, 도해를 개인의 상매 활동으로 단정하며, 조선인과 만났을 경우에 대처할 방법은 지시할 수 없다며 거리를 두었다. 이러한 돗토리한의 인식변화는 막부가 처음의 지시와 달리 일본인의 도해를 금하는 금지령을 내리게 하는 원인이 되었을 수도 있다.[30]

결국 돗토리한은 안용복의 납치를 계기로, 죽도도해에 대한 막부의 확신이 없다는 것과 죽도가 조선의 울릉도라는 사실을 알고, 자번 내에서 관행으로 행해지는 죽도도해가 쇄국정책을 위반하는 일이었다는 것을 인식하게 된 것이다. 또 막부의 죽도에 대한 인식이 처음부터 확신이 없어 안용복의 주장하는 방향으로 기우는 상황과 정보를, 질문에 답

28) 內藤正中·金炳烈『獨島·竹島』(岩波書店, 2007), p.40.
29) 拜借之儀は度々之儀故不被仰付候. 嶋へ渡海之儀は商賣之儀ニ候へハ, 御留難被成候間, 勝手次第ニ候. 朝鮮人居申時は, 裁判之儀之差圖ハ難成申(『控帳』元祿 7年 11月 26日).
30) 李薰「조선후기 독도영속 논의」(『독도와 대마도』지성의 샘, 1996).

하는 과정을 통해 알 수 있었기 때문에, 안용복에 대한 대우를 달리한 것으로 볼 수도 있다.

(4) 죽도의 일본인

오야 · 무라카와케의 1692년(元禄 5)부터의 죽도도해를 살펴보면, 1692년부터 1696년까지는 소기의 목적을 달성하지 못한 내용이었다. 1692년 2월 11일에 요나고를 출발하여 3월 26일의 아침 진시(8시) 경에 죽도에 도착하여 27일 아침에 11척의 배로 온 53명의 조선인을 확인하고 동일 16시 경에 조선인들의 소지품을 가지고 떠나, 4월 5일 인시(4시)에 요나고로 귀환했다. 1693년에는 2월 5일에 요나고를 떠나 4월 17일의 오후 2시에 죽도 도착, 18일에 두 사람을 납치하여 4월 27일에 요나고에 귀항했다.

1692년에는 73일 만에 죽도에 이르렀음에도 조선인이 있었기 때문에 그냥 돌아와 상황을 보고하여, 어렵자금의 상환을 다음 어획물이 있을 때까지 연기 받았다.[31] 그리고 1693년에는 70일 만인 4월 17일에 죽도에 도착하여 18일에 안용복과 박어둔을 납치하여 요나고로 돌아온 것이 4월 27일이었으므로, 역시 어획물은 없었기 마련이다. 이것은 2년 연속해서 수확이 없었다는 것으로, 죽도도해를 통해 부를 축적한 오야 · 무라카와케에게는 큰 타격이었을 것이다.

31) 米子村川市兵衛竹嶋渡海ニ付, 例年鮑代内借シ貳貫目御借シ被成候處, 當年は朝鮮人嶋ニ罷在, 獵無之ニ付て戌年市兵衛渡海番迄御延被遣, 其節相談可有之事(『控帳』元禄 5年 8月 2 日).

1694년에도 도해했으나 강풍 때문에 도중에서 돌아왔고,[32] 11월에는 어렵자금을 신청하여 너무 빈번하다는 이유로 거절당했으며, 1695년에도 조선인들이 있어 상륙하지 못하고 귀로에 송도에서 약간의 전복을 잡아 돌아왔을 뿐이다.[33] 그리고 1696년 1월 28일에 일본인의 죽도도해를 금하는 금지령이 내렸다. 기록대로라면 오야 · 무라카와 양가는 1692년부터 죽도에서 아무런 소득도 얻지 못하다 도해를 금지당한 것이 된다.

그런데 1696년에 돗토리한을 방문하고 귀환하여 체포당한 안용복은 비변사에서

> 제가 큰 소리로 말하기를 「울릉도는 본래 우리 지경인데 왜인이 어찌 감히 지경을 넘어 침범하였는가. 너희들은 모두 포박하여야 하겠다」하고, 이어서 뱃머리에 나아가 큰 소리로 꾸짖었더니, 왜인이 말하기를 「우리들은 본래 송도에 사는데 우연히 고기잡이 하러 나왔으니 지금 마땅히 본소로 돌아갈 것이다」하므로 「송도는 자산도로서 그것도 우리나라 땅인데 너희들이 감히 여기에 사는가」하였습니다. 드디어 이튿날 새벽에 배를 몰아 자산도에 들어갔는데, 왜인들이 막 가마솥을 벌여놓고 물고기 기름을 달이고 있었습니다. 제가 막대기로 쳐서 깨트리고 큰 소리로 꾸짖었더니 왜인들이 거두어 배에 싣고서 돛을 올리고 돌아갔습니다.[34]

32) 米子大屋村川竹島江渡海候處, 遭難風途中より戻り申旨注進有之事(『控帳』元禄 7年 5月 9日).

33) 當年も渡海仕候處, 異國人數多見江申ニ付, 着岸不仕罷歸候節, 松島ニて鮑少々取申候. 右之段御届申上候(『竹嶋之書付』元禄 8年 3號).

34) 鬱陵島本我境 倭人何敢越境侵犯 汝等可共縛之 仍進船頭大喝 倭言 吾等本住松島 偶因爲魚採出來 今當還往本所 松島卽子山島 此亦我國也 如敢往此耶 遂於翌曉 柁舟入子山島 倭等方列釜煮魚膏 渠以杖撞破 大言叱之 倭等收取載船 擧帆回去(『肅宗實錄』22年 9月戊寅).

라고, 일본인의 죽도도해를 금하는 금지령이 내린 후, 1696년 5월 15일과 16일에 울릉도와 자산도에서 일본인을 만난 사실과 일본인을 추격한 사실을 진술했다. 이미 1월 28일에 일본인의 도해를 금했다는 사실만을 생각하면, 도해를 금한 양도에서 일본인을 만났다는 진술은 사실로 인정하기 어려울 것이다. 그래서 가와카미는

> 안용복의 공술에 대해 검토하건데, 엄청난 허언과 과장으로 가득 차있다. 그 중에서도 가장 결정적이고 또, 명백한 허언은 그가 중 뇌헌 등에게 이야기하여 울릉도에 갔더니, 동도에는 왜선 역시 많이 와 있었다라고 말한 점이다. 그러나 그 해, 즉 겐로쿠 9년에는 오야 · 무라카와케 어느 쪽도 울릉도에 도항하지 않았다.[35)]

라고 안용복이 울릉도와 자산도에서 일본인을 만났다는 진술의 허구를 입증했다. 매우 합리적인 것처럼 보이는 주장이다. 주장대로 일본인의 도해가 없었다면 안용복의 진술은 허구일 수밖에 없다. 그러나 문제는 가와카미의 주장에 있다. 가와카미는 일본인의 도해가 없었다고 말했으나 그것은 사실이 아니다. 가와카미는 일본의 기록을 근거로 조선의 기록을 부정했으나, 금지령이 내린 후에도 일본인의 도해가 있었다는 사실을 일본의 기록이 전하고 있다.

(5) 도해 금지령

막부가 일본인의 죽도도해를 금하는 금지령을 내린 것은 1월 28일이

35) 川上健三 전게주15 p.167.

틀림없으나, 그것이 현지에 전해진 것은 8월 이후였고, 조선에 알려진 것은 10월 이후였다. 도해금지령이 내린 날을 기준으로 하면, 안용복의 도해가 그 뒤에 이루어진 것이 되므로, 그것이 제대로 전달되었으면 안용복이 도해할 필요도 없었을 것이고, 가와카미의 말대로 일본인을 울릉도와 자산도에서 만나는 일도 없었을 것이다. 그러나 쓰시마한은 도해금지령의 전달을 늦추려 했다. 막부의 결정사항을 전달받는 자리에서 가을에나 구두로 조선에 전하겠다며 돗토리한이 먼저 전하는 일이 없도록 해달라는 요구까지 했었다.[36)]

돗토리한 에도 번저의 기록 『어용인일기』 1월 28일조에 도해금지령의 봉서를 받은 일이 기록되어 있어,[37)] 도해금지령의 연락을 받았다는 사실은 확인할 수 있으나, 그것이 곧 요나고에 전달되었다는 것을 의미하는 것은 아니다. 그것이 언제 오야·무라카와 양가에게 전달되었는지는 불명이나, 쓰시마한의 요구를 거절하고 돗토리한이 바로 알렸다 해도, 빨라야 2월 상순 늦으면 중순에야 전달되었을 것이다. 그럼에도 겐로쿠 9년의 죽도도해가 없었던 것으로 보는 것이 일반적이다.[38)]

원래 오야·무라카와케의 도해는 막각의 비호 하에 이루어지는 배타

36) 先頃如申上候譯官渡海之刻彌口上に而可申渡候哉之事. 松平伯耆守江以御奉書被仰付候由被仰渡候, 右如申上候譯官江申渡候樣に被思召候はは, 私方より譯官江申渡候與之遂御案內以後伯耆守江被仰付候得かしと奉存候, 若渡海被差留候段流布仕候而はは彼國にも可傳承哉與奉存候, 承候後申渡候而者如何敷奉存候故申上候(『竹島紀事』9年 1月 28日).

37) 戸田山城守殿より御聞役之內御招付て, 平馬參上之處御奉書被遊御渡右之写.(『御用人日記』元禄9年 1月 28日)

38) 何時大谷・村川の両氏に伝達せられたか不明であるが, 二月上旬か遅くとも中旬には米子に達したものであろう(田村清三朗『島根県竹島の新研究』, 1965, 島根県, p.18).

적 독점권의 행사였다. 따라서 양가의 도해가 금지되는 것은, 그때까지 도해의 기회를 상실했던 세력들과 동등한 처지가 되었다는 것으로, 이제껏 뜻을 이루지 못했던 세력이, 양가의 간섭 없이 도해할 수 있게 되었다는 것을 의미한다. 이것은 금지령이 전달되었으면 밀항형태의 도해가 이루어졌고, 전달되지 않았으면 예정대로 도해가 이루어졌을 가능성을 시사한다. 그러한 상황의 가능성을 배제하고 금지령만을 근거로 해서 도해가 없었던 것으로 단정할 수는 없는 일이다.

도해 금지령이 제대로 전달되었다 해도 그것이 요나고에 도착하는 것은 2월 초순이나 중순이다. 요나고의 출어가 1692년은 2월 11일이었고, 1693년은 2월 5일이었으므로, 출어 전일 수도 후일 수도 있는 일이다. 에도 번저에 보내는 빠른 비각이 1주일 걸리는 것을 보면, 1월 28일의 금지령은 빨라도 2월 초에나 도착하여, 이미 출어 후에 도착했을 가능성도 있다. 쓰시마한의 요청도 있는 상황에서 돗토리한이 그렇게 서둘러 전할 이유도 없었다. 따라서 2월초에 이루어지는 1696년의 출어는 예정대로 이루어진 것으로 보아야 한다.

5월에 도해금지령이 전달되었는가를 확인하는 기록이 있으므로 쓰시마한의 요구대로 금지령이 늦게 전달되었을 가능성이 많다. 현지에 금지령이 전달되었다는 것을 확인할 수 있는 것은 8월 1일의 기록이다. 돗토리번주가 에도에서 귀국한 후, 8월 1일에 요나고의 가로 아라오슈리에게 봉서의 사본을 전달했다.[39)]

죽도는 쓰시마한이 일찍부터 관심을 가졌던 곳이다. 태조가 1403년에 울릉도민을 육지로 이주시키자 쓰시마 도주 소사다시게(宗貞茂)는 토산물과 포로를 바치며 쓰시마도민들의 이주를 요청했다 거절당한 일이 있다. 1614년에는 배 3척을 보내 이소타케시마(礒竹島)를 조사한다며 그 섬의 위치를 물었다. 그것은 울릉도를 「의죽도」로 불러 일본령이라는 것을 조선 측에게 인정하게 하려는 술책이었는데,[40] 『광해군일기』에 자세한 기록이 있다.

울릉도의 이주를 원하는 쓰시마한에 이치를 설명했음에도 뜻을 접지 않고 서계를 보내고 있었다. 그러자 비변사가 일본의 저의를 알고 경계할 것과 이치로 꾸짖어야 한다는 의견서를 제출했다.[41] 교섭에 임했던 윤수겸(尹守謙)은 서계 중의 의죽도가 울릉도라는 것을 알고 크게 놀라, 일본이 왕래할 수 있는 통로는 쓰시마한이고, 그 외의 통로로 오는 것은 해적으로 간주한다며, 현재는 황폐되었으나 타인이 점거할 이유가 없다는 것을 분명히 했다.[42]

쓰시마한은 울릉도가 조선령이지만 공도였으므로 의죽도라는 명칭으로 호칭하며 일본령이라는 입장에서 교섭을 벌여 영유화를 획책한 것이다.[43] 조선이 해금정책을 펴는 사이에 요나고의 어민들이 도해하기는 하지만 쓰시마한이 집념에 가까운 뜻을 접을 만큼 감시가 철저한

39) 『控帳』元祿九年八月一日

40) 倭船三隻, 称以探問礒竹島, 持路引出来, 問島何在, 則在我慶尚江原両間, 似是蔚陵(『東萊府接倭目抄』6월).

41) 備辺司啓曰, 鬱陵島禁止倭奴来去之意, 前日, 禮曹書啓中, 已為拠理回諭矣, 今者, 島倭, 猶欲来居鬱陵島, 又送書契, 殊為可駭, (중략) 明有典故, 将此事節, 具載於回答書契之中, 拠義坊責, 以社奸猾之計, 似為便益(『光海君日記』 6년 9월 2일).

42) 書中有看審礒竹島之説, 深窃驚訝 (중략) 我国所謂鬱陵島者也, 載在輿図, 属於我国, 今雖荒廢, 豈可容他人之冒占啓鬧釁耶 (중략) 而或有往来之事, 惟以貴島為一路門戸, 此外別便以海賊論断(『光海君日記』光海君 6년 9월 24일).

것도 아니었으므로 도해하고 있었을 수 있다. 그것을 확인해주는 기록이 있다.

쓰시마한은 안용복을 조선에 송환하며 조선인의 도해금지를 요구하라는 명을 받자, 가로 스기무라우네메(杉村采女)는 「부룬세미」와 울릉도와 의죽도의 관계와 조선인들이 작년(1692)부터 도해하기 시작했는가 등을 왜관의 조선어통사 나카야마 카베에(中山加兵衛)에게 6월 5일부로 조회했다. 그러자 나카야마는 6월 13일부의 답서로, 울릉도는 「우루친토우」라 하고 「부룬세미」는 「우루친토우」의 북동쪽으로 희미하게 보이는 섬이라는 내용의 답을 했다.[44]

쓰시마한은 자세한 답을 요구하며 「장군에게도 설명해드려야 하는 질문이니 잘 숙지하고 조선인들에게 비밀리에 알아본 후 문서를 조속히 보내주십시오. 확실한 이야기가 아니더라도 아시는 바대로 상세하게 써서 보내주십시오」라고 비밀사항임을 강조했다. 그러자 나카야마는 질문에 답하며 정보수집을 위한 활동을 다음과 같이 설명했다.

> 당년에도 그 섬에 벌이를 위해 부산포에서 상매선 3척이 간다는 소리를 듣고 한비챠구라는 부산의 조선인을 참가시켜 섬에 관한 여러 가지를 자세히 조사하고 해로도 주의 깊게 살필 것을 명했습니다. 배에 실려서 보낸 자들이 돌아오는 대로 자세한 것은 바로 보고하겠습니다. 우선 들은 대로 별지에 기록하여 올립니다.[45]

43) 内藤正中저, 權五曄 · 權靜역 『독도와 죽도』(제이앤씨. 2005년), p.54.
44) ブルンセミ之儀嶋違ニ而御座候, 具承屆候處, ウルチントウト申嶋ニ而御座候, ブルンセミ之儀者ウルチントウより北東ニ當かすかに相見申由承候事(『竹島紀事』元祿 6年 5月 13日).

조선인의 도해금지를 요구하기 위한 준비상황을 알 수 있는 내용이다. 왜관은 조선인에게 비밀로 구하라는 정보를 조선인을 통해 구하는 열성을 보이고 있었다는 것을 알 수 있는 답서다. 쓰시마한의 요구에 충실하기 위해 일단 구할 수 있는 정보를 구해서 보내고, 자세한 정보의 수집을 위해 울릉도에 조선인을 보내고, 그가 돌아오면 다시 보고하겠다는 것인데, 문제는 「당년」에도 부산포에서 3척의 상매선이 울릉도로 갔다는 것이다. 「당년」에도 3척의 배가 갔다는 것은 이전에도 배들이 다니고 있었다는 것으로, 요나고 어민들의 독점과는 상관없이 별도의 도해활동을 하고 있었다는 것을 의미한다.

부산에서 출발하는 배의 소속을 확인할 수는 없으나, 쓰시마한의 연락을 받고, 조선인을 태워 보냈다는 것을 보면, 왜관의 영향이 미치는 배라는 것과 왜관이 비밀리 수행하는 정보활동에 관여된 자의 승선을 부탁할 수 있는 배라는 것 등을 알 수 있다. 그것은 곧 쓰시마한의 의사를 반영하는 배가 요나고의 독점적 도해와는 별도로 도해하고 있었다는 것을 의미한다.

말하자면 쓰시마한은 이전부터 열망하던 죽도 이주의 집념을 다른 형태로 실현하고 있었던 것이다. 그러다 안용복의 송환이 오랜 집념을 실현할 수 있는 기회라고 생각하고, 막부가 요구하는 어렵권의 요구를 영토분쟁으로 발전시킨 것이다.

45) 当年も彼嶋江為拵釜山浦より商売船三艘罷越候由承届候付ハンビチャク与申釜山之唐人相加嶋之様子諸事具見届海路ニ至迄入念候様ニ申付態右之者共ニ相加差越候歸着次第具承追而可申上候先荒增承候通別紙書付差上候(『竹島紀事』元祿 六年 五月十三日).

왜관이 조선인을 울릉도에 파견한 것이 6월 5일부의 쓰시마한의 연락을 받은 후이고, 안용복이 돗토리한에 있을 때였다는 것은 안용복 일행과는 별도로 도해활동이 이루어지고 있었다는 것으로, 부산에서도 많은 배들이 도해하고 있었음을 알 수 있다.

3) 에도행의 기록

(1) 조선의 기록

안용복이 받았다고 진술한 서계에 대한 기록은 에도에서 받았다는 것과 돗토리에서 받았다는 것으로 갈라지나 그것은 서계의 존재를 전제로 한다. 일본의 기록으로는 『발서공』과 『백기지』 등이 서계가 존재했을 가능성을 시사하고 있다.

그에 비해 조선의 기록은 서계의 존재를 분명히 한다. 『숙종실록』이 안용복의 진술을 근거로 하는 것에 비해 『강계고』, 『증보문헌비고』, 『만기요람』 등은 후세의 기록으로 서계의 존재를 전하고 있으나 수령의 장소는 달리 한다.

『강계고』, 『증보문헌비고』, 『만기요람』은 모두 유사한 내용으로 「태수가 드디어 관백에게 품신하여 서계를 만들어 주면서 울릉도는 일본계가 아니다」라고 하였으며,[46] 『성호사설』과 『오주연문장전산고』는 「도주가 이를 승낙하고 에도 막부에 품하여 계권(契券)을 작성하여 주며 돌아가게 했다」라고 기록하여,[47] 안용복이 에도에 가지 않고 돗토리한을 통해 받은 것으로 하고 있다. 안용복이 쓰시마에서 탈취당했다는 서계가[48] 그 기록들이 말하는 서계라면, 서계는 에도가 아닌 돗토리에

서 받은 것이 된다. 그러나 안용복은 비변사에서

> 전날에 양도의 일로 서계를 받아내었음은 명백한 일인데 쓰시마도주는 서계를 탈취하고 중간에 위조하여 여러 번 차왜를 보내서 불법으로 침범하니 내가 장차 관백에게 상소하여 죄상을 낱낱이 진술하겠다고 말했습니다. 호키도주가 이를 허락했습니다.[49]

라고, 자신이 호키의 태수와 대좌하고 나눈 대화의 내용을 들어, 관백의 서계를 받은 사실을 진술했다. 이곳에는 장소에 대한 설명이 없으나, 조선이 쓰시마한에 보낸 답서에 「우리나라 사람들을 구집하여 에도에 전도했습니다」라는 내용이 있어,[50] 에도에서 받은 것이 된다. 만일 안용복이 대화의 상대인 돗토리번주를 통해 받았다면, 쓰시마한의 비리를 설명하는 것으로 소송의 목적을 달성한 셈이다. 그러나 안용복이 돗토리한에게 설명하는 것은 관백에게 상소하는 허가를 받는 과정이었지 소송 그 자체는 아니었다. 그처럼 안용복의 소송에 태수의 허가가 필요했다는 것은 탈취당한 서계가 돗토리한이 주선해서 받은 것이 아니라 관백한테 직접 받았다는 것을 의미한다.

서계를 받은 것을 의미하는 「수출(受出)」은 「받아냈다」는 것으로, 그

46) 太守遂稟關白 作書契授之言 鬱陵非日本界(『疆界考』, 『增補文献備考』, 『万機要覽』).
47) 島主許之 稟于江戸 成契卷與之遂遣(『星湖僿說』鬱陵島條, 『五洲衍文長箋散稿』卷35, 鬱陵島事實辨證說).
48) 推問安龍福 以爲伯耆州所給銀貨及文書 馬島人劫奪(『肅宗實錄』 22年 10月 23日).
49) 前日以兩島事 受出書契 不啻明白 而對馬島主 奪取書契 中間僞造 數遣差倭 非法橫侵 吾將上疏關白 歷陳罪狀 島主許之(『肅宗實錄』22年 9月 25日).
50) 反拘執我人 轉到江戶(『肅宗實錄』20年 8月 14日).

것을 준 상대가 현재 대담을 하는 상대(太守)가 아니라 태수를 중개로 해서 소송할 수 있는 대상, 즉 태수의 허가를 받아야 상소할 수 있는 대상임을 의미하여, 서계를 받은 대상이 관백이었다는 것을 알 수 있다. 그래서 안용복은 태수를 상대로 하여 「내가 장차 관백에게 상소하여 죄상을 낱낱이 진술하겠다는 의사를 밝힌 것이다. 즉 안용복은 태수와 대좌하여 관백에게 상소할 의사를 밝히며 협조를 부탁하는 것이지 태수에게 상소하는 것이 아니었다. 태수는 그것을 허가했을 뿐이다. 이 경우 안용복과 대좌한 상대는 태수로 한정할 필요가 없다. 태수가 에도에 체재한 동안에 태수를 대리하는 가신 중 누구라도 상관없는 일이다.

안용복의 에도행을 거론한 남구만은 죽도가 울릉도임을 공식적으로 선언하며 쓰시마한에 원칙적으로 대처했으나, 안용복의 진술을 처음부터 맹신하지는 않았다. 다시 도해하여 상소한 것을 보고 신뢰하기 시작한 것으로 보아야 한다.[51] 납치된 안용복은 일종의 피해자였다. 해금법을 위배한 죄로 일정한 형기를 치루었으나 상황이 변한 것은 없어 다시 도해하면 처벌받게 된다. 그럼에도 도해하여 쓰시마한의 비리를 소송했기 때문에 신뢰받기 시작한 것이다.

1693년 12월 10일에 송환된 안용복은 쓰시만한의 비리 등을 호소하려 했으나 그 뜻이 이루어진 것은 접위관 홍중하(洪重夏)를 대신해서 교체된 유집일(兪集一)이 동래에 온 1694년 8월 3일 이후였다. 그동안 안용복은 묵살당하고 있었다. 안용복을 심문한 유집일도 진술 내용의

51) 今見龍福 再往伯耆州呈文 則前言似是實狀(『肅宗實錄』22年 10月 13日).

모순을 들며 안용복의 처벌을 건의했다. 쓰시마한이 조선에서 2천금을 받고 송환하기로 했다고 진술한 내용이 사실과 다르고, 죽도를 영지로 여기는 일본이 안용복의 주장을 인정할 리 없으며, 일본의 문서에 그런 내용이 없다는 것 등을 근거로 처벌을 요구했다.[52] 조선이 안용복의 진술에 얼마나 신중했는가를 엿볼 수 있는 내용의 기록이다.

조선인의 죽도도해 금지를 요구하는 쓰시마한의 요구를 받고, 「조선의 울릉도에 들어가는 것도 금하는데, 어찌 일본의 죽도에 들어가는 것을 묵인하겠는가, 율법에 따라 치죄하겠다」라고 답하는 것으로 안용복의 납치사건을 무마하려 했던 조선의 자세가 바뀌는 것은 정책 담당자들이 민암(閔黯) 목래선(睦來善)에서 남구만(南九万) 윤지완(尹趾完)으로 바뀌면서부터였다.

조선은 갑술옥사(甲戌獄事)를 계기로 정권의 주체가 교체되었다. 숙종의 폐비 민씨 복위운동을 둘러싸고 소론이 남인을 몰락시키자, 숙종은 남인을 배척하고 남구만을 영의정, 윤지완을 우의정에 기용하는 것을 계기로 울릉도 정책이 크게 변한다. 남구만은 접위관 유집일에게 2월에 건넨 답서의 반환을 요구하게 했고, 쓰시마한의 사자가 8월 25일에 답서를 반환하자,[53] 9월 10일에 새로운 답서를 주었다. 울릉도는 조선령이고 죽도는 일본령이라는 지난번의 답서와는 달리, 죽도는 곧 울

52) 以爲馬島人僞稱以二千金贖渠 出送本國爲辭而欲徵其銀於本國 前後之言 大相違盭 且馬島人元無以贖銀來徵集之事 (中略) 竹島卽伯耆州食邑 必不以龍福一言 快稱朝鮮之地 而龍福呈文中屢稱鬱陵之爲本國地 而倭人問答及出送龍福文書 一不擧論 此等事情 極涉可疑(『肅宗實錄』肅宗 22年 10月 23日).

릉도로 조선의 영토이므로 조선인의 금지를 요구하는 것은 성신에 어긋나는 일이니, 일본인의 출입을 금해야 한다는 내용이었다.

그 답서에서 안용복의 진술에 신중했던 남구만이, 일본이 조선의 울릉도에서 조선인을 납치하여 에도로 끌고 간 범죄와 일본이 잘 판단하여 송환시킨 것을 같이 언급하며, 이후 일본인의 출입의 금지를 요구한 것이다. 이 답서를 받은 다다는 「망국의 때가 도래했다고 생각」할 정도로 충격을 받았다. 그러자 쓰시마한은 핑계를 대서라도 내용을 정정할 것을 명했고, 다다는 9개월간이나 농성하며 정정을 요구했으나 조선이 응하지 않자, 임진왜란과 같은 전쟁의 재발을 운운하다 5월 15일에는 힐문 4개조를 동래부에 제출했다.

첫째, 조선 측이 수시로 울릉도에 수토관을 파견했다 하나, 일본어민이 81년간 그곳에서 만난 일이 없어 의심스럽다. 둘째, 회답서에 일본어민이 범월했다 했는데, 그것이 범월이라면 과거에 세 번이나 표류한 일본어민을 돌려보내며 그 죄를 묻지 않은 것이 의문이다. 셋째, 조선의 회답서에 울릉도와 죽도는 1도 2명으로 일본이 말하는 죽도가 조선의 울릉도라 했는데, 그렇다면 어째서 처음에는 일본의 죽도와 조선의 울릉도라 했는가. 넷째, 82년 전에는 쓰시마가 의죽도를 조사하겠다고 말했더니 분쟁의 단서를 제공할 수 있다며 거절하고, 78년 전에 울릉도에서 표류한 어민들을 세 차례나 돌려주며 그 죄를 벌하지 않았는가라

53) 甲戌元緑七年八月廿五日與左衛門一行封進宴席設行在之, 去年與左衛門請取歸候返簡差返之(중략) 相済而朴同知 · 朴僉知, 都船主宅ニ入來候付, 館主 · 裁判幷阿比留惣兵衛を以當春請取候, 參判 · 參議東萊 · 釜山之返簡兩判事江相渡(『竹島紀事』元祿 7年 8月 25日).

는 내용이었다.[54)]

이는 조선의 답서를 철저히 분석하고 모순으로 생각되는 점을 지적한 질문으로, 조선의 인도적 대우까지 들며 답서의 모순을 증명하려 했다. 그런 다다가 안용복의 에도행은 언급하지 않았다. 그것이 사실이 아니었다면 더없이 좋은 호재였음에도 언급하지 않았다는 것은 안용복의 에도행을 인정했다는 것을 의미한다. 쓰시마한은 1693년 7월 1일부터 12월 10일까지 안용복의 신병을 확보하고 있었기 때문에, 그의 일본에서의 행적은 물론 그가 주장한 내용도 숙지하고 있었다. 그러면서도 안용복의 에도행을 힐문에 포함하지 않은 것은, 그것을 사실로 받아들인 것으로 보아야 한다.

(2) 일본의 기록

안용복의 에도행은 일본의 기록에도 있다. 그것도 안용복을 납치한 오야케의 기록 『발서공』이 전하고 있어 부정할 이유가 없다. 일본이 죽도에 대한 역사적 정통성을 이야기할 기회가 있을 때마다 근거로 드는 『발서공』은

> 돗토리에서 심문한 후에, 당인을 에도에 인도하게 되었다. 즉시 에도에서 조사하고, 조사가 끝나자, 순차적으로 물건을 주어, 귀국하게 되었다.[55)]

54) 我民未曾奏與貴國公差相遇于彼島之事 (中略) 則曾前三度書中何不言犯越侵涉之意乎 (中略) 則初度答書何言貴界竹島弊境鬱陵島乎 (中略) 八十二年前書七十八年前書辭意不相合令不可不請問之(『肅宗實錄』肅宗 21년 乙亥 6月 庚戌).

라고 돗토리에서 에도로 보내 그곳에서 조사했다는 사실과 조사를 마치자 일정한 물품을 주어 송환시켰다는 내용을 전하고 있다. 보통이라면 이것을 근거로 안용복의 에도행은 사실로 인정되었기 마련이다. 그런데 안용복의 행적을 이야기하는 경우에, 이 기록이 중시되는 일은 거의 없었다. 묵살하는 방법으로 부정하고 있었던 것이다.

안용복을 나가사키에서 쓰시마로 송치하는 8월 14일의 기록에는 그가 다른 표류민과 다르다는 기록이 있다. 나가사키 봉행소는 쓰시마의 하마다에게 말하기를, 보통의 조선해민이 나가사키에 머물면 장군이 재화를 내리는데 이번의 조선인에게는 재화를 내리지 않았다는 내용이다.[56] 표류민이 귀환할 때 장군이 재화를 주는 것은 조선왕이 표류한 일본인에게 재화를 주는 것과 대응하여, 그것이 당대의 의례였다는 것을 알 수 있다. 그 통상적인 의례에서 안용복 일행을 제외시켰다는 것은, 안용복이 진술한 대로 이미 에도에서 서계를 포함하는 물품을 받은 것으로 보아야 한다. 또 그것이 『발서공』이 전하는 「순차적으로 물건을 내려주고 귀국하게 되었다」와 조응하는 조치다.

다양한 기록을 집대성하여 죽도문제를 언급하는 가와가미는 1956년에 오야케의 후손 오야후미코를 찾아가 가전의 고문서를 빌려간 일이 있고, 『오야케고문서』가 출간될 때는 외무성 참사의 자격으로 서문을

55) 則鳥府表御吟味之上 唐人江府江御引渡 則江戸表御穿鑿相済順々御贈帰ト成ル『拔書控』本文 17).

56) 濱田院兵衛江御奉行所より被仰渡候は平生之朝鮮濱人江者長崎逗留中公儀より御賄被仰付候得とも今度竹島江罷越候朝鮮人者御賄不被仰付候との儀被仰渡候(『竹島紀事』元祿 6年 8月 14日).

써줄 정도로 오야케와 친밀하고 문서에도 정통했다. 그래서 독도가 일본의 죽도라고 주장할 때는 그 기록을 즐겨 인용한다. 그 가와카미도 안용복의 에도행을 기록한 부분에는 언급하지 않았다. 보지 못했다면 능력의 문제이고, 보고도 거론하지 않았다면 자료의 독점이다. 오야후미코가 그 사실을 다음처럼 소개했다.

> 1955(昭和 30)년 1월 12일에. 외무성 사무관 가와카미 켄조(川上健三)와 이리에(入江)씨가 오셔서, 즉시 고문서를 펴고 조사에 들어가셨다. 가와카미 사무관은 다음날도 오셔서 참고자료로 하기 위해 잠시 빌리고 싶다고 말씀하시고, 43통을 갖고 돌아가셨다. 개략을 쓴 부전이 붙어 있어 조사하기 쉬웠다는 서간을 받기도 했다. 이 고문서는 8개월 후에 정중한 서장과 같이 돌아 왔다. 한국 측이 당국의 움직임에 신경을 곤두세우고 있으므로, 이번 조사에 대해서는 말하지(他言) 말라는 주의가 있었다.[57]

문서를 8개월간이나 빌려간 사실을 비밀로 해줄 것을 부탁했다는 내용인데, 특이한 것은 한국 측에 비밀에 붙이려 했다는 점이다. 8개월간이나 빌렸다는 것은 그동안에 여러 사람이 면밀하게 검토하여 내용을 잘 파악했다는 것으로, 그것을 근거로 죽도의 역사지리학적 영유권을 주장하는 이상, 한국과 공유하는 방법을 강구했어야 했다.

안용복의 에도행은 『백기지』나 『죽도기사』등에도 나타나 있어 그것이 당대에 비교적 잘 알려진 사실이었다는 것을 알 수 있다. 『백기지』에는,

57) 大谷文子 『大谷家古文書』(非賣品, 1984), p.25.

> 명년에 명을 받아 무기를 싣고 이르렀다. 조선인이 그 섬의 오사카우라(大坂浦)에 숨었다. 남은 두 사람이 있었다. 즉시 그들을 잡아 귀범하여 관에 고소했다. 명이 있어 후지베에가 2인을 데리고 본부에 갔다. 번사 카노씨, 오제키씨가 수호하여, 이국인을 에도에 불러 들였다가 본토로 보냈다. 그 후 그 나라에서 죽도는 조선의 땅이라는 말을 끊임없이 말하기에 이르렀다. 관은 상의하여 일본 관내라는 지증문을 바치면, 이후 조선에 맡기겠다는 명이 있었고, 한국이 이를 바쳤다. 그래서 도해를 시작하여 78년에 금제되었다.[58]

라는 내용의 기술이 있다. 무기를 소지하고 도해한 죽도에서 안용복을 납치했다는 것은, 처음부터 의도한 납치였다는 것으로, 더 이상 조선인의 도해를 방치하면 이후의 어렵이 어렵다고 말한 대로 죽도에서의 독점권을 유지하기 위한 행위였다.

그런데 여기서 말하는 지증문은 죽도가 일본의 관내라는 것을 인증하면 조선에 맡긴다는 의미로 자체모순을 이루고 있다. 이 지증문의 내용은 『발서공』에도 있으나 모순적이라는 점에서는 마찬가지다. 오야케는 죽도도해 금지령의 과정을 설명하며

> 그러나 금지의 시초는 지난번에 연행한 조선인에 의한 것입니다. 그들에게 물건을 주어 귀국시켰으나, 그 이후 조선국에서 죽도는 조선의 토

58) 明年命を得て武器を載せて至る, 朝鮮人彼島の大坂浦に遁る, 殘る者二人なり, 即これを捕らへ帰帆して又官に訴ふ, 命有て藤兵衛異人を具して, 本府に至る, 番士加納氏尾関氏守護たり, 異人江戸に召されて本土に送らる. 後彼国より竹島は朝鮮の地たるよし頻に言上に及ぶ, 官議して日本管内たるべき旨証文を上らば, 以後朝鮮に預け給ふ可きの命あり, 韓国之を奉ず, 因て当家渡海の七十八年にして禁制せらる.(『伯耆志』)

> 지임에 틀림없다는 통달이 오게 되었습니다. 거듭해서 간망하고 점차 간절하게 되었습니다. 조선국왕이 죽도가 왕고부터 일본이 지배하는 섬이었는다는 것이 틀림없다는 지증문을 보내 장군이 받으셨습니다. 그리고 나서, 조선국에 섬을 맡기신 것입니다. 그리고 우리들에게 죽도도해의 금지를 명하신 것입니다.[59]

라고 조선왕이 죽도가 일본령임을 인정하는 지증문을 보냈기 때문에 장군이 죽도를 조선령으로 인정하고 조선에 맡겼다는, 죽도도해가 금지된 과정을 설명하고 있다. 죽도에 대한 일본의 기득권을 조선이 인정하면, 일본이 지배하는 것이 당연한 일인데 그것을 조선에 맡겼다는 것은 납득하기 어려운 설명이다.

그것은 조선이 처음에 울릉도는 조선령(弊邦境之鬱陵島) 죽도는 일본령(貴界竹島)이라는 내용의 답서를 준 것이나, 죽도도해 금지령이 내린 것을 쓰시마한이 성신의 도리를 다한 것으로 믿고 감사의 답서를 보낸 사실의 변형된 표현일 지도 모른다. 그러나 여기서 중요한 것은 사건의 발단을 의미하는 「남상(濫觴)」의 계기를 이루었다는 「증귀(贈帰)」라는 표현이다. 오야케는 도해가 금지되게 된 시초(濫觴)를 안용복에게 무엇인가를 주어 귀국시킨 것(贈帰)에서 찾고 있었다.

이는 안용복이 물건을 받고 돌아간(贈帰) 후, 조선이 죽도가 조선령임

59) 従伯耆守様右御奉書ヲ以 竹島渡海御制禁被仰 無是非御請申上候 右濫觴先達連帰唐人贈帰以後朝鮮國より竹島儀唐土地ニ相違無之由 通達有之 頻ニ懇望漸嚀ニ成り朝鮮國王ヨリ竹島之儀従往古日本御支配相違無之旨 則御証文御取附被遊 其上ニ而朝鮮國江御預相成故 私共竹島渡海御制禁 被爲仰出候事(『拔書控』본문18).

을 주장하게 되었다는 것으로, 조선이 처음에는 죽도가 일본령이라는 편법을 쓰다가, 안용복이 제공한 정보를 근거로 죽도가 조선의 울릉도라는 사실을 명기한 답서를 보낸 것과 잘 부합하는 표현이다. 조선은 이 답서에서 안용복의 에도행을 이야기하여, 안용복이 진술한 관백의 서계가, 이곳의 무엇을 주어 귀국시켰다는 「증귀」의 「증」의 내용물에 포함된 것으로 볼 수 있다.

안용복의 에도행은 쓰시마한도 잘 인지하고 있었다. 안용복의 신병을 7월 1일부터 12월 10일까지 확보하고 심문했기 때문에 그의 일본에서의 행적을 숙지하고 있었기 마련이다. 그 쓰시마한의 사자 다다가 조선의 답서를 반론한 힐문 4개조에서 답서에 언급된 에도행을 반박하지 않았다. 다다의 힐문이 1695(元禄8)년 5월 15일에 동래부에 제출되었는데, 이미 쓰시마한은 1694년 7월에 조선의 답서가 언급한 에도행의 사실 여부를 논하고 있었다. 답서가 언급한 에도행을 쓰시마한은

> 인질 두 사람이 에도에는 가지 않았는데도 서면에 이렇게 기록한 것은, 두 사람 모두 나가사키를 에도로 착각하고 조선에 돌아가 에도에서 보내진 것으로 말했기 때문이다.[60)]

라고 두 사람이 말하는 에도는 나가사키를 착각한 것으로 해석했는데, 안용복에게 나가사키는 에도로 착각할 만한 곳이 아니다. 나가사키에

60) 旦, 質人兩人江戸へ者不罷越候得とも書面ニ如此書載在之候ハ, 兩人之者とも長崎を江戸と存違, 朝鮮江罷歸江戸より被送越候旨申たる故ニ候(『竹島紀事』원록 7年 9月 12日).

서부터 냉대가 시작되었고, 그곳에서 소지품을 빼앗기기 시작했기 때문에 서계를 받은 에도와 착각할 수가 없다. 쓰시마번사 히라다시게자에몬(平田茂左衛門)도

> 우리들은 죽도에서 붙잡혀서 즉시 에도에 끌려갔는데, 에도의 취조에서는, 죽도는 조선의 땅인데, 그 나라 사람들을 납치하는 것은 불법이므로, 우리들을 붙잡아 온 자의 참죄를 명하였다. 우리들은 에도에서 이외의 대접을 명받았는데, 나가사키에서 쓰시마역인이 인도받아 죄인처럼 취급했다고 진술했는데 장군도 사실로 받아들였다 한다.[61]

라고 같은 내용을 이야기했다. 에도에서는 안용복의 진술을 듣고, 조선인을 납치한 자들을 처벌하고 안용복을 후대했는데, 나가사키의 쓰시마한은 죄인취급을 했다는 안용복의 주장을 소개한 것이다. 단순한 안용복의 진술을 소개한 것으로 볼 수도 있으나, 안용복의 에도행이 쓰시마한에서 회자되고 있었다는 사실을 전하는 기록이다.

당시 쓰시마한에는 죽도의 침탈을 기도하는 세력과 그것을 부당하다고 여기는 세력이 공존해 있었다. 스야마 쇼에몬(陶山庄右衛門) 같은 자는 지도나 서적을 보면 죽도가 조선령이라는 것은 명백한 사실이라며, 조선의 답서에 있는 「귀도죽도」라는 기록을 근거로 죽도를 일본령

61) 我々儀竹島ニ而召捕候而, 即江戸江へ連越候處, 江戸ニ而之吟味ニ者, 竹島之儀朝鮮之地ニ而候を, 彼国之者召捕參候儀不調法之由ニ而, 右我々召捕候者者早速斬罪ニ被仰付候, 我々儀者お江戸殊外馳走被仰付, 長崎江被送届候, 於長崎対馬役人方江請取, 段々与召捕人之様ニ仕候而朝鮮の公儀に茂歌実ニ受候而之仕方与伝承り候(『竹島紀事』元祿 8年 7月 25日). (田川孝三『竹島領有に関する歴史的考察』東洋文庫書報第200號』, 1989, p.26).

으로 확보하려는 태도를 비판했다. 타국의 섬을 무리하게 취하여 일본 장군에게 바치려고 하는 것은 불의라고 말할 수는 있어도 충공이라고는 말할 수 없는 것이라 했다.[62]

이에 비해 히라다시게자에몬(平田茂左衛門)은 죽도가 일본의 속도라고 볼 수 있는 증거를 가지고 있다며 서계의 개정을 요구했고,[63] 로로쿠로에몬(滝六郎右衛門)은 죽도를 일본령으로 하는 교섭을 진행해야 한다는 주장을 하다 일본인의 도해가 금지되자, 일본이 죽도를 조선에 반환하는 것은 참으로 분한 일이라고 분개했다.[64] 이런 자들이 에도행을 언급했다는 것은 그것의 사실 여부를 따지는 기회도 있었을 가능성을 시사한다. 그런데도 조선을 비난하는 힐문에 안용복의 에도행을 포함시키지 않았다는 것은, 그것을 사실로 받아들였다는 것을 의미한다.

결국 납치당한 안용복은 물론, 그를 납치한 오야케와 송환을 책임졌던 쓰시마한 모두가 안용복의 에도행을 언급했던 것이 되어, 안용복이 에도에서 관백의 서계를 받았다는 진술은 사실로 보아야 한다.

62) 地図書籍之考言語辯論之勞無く相知申たる事御座候 (中略), 日本之公儀に他邦之島を無理に取りて被差上たるにて候故不義とは申候(「竹島文談」『日本經濟叢書』巻１３, 日本經濟叢書刊行會, 大正4年), p.431.

63) 竹島之儀日本之属島と在る証拠私手前にも有之候故右之通翰差返急度相改候様申劵候(『竹島紀事』元祿 8年 6月).

64) 六郎右衛門殿は竹島今度日本之島に極申候様成行被遊方可有之事に候, 公事者日本十分之御勝公事と申候を度々某にも被申(「竹島文談」『日本經濟叢書』巻13, 日本經濟叢書刊行會, 大正4年), p.429.

3. 에도행의 시기

1) 에도행의 노정

안용복의 에도행은 여러 면에서 검토될 수 있다. 당시의 교통편이나 행로에 따라 걸리는 일수의 차가 있을 수 있다. 또 일행의 성격이나 인원수, 또 사안에 따라 달라질 수도 있다. 그런 면에서 왕복에 필요한 일수의 계산은 중요하다. 그러나 그런 조건이나 상황에 따라서 에도행이 결정되는 것은 아니다. 안용복의 진술에 근거하는 조선의 기록은 물론, 그를 납치했던 오야케의 기록, 안용복을 송환한 쓰시마한의 기록이 에도행을 언급하고 있는 이상, 그것을 사실로 전제로 할 때, 일정의 계산도 의미가 있는 것이다.

안용복의 일본 체재에는 그 행적을 확인할 수 없는 기간도 있다. 1693년 4월 18일에 납치되어 4월 27일부터 오야케에 감금될 때부터 돗토리 성하에 도착하는 6월 1일까지의 기간과 돗토리를 떠나 나가사키에 이르기까지의 23일간(6월 7일~30일)이 분명하지 않다. 자진 도해했을 때도 1696년 6월 말부터 귀국하는 8월 6일까지의 약 50일간의 기록이 분명하지 않다.

돗토리에서 에도에 연락할 경우 7일의 비각이 사용되는 일이 있으므로, 20일이면 왕복이 가능하다. 따라서 납치당했을 때는 적어도 두 번, 자진해서 도해했을 때도 역시 한 번 이상의 가능성이 있었다. 그러나 문제가 되는 것은 납치당했을 때의 에도행이기 때문에, 후자의 경우는 제외한다. 돗토리에서 에도로 가는 행로는 여러 방법이 있을 수 있으나, 안용복을 요나고에서 돗토리까지 경호한 일행 중에는 울릉도에서 안용복을 납치한 선장 구로베에(黑兵衛)가 있는 것으로 보아 배를 이용한 여로도 생각할 수 있다. 돗토리에서 나가사키로 송환했다는 것이 일반적인 인식이다. 그러나 돗토리에서 에도를 거쳐 나가사키로 가는 여로도 생각할 수 있다. 그 여정을 다음과 같이 추정할 수도 있다.

> 돗토리 가로에서 출발한다면 노토(能登)의 와지마(輪島)까지 해상을 택했을 것이고, 순풍이면 1일에 갈 수 있다. 그리고 노토에서 에치고(越後)의 이마초나타(今町湊 : 直江津)에 1일이면 갈 수 있다. 나오에쓰에서 육로로 북국 가도(善光寺道)를 걸어 신슈(信州)를 지나 나카산도(中山道)의 오이와케야도(追分宿)까지는 약 35리다. 그곳에서 우스이도우게(碓氷峠) 고개를 넘어 관동으로 간다. 다카사키(高崎), 후카야(深谷), 구마가야(熊谷), 오케가와(桶川), 오미야(大宮), 와라비(蕨), 이타바시(板橋)를 지나면, 오이와케야도(追分宿)에서 에도까지의 거리는 36리. 건강한 남자 하루의 행정이 대개 10리이므로, 나오에쓰에서 에도까지의 육로가 약 7일의 행정임을 감안할 때 이곳까지 9일간이면 된다. 에도에서 2일 정도 조사하고 나가사키로 보낼 경우, 원래 온 길로 되돌아가면 나오에스까지 7일, 그곳에서 기다리고 있는 오야선을 타고 와지마까지 순풍을 만나면 하루에 갈 수 있다. 와지마에서 오키노리(沖乘) 항법으로 가면 오키까지 하루, 그곳에서 마쓰우라(松浦)반도까지가 2일, 그곳에서 나가사키까지가 1일로 모두 23일 걸린다.

안용복이 이 행로를 통해 그 기간에 에도에 갔다고 단정하는 것이 아니라, 에도에 갈 수 있는 하나의 경우를 상정해본 것이다. 돗토리한이 이용하는 7일의 비각이라면, 20일도 걸리지 않아 그 가능성은 많다. 문제는 상황을 근거로 가능성을 판단하기 보다는 에도행을 전하고 있는 기록을 근거로 상황을 분석하려는 의지의 유무일 것이다.

돗토리한의 기록에 의하면 안용복이 나가사키로 송환되기 전에 돗토리에 들리는 것은 1963년 6월 1일이고, 7일에 나가사키로 출발하여 30일에 도착하였으니, 돗토리에 머문 것은 7일이었던 셈이다. 그러나 안용복이 돗토리에 34일간 두류했다는 기록도 있다. 쓰시마의 가토노쿠로자에몬(門野九郎左衛門)이 안용복의 진술을 15개 항으로 정리했는데, 14번째 항에,

> 동28일에 오키노쿠니를 떠나 5월 1일에 돗토리에 도착하여 34일 두류하고 돗토리를 출발하여 동월 그믐날에 나가사키에 도착하였다.[65]

라는 『죽도기사』의 기록으로 『죽도고』와 다른 내용이다. 안용복이 진술한 죽도까지의 행정은 3월 11일에 선단을 조직하고, 3월 15일에 울산을 출선하여, 동일에 울산의 부이카이에 도착, 3월 25일에 그곳을 출범하여 경상도 엔바이에 도착, 3월 27일에 그곳을 출범하여 동일에 죽도에 도착했다. 죽도 이후의 행정은 『죽도고』등에 의하면 4월 18일에 납치당해 4월 22일에 오키에 도착하여, 4월 27일에 그곳을 떠났다. 요나고에 4월 27일에 도착하여, 돗토리한으로 5월 29일에 출발한 후 6월 1일에 도착했고, 돗토리에서 6월 7일에 출발하여 6월 30일에 나가사키에 도착한 것으로, 요나고와 돗토리에 머문 기간은 39일간이었다.

이것과 안용복의 진술이 차이를 보이는 것은 요나고에 도착한 날과

65) 同廿八日ニ隱岐國出船仕五月朔日ニ取鳥罷着, 三十四日逗留仕, 六月四日,取鳥發足仕同晦日長崎表江着仕候(『竹島紀事』元禄 6年 9月 4日).

돗토리로 떠난 날이다. 『죽도고』가 4월 27일에 도착하여 5월 29일에 돗토리로 떠나 32일간을 요나고에 머문 것으로 한 것에 비해, 『죽도기사』의 안용복은 5월 1일에 돗토리에 도착하여 34일간 머문 것으로 했다. 『죽도기사』는 오키에서 요나고로 출발한 것을 4월 28일로 했으나 『죽도고』는 요나고에 27일에 도착한 것으로 했다.

『죽도기사』에 의한 안용복의 행적은 5(6)월 7일에 돗토리를 떠나 6월 그믐에 나가사키에 도착했고, 7월 1일에 나가사키의 쓰시마 주재원에게 인도되었다. 안용복은 8월 16일경까지 나가사키에서 쓰시마한의 감시를 받다가 9월 2일에 쓰시마에 도착하여, 9월 4일에 이루어진 심문에서 34일간 돗토리에 머물렀다는 주장을 했다. 돗토리를 떠난 날이 6월 7일이라는 것은 두 기록이 동일하여, 안용복은 5월 1일부터 6월 6일까지 36일간, 혹은 4월 27일부터 6월 6일까지의 39일간을 돗토리한(요나고 포함)에 체재한 것이 된다.

안용복이 돗토리에 도착한 날과 떠난 날을 기억하여 돗토리에 머문 날이 34일이라고 언명한 것을 보면, 그 34일에는 요나고에 머문 날이 포함되지 않은 것으로 보아야 한다. 즉 안용복은 요나고와 돗토리에 체재한 36일 중 34일, 혹은 39일 중 34일을 돗토리에 체류하고 나머지 2일이나 5일을 요나고에 머문 것이 된다.

그런데 이 34일 설은 『발서공』이나 『백기지』의 내용과 부합된다. 요나고에서는 안용복을 납치한 사건을 돗토리한을 통해 에도에 보고하고 오야 가쓰후사(大谷勝房)의 집에 잠시 맡겼다. 그 후에 돗토리한이 조선인을 부르고, 가쓰후사(勝房)의 후견역 도베에(藤兵衛)가 선두 구로베에를 불러, 조선인을 경호하는 요나고의 가노교에몬(加納鄕右衛門), 오제키 다다베에(尾關忠兵衛)와 같이 돗토리에 갔다는 것이 『발서공』의 기록이다.[66)]

『백기지』의 내용은 그것에 비해 간략하다. 명을 받고 도베에가 이국인을 데리고 갔고, 번사 가노씨와 오제키씨가 수호했다는 내용이 전부다.[67)] 그러나 가노씨와 오제키씨가 동일하여, 『발서공』의 내용과 다름이 없다는 것을 알 수 있다. 이처럼 당대의 기록이 안용복이 요나고에 잠시 머물다 돗토리로 간 사실을 이야기하는 것은 안용복이 돗토리에서 34일간 머물렀다고 진술한 내용과 부합한다. 요나고에는 그야말로 「잠시」로 표현할 수밖에 없는 「2일」머물렀다는 것이 된다.

안용복이 4월 27일에 요나고에 들어왔다는 『죽도고』설의 경우도 요나고와 돗토리에 머문 39일 중 돗토리에 34일간 머물렀다면 요나고에 머문 것은 5일간으로 『발서공』이 표현한 「잠시」라는 표현과는 균형을 이루는 일수다. 요나고 어민들은 안용복을 납치한 4월 18일부터 자신들의 정당성을 입증하는 목적으로 심문했고, 오키에서도 심문한 일이 있어, 안용복의 신변을 장기간 확보할 필요는 없었다.

이런 기록 간의 차이를 어떻게 볼 것인가. 기록이 전하는 상황을 중시하여 안용복의 에도행을 부정할 것인가, 기록을 중시하여 행정의 일수를 조정할 것인가의 문제다. 같은 기록에도 모순이 포함되어 있고, 기

66) 大谷文子, 전게주 57.
67) 命有て藤兵衛異人を具して, 本府に至る番士加納氏尾關氏守護たり(『伯耆志』).

록 간에도 차이가 있을 수 있다. 그렇다 해서 기록 자체를 불신할 수만도 없으며, 목적이 분명한 기록을 그대로 신뢰할 수도 없는 일이다. 이러한 기록의 특성을 종합하여 에도행을 전하는 기록의 의미도 평가되어야 했다.

2) 기록의 의미

안용복의 행적을 자세히 기록한 것에는 돗토리한의 『인부연표』나 『죽도고』등도 있으나, 그것들은 어디까지나 후대의 기록이다. 사건에 직접 관여한 사람들이 기록한 『조선실록』이나 『발서공』, 『죽도기사』 등과 동질일 수는 없다. 후자가 안용복을 직접 심문한 사실을 바탕으로 하는 기록인 것에 비해 전자는 전승 자료를 근거로 편집한 후대의 기록이다. 이것을 동질의 자료로 보고 기록을 보충하는 형식으로 안용복의 행적을 논할 수는 없다. 더욱이 후대의 기록을 근거로 당대의 기록을 부정하는 일은 목적적일 수 있다. 당대기록에 없는 내용을 기준 없이 후대의 기록으로 보충해서는 안 된다.

기록이 모든 것을 기록할 수는 없고, 또 모든 기록이 사실을 반영하는 것도 아닌 이상, 일부 자료가 기록하지 않았다 해서 그 사실 자체를 부정할 수는 없다. 또한 기록되지 않은 것은 존재하지 않았다거나 사건 자체가 일어나지 않았다고도 말할 수는 없는 일이다. 하물며 기록이 존재한다면 그것의 가능성을 전제로 해서 존중되어야 한다. 또 많은 기록이 존재한다면 당대의 당사자의 기록이 우선되어야 한다. 그렇지 않고 후세의 간접기록을 근거로 당대의 직접기록의 허실을 판단하는 일은 진실을 추구하는 좋은 방법이라 할 수 없다.

사건은 기록하는 자의 의도에 따라 의미가 달라질 수 있다. 안용복을 기록할 경우 안용복을 어떤 인간으로 표현할 것인가 하는 목적이 있으면, 그것에 어울리는 면을 강조한 기록이 될 것이다. 그 목적에 맞는 기록을 완성하기 위해서는 과장이나 허구가 포함될 수도 있다. 또한 허구나 과장이 있다하여 그 모든 것을 허구라 할 수도 없는 일이다. 그럼에도 안용복의 평가에는 안용복의 부분적인 부정을 강조하고, 그것을 근거로 안용복의 기록 전부를 부정하는 경우가 많다.

안용복이 해금법을 위반한 사실을 근거로, 일본이 그를 범죄자로 취급하는 경우가 그 좋은 예이다. 안용복이 해금법을 위반한 것임에는 틀림없으나 일본인들이 납치해도 되는 범죄는 아니었다. 일본인들은 안용복을 납치하는 것으로, 조선의 영지를 침범하여 납치하는 범죄를 동시에 범했다. 일본의 막부가 결국에는 일본인의 죽도 도해를 금하게 된 것도 그러한 비리를 바탕으로 해서 조선에 무리한 요구를 했기 때문이다.

일본의 기록에는 많은 모순이 포함되어 있다. 안용복의 일본어 능력에 대한 인식과 같은 것이 그 예이다. 안용복은 이미 일본어로 심문당한 사실이 있었고, 다시 도일했을 때는 오키와 돗토리에서 도해한 목적을 분명히 밝혔다. 그럼에도 안용복의 일본어 능력을 의사소통이 이루어지지 않은 원인으로 처리했다. 돗토리한은 유학자를 보내 필담하게 했으면서도, 「필담을 하면 소송을 접수한 것이 되므로 필담은 하지 않았다」라고 모순적인 보고를 했다. 또 그것을 근거로 안용복을 무학자로 단정하기도 한다.

안용복의 에도행이 이루어진 시기와 시간은 중요한 문제다. 그의 에도행이 가능한 시간적인 조건은 요나고에 감금되어 있었던 시기와 돗토리에서 나가사키로 송환되는 시기, 고야마이케(湖山池)에 감금되어 있었을 시기 등으로 추정할 수 있으나, 후세의 기록이 전하는 상황을 중시하면 에도행은 불가능했던 것이 되고 만다. 그러나 그것들이 사건의 전부를 기록한 것도 아니고, 또 사실만을 전하는 것이 아니라는 것을 감안하면, 어떤 상황을 설정하고 그것에 맞게 기록한 것일 수도 있다. 그래서 그런 후대의 기록을 근거로 불가능을 말하기 전에 에도행을 이야기하는 기록을 근거로 그 사실의 가능성을 검증해볼 필요가 있다.

안용복이 납치된 것은 1693년 4월 18일의 일로, 납치한 어민들은 10일 후에 요나고로 귀항했는데, 그동안에 자신들의 정당성을 입증하기 위한 심문을 반복했기 마련이다. 심문의 내용은 알 수 없으나, 외국인이 도해하게 되면 「이후에 이 섬에서 어렵할 수가 없습니다」라고 말한 사실을 입증해줄 수 있는 내용의 진술을 받으려 노력했을 것이다.[68)]

심문하는 쪽과 당하는 쪽은, 상반된 입장만큼이나 사고도 다를 수밖에 없다. 요나고 어민은 납치의 정당성을 확보하려 했을 것이고 납치당한 쪽은 그 부당함을 지적하려 했기 마련이라, 살벌한 분위기가 조성되는 것은 당연한 일이었다. 원하는 진술을 얻으려는 요나고 어민의 기대

68) 又当年唐人猟仕居申候付, ケ様ニ御座候へハ, 以後嶋之猟可仕様も無御座, 別て迷惑仕, 乍恐何卒御理為可申上と奉存(『因府年表大雑集』大谷九右衛門船頭口上書, 元禄6年).

와 다른 주장을 하게 되면, 납치의 정당성을 부정하는 것이 되어, 요나고어민들은 당황하며 무리한 방법을 택할 수도 있었다.

돗토리한도 처음에는 요나고 어민들과 마찬가지로 안용복을 범죄자로 단정하고 이후에도 죽도에서 나는 산물을 헌상하겠다는 희망을 밝히며 막부에 그 처리방법을 물었다. 그러나 둘을 나가사키로 인도하라는 5월 13일부의 명을 26일에 받은 후에는 태도가 변한다. 요나고에서 그대로 송환하는 것이 효과적이었음에도 일부러 돗토리로 불러 환대하고, 송치할 때는 둘을 가마에 태우고 의사와 요리사를 포함한 90명이 호송했다. 범죄자가 아니라 빈객의 대우였다.[69] 안용복의 문제를 이해하는데 있어 해결하지 않으면 안 되는 돗토리한의 태도변화였다.

돗토리한은 안용복의 납치를 계기로, 막부나 쓰시마가 알고 있었던 새로운 사실, 즉 죽도가 조선의 울릉도이며, 그곳의 도해에 문제가 있다는 사실 등을 인식하게 되었고, 막부의 움직임도 그러한 사실에 입각해 있다는 정보를 얻었기 때문에 인식을 전환한 것이다. 막부의 노중이 죽도가 언제부터 돗토리한의 영지가 되었는가라고 묻자, 즉시 죽도가 돗토리의 영지가 아니라고 답한 것도 그런 인식의 전환이 있어 사실을 재확인했기 때문에 가능한 일이었다. 결국 그것이 일본인의 도해를 금하는 계기를 만들었으나, 그것이 독단적인 답이었다기보다는 막부의 의도를 알고, 사실을 정리하여 보고한 답으로 보아야 한다. 막부가 도해

69) 所々ニ而御馳走被仰付候 膳部一汁七八菜程宛ニ而御座候(『竹島紀事』元祿 6年 9月 4日).

금지령을 내리기 위한 객관적 사실을 돗토리한이 충족시킨 것이다.

사건의 일정이나 내용 모두를 기록할 수는 없는 일이다. 기록에는 누락되거나 오기된 것도 있기 마련이다. 그것은 과거의 사건을 기록할 경우만이 아니라 당대의 당사자가 기록한다 해도 피할 수 없는 일이다. 그렇다 해도 당대의 기록은 존중되어야 한다.

4. 결 론

송환된 안용복은 에도에서 울릉도와 자산도가 조선의 영토임을 주장하고 관백에게서 그것을 인정하는 서계를 받았으나 쓰시마에서 탈취당한 사실을 진술했다. 안용복의 에도행은 본인의 진술만이 아니라 그를 납치했던 오야케의 기록과 송환을 책임졌던 쓰시마한의 기록에도 있어, 그것은 사실로 인정할 만하다.그럼에도 안용복의 신분과 언행의 불명확한 점을 확대해석하는 방법으로 그것을 부정하는 주장이 주류를 이룬다. 그 중에는 비난에 가까운 주장도 있으나 그것은 후세의 기록이 전하는 상황을 근거로 하는 주장이다.

조선인의 죽도도해 중지를 요청하라는 막부의 명을 받은 쓰시마한은 그것을 영토문제로 발전시켜 죽도의 탈취를 기도했다. 그러나 죽도가 울릉도라며 그곳에서 조선인을 납치한 일본의 비리를 지적하는 조선의 주장을 접하자 막부는 처음과 달리 일본인의 죽도도해를 금했다.

조선은 죽도가 울릉도라는 사실을 알면서도 죽도를 일본령이라고 답하는 의도적인 오류를 범했으나 안용복을 통해 쓰시마한의 저의를 파악하고 죽도가 울릉도라는 사실을 밝히며 일본인의 도해금지를 요구하게 되었으니 안용복의 공적이 크다 할 것이다. 그럼에도 해금법을 위배한 죄로 처벌되었다. 안용복을 부정하는 사람들은 이 사실을 확대해석하여 그의 언설을 부정하고 일본에서의 행적을 미궁으로 몰고 간다.

쓰시마한이 다다를 사자로 파견하겠다고 연락하자 조선은, 일본이 말하는 죽도가 조선의 울릉도라면, 그곳에서 붙잡은 조선인을 송환하는 사자를 보낼 필요가 없다며 교섭을 거부했다. 그럼에도 고래로 일본의 죽도라며 사자를 보냈으나, 교섭이 뜻대로 이루어지지 않자 조선이 보낸 답서의 내용을 반박하는 방법으로 초지를 관철하려 했다.

조선이 처음에 일본의 죽도라고 답한 것을 근거로 뜻을 이루려다 그것이 좌절되자 답서의 내용 중에서 모순이라고 생각된 점, 조선의 허점이라고 판단하는 사실들을 열거하며 힐난했다. 「힐문4개조」라고 하는 질문이다. 교섭이 여의치 않자 다다는 임진왜란과 같은 침략의 가능성을 암시하며 위협하기도 했다. 그런 그가 답서에서 조선측이 분명히 밝힌 안용복의 에도행은 언급하지 않았다. 간과한 것이 아니라 부정할 수 없는 내용이었기 때문이었을 것이다.

안용복이 국법을 위배한 벌을 받는 것은 당연한 일이라 할 수 있으나 그것이 일본이 납치해도 좋다는 것을 의미하지는 않는다. 그럼에도 일본측은 그것을 거론하는 일 없이 안용복의 위법사실을 강조하여 그의 진술을 허언으로 단정하려 하나, 안용복의 진술이 사실에 근거한다는 것이 확실해지고 있다.

안용복이 「조선팔도지도」를 보이며, 조선의 울릉도와 자산도가 일본이 말하는 죽도와 송도라고 설명한 사실과 소송하기 위해 도해한다고 밝힌 사실을 전하는 『원록각서』의 내용, 쓰시마한의 비리를 고발하기 위해 도해했다는 사실을 전하는 『죽도기사』의 내용이 『숙종실록』의 그것과 상응하여 안용복이 진술이 사실에 근거한다는 것을 알 수 있다. 따라서 에도에서 받은 관백의 서계를 쓰시마에서 탈취했다고 진술한 내용은 사실로 보아야 한다.

안용복이 돗토리에 간 시기와 체재일수는 기록 간에 차이가 있어 재고를 요한다. 요나고와 돗토리 어느 쪽에 많이 머물렀는가의 문제이나, 당대의 기록은 돗토리에,[70] 후대의 기록은 요나고에 장기 체류한 것으로 전하고 있다. 돗토리에 장기 체류하는 편이 에도행이 용이했을 것으로 생각되나 그것이 에도행의 가부를 판단하는 절대조건은 아니다.

돗토리한도 처음에는 안용복을 요나고의 어민들과 마찬가지로 자번의 이익을 해치는 범법자로 보았다. 그랬던 돗토리한이 그를 송치할 때는 빈객 대우를 했는데, 그것은 안용복이 재차 방문했을 때도 마찬가지여서, 돗토리한과 안용복 양자 간의 신뢰관계가 엿보인다. 돗토리한의 태도가 급변한 것은 그럴만한 원인이 있었기 마련이다.

돗토리한은 안용복의 납치를 계기로 막부와 정보를 교환하면서, 그때까지 자국령으로 여겼던 죽도가 조선의 울릉도였다는 사실을 인식하게 되었고 죽도에 도해하는 일이 당대의 쇄국정책에 위배된다는 사실을 알고 그것을 책임져야 하는 경우까지 상정했을 수도 있다. 안용복의 납

70) 『공장』은 별도의 분석이 필요함.

치가 조선과의 국제문제로 발전하면 쇄국정책을 위배한 책임으로, 영지를 몰수당할 수도 있는 일이었다. 그 책임을 모면하기 위한 방법으로서의 인식의 전환이 안용복을 후대하게 했을 수도 있다.[71]

안용복의 납치가 돗토리한이 처리할 수 없는 문제로 발전하자, 안용복을 에도로 보내게 되었고, 에도에 간 안용복은 여전히 울릉도와 자산도가 조선의 영지라는 것을 주장하여 관백이 그것을 인정하는 서계를 받은 것이다. 돗토리한은 그러한 결정을 내리는 과정에 관여하여 안용복의 주장이 사실이라는 것을 알고 인식을 전환한 것이다. 그렇기 때문에 죽도가 자번의 영유가 아니라는 사실을 명쾌히 밝히고, 안용복을 빈객으로 후대할 수 있었던 것이다.

71) 大西俊輝저 權五曄·權靜역『독도』(제이엔씨, 2005), p.229.

6장
안용복의 일본행적

6장

안용복의 일본행적

1. 서문

납치되었다 송환된 안용복을 조선은 처벌한다. 조선의 사관이 「조종의 강토는 남에게 줄 수가 없으니 명백히 알고 엄격히 타일러서 왜인이 다시는 마음먹지 못하도록 하는 것이 의리임이 분명한데도, 신중함이 지나쳐 견제만 하려고 범인들을 치죄하여 더욱 인국에 약점만을 보여주어 애석하기 그지없다」고 한탄 할 정도였다.[1] 안용복은 사실을 호소하려 했으나 동래부사는 그것도 무시하고 2년의 형벌을 주었다.[2]

일본은 그것을 근거로 안용복은 물론 그의 진술을 반영한 기록까지 부정하려 한다. 당대의 윤지완이 「죽도는 우리 울릉도이다. 우리 사람

1) 祖宗疆土 不可以與人 則明辨痛斥 使狡倭無復生心 義理較然 而過於周愼 徒欲羈縻 如犯人等科罪之語 尤示弱於隣國 可勝惜哉(『肅宗實錄』20年 2月 23日).

2) 龍福悉訴之 府使不以聞 以犯越刑之二年(『星湖僿說類選』).

이 가는 것이 어찌 경계를 범한 것인가」라고 말했고,[3] 남구만도 「귀국 사람들이 범월하여」라고 일본이 말하는 죽도가 조선의 울릉도임을 분명히 했다. 그러면서도 처벌한 것은 안용복이 해금정책을 위배했기 때문이다.

안용복에게는 밝혀지지 않은 일이 많다. 그의 생몰이나 행적, 일본에서의 행방 등이 불명인 것은, 기록이 많지 않은 것을 원인으로 하나 존재하는 기록의 의미를 제대로 해석하지 못하고 있기 때문이다. 충분하지는 않지만 기록이 있음에도 그 내용에 대한 충분한 해석이 이루어지지 않고 있다.

일본은 조선의 기록에 신뢰를 두지 않으면서도 일본의 기록이 보이는 모순에 대해서는 애써 언급을 회피한다. 안용복의 에도행을 전하는 기록이 있음에도 묵살하는 것이나, 안용복이 나가사키로 송치될 때 90여 명이 호송했던 사실의 의미, 안용복이 재차 도해했을 때 돗토리한이 환대한 이유 등을 논하지 않는 것이 그 좋은 예이다.

안용복의 환대를 돗토리한이 번롱 당한 것으로 보는 주장이 주를 이루나, 그것은 돗토리한의 우매함을 빙자하여 사실을 호도하는 일이다. 70여 년 간 영내의 가메이(龜井)는 임진왜란에 참가한 공으로 주인선 무역에 종사했으며, 이와미은(石見銀)의 무역으로 외국선들이 왕래할 때, 이와미긴잔에 쌀을 운반한 조선인도 있었다.[4] 임진왜란 때에도 이

3) 竹島와 鬱陵島의 표기는, 鬱陵島를 의미하는 경우에는 竹島로 통일하는 것을 원칙으로 한다.
4) 『因幡民談記』(內藤正中外 『鳥取県の歷史』 山川出版社, 2004, p.147, 再引用).

나바에서 1000인, 호키·이즈모·오키에서 5000인이 참전한 경험이 있어 돗토리한의 국제감각을 문제삼는 주장은 성립할 수 없다.

안용복의 납치로 인하여 조선과 영토문제로 발생했을 때의 돗토리한은 막부와 조선, 막부와 쓰시마한, 막부와 돗토리한, 나가사키와 돗토리한이라는 연결고리의 중심에 위치해 있었다. 처음의 돗토리한은 안용복을 범죄자로 보고 막부에 보고하며 처벌을 요구했으나, 그를 조선으로 송환하라는 명을 받은 후에는 빈객대우를 했다. 막부도 처음에는 조선인의 도해 금지를 요구할 것을 쓰시마한에 명했으나, 후에는 오히려 일본인의 도해를 금하는 명을 내렸다.

이런 과정에 관여한 돗토리한이 안용복을 범죄자 취급을 하다 빈객으로 대우한 이유가 분명하지 않다. 외교적 무능으로 보는 것은 본질을 회피하는 의견일 뿐이다. 따라서 안용복에 대한 돗토리한과 막부의 인식이 전환된 이유를 아는 것이 안용복의 실체를 아는 하나의 조건이다.

요나고의 어민들은 죽도에서의 독점권을 강화하기 위해 조선인을 납치하고 처벌을 요구했고, 돗토리한도 그에 동의하여 막부에 처벌을 요구하여, 막부가 쓰시마한에 송환시키며 조선인의 죽도 도해금지를 조선에 요구할 것을 명했고, 쓰시마한은 곧 실행에 옮겼다. 일본의 이익에 반하는 조선인이라는 인식을 같이 한 것이다. 그러나 나가사키 봉행소를 통해 송환하라는 명을 받으면서 돗토리한의 태도는 달라진다.

문제는, 요나고의 어민들의 뜻대로 공론화하는 데는 성공했으나, 조선의 개입을 자초하여 자신들의 뜻대로 결정할 수 없는 국제문제로 발전되고 말았다. 안용복의 납치는 조선이 죽도에 관심을 가지는 계기를 제공했을 뿐 아니라, 요나고 어민과 막각을 축으로 해서 이루어지던 도해 사업을 돗토리한이 재인식하는 계기를 만들기도 했다. 돗토리한은 그때까지 죽도의 소속에 확신도 없으면서 관행적으로 관여하고 있었으나, 국제문제로 발전되어 무관심할 수 없었다. 그것이 당대의 쇄국정책과 직결되는 문제였기 때문이다.

요나고 어민의 권익에 앞서 자번의 존재에 직결되는 문제였기에 돗토리한은 신중해질 수밖에 없었고, 그것이 안용복의 주장을 재고하는 기회를 제공하여, 안용복을 대하는 자세에 변화를 보인 것으로 생각된다. 죽도의 영유를 묻는 막부의 질문에 돗토리한이, 요나고 어민들이 70여 년 간 가까이 도해한 송도와 죽도가 자번의 영역인 일이 없었다는 답을 한 것도 그런 맥락에서 이해해야 한다.[5)]

처음부터 이중적인 태도로 외교권 독점의 강화는 물론 죽도까지 탈취하려 했던 쓰시마한의 대응과는 크게 달랐다. 쓰시마한은 막부의 명을 빌미로 죽도를 취하려 했고, 막부가 일본인의 도해금지를 결정하자 그 사실조차 조선에 알리지 않으려 했다. 그러한 처사가 양국관계를 복잡하게 만들었음에도 불구하고, 죽도 문제가 해결되자 자신들의 공적이라며 조선을 기만했다.[6)]

이처럼 안용복에 대한 각지의 대응이 달랐던 것은 각지의 이익에 의한 결과였다. 그러한 각지의 사정을 파악하면 안용복이 진술했다는 내

5) 竹島は因幡伯耆附屬にては無御座候 (『竹嶋之書附』 元禄8年3号).
6) 島主入去江戶 言于關白 以竹島近朝鮮 不可相爭 仍禁倭人之往來(『肅宗實錄』23年 2月 14日).

용의 의미는 물론 돗토리한이 자세를 바꾼 원인도 알게 될 것이다.

안용복이 순행지로 생각할 수 있는 곳은 납치당했을 때의 오키—요나고—돗토리—에도—나가사키—쓰시마와, 재차 도해했을 때의 오키—아카사키(赤崎)—아오야(青谷)—가로(賀露)—돗토리—고야마이케(湖山池)의 아오지마(青島)로 정리할 수 있다. 그것은 납치 당했을 때의 돗토리한—에도—나가사키—쓰시마한과 자진 도해했을 때의 돗토리한으로 정리할 수 있다. 오키는 천령인 관계로 이와미노쿠니(石見國)가 대신 관리하나 죽도에 한해서는 돗토리한과 밀접한 곳이었다.

2. 해금과 무위

울릉도는 신라가 우산국을 정벌한 이래 고려시대는 물론 조선의 초기에도 출입이 자유로웠다. 『고려사』나 『조선실록』 등을 통해 확인되는 일이다. 고려의 최충헌은 백성을 이주시켰으나, 최이는 풍랑과 파도가 험하다며 이주를 중지시킨 일도 있다.[7] 그런데 그곳에 왜구가 나타나기 시작하면서 관리방법을 강구하게 되었다. 그러나 험한 항로와 왜구의 잦은 침탈로 관리가 어려워 조선 태종 3(1403)년에는 거주민들을 육지로 이주시키게 되었다. 외적으로부터 자국민을 보호하려는 정책으로, 강원 감사의 건의를 받아들인 조치였다.[8]

7) 土壤膏沃 多珍木海錯 遣使 移本郡民 以實之(『增補文獻備考』권31, 輿地考19), 怡遣人視之 屋基破礎宛然 於是移東郡民實之後以風濤險惡 人多溺死 罷其居民(『高麗史』卷129, 列傳 第42, 叛逆3, 崔忠獻條).

고려 말에는 왜구의 침탈이 심해 그것을 격퇴한 이성계는 국민의 신망을 얻어 조선을 건국할 정도였다. 태조 2년부터 세종 25년 사이의 49년간에 129회나 출몰할 정도로 왜구의 침탈이 심했다.[9] 그래서 세종은 1419(세종 원)년에 이종무(李從武)를 시켜 왜구의 소굴인 쓰시마를 정벌하기도 했으나, 결국은 왜구들을 조선의 통교규정에 따르는 상인으로 전환시켰다. 1426년에는 삼포를 개항하여, 그곳에 상주하며 무역과 어업에 종사하게 했고, 1441년에는 거제도 어업까지 허가했다. 이는 왜구의 종식으로 가능한 일이었다.[10]

이렇듯 관리방법의 일환으로 주민을 이주시키자 쓰시마한은 1407(태종 7)년에 자신들이 그곳으로 이주하겠다는 뜻을 밝혔고, 조선은 그것이 양국 불화의 원인이 된다며 거절했다.[11] 그 후에도 그곳에 거주민이 있으면 이주시켰다. 거주민 중에는 군역을 피하기 위해 들어간 자들도 있어, 그런 자들이 집결하게 되면 왜인이 울릉도만이 아니라 강원도까지 침범해 올 것에 대비하는 조치였다.[12] 1417년에는 거주민들에게 농기구 등을 주자는 의견도 있었으나 불가론이 강하여 쇄출하게 되었는데, 이것이 해금정책의 시작으로, 1882년에 이규원(李奎遠)이 울릉도

8) 命出江原道 武陵島居民(『太宗實錄』3년 8月 丙辰). 愼鏞廈 『독도연구총서5 獨島領有權 資料의 探究』제1권 독도연구보전협회, 1999, 12. p.39.

9) 林英正 「朝鮮時代 解禁定策의 推移와 鬱陵島獨島」(『獨島領有의 歷史와 國際關係』, 독도연구보전협회, 1997), p.21.

10) 李薰 『대마도 역사를 따라 걷다』(2005년, 역사공간), p.48.

11) 貞茂請武陵島 欲率其衆落徙居(『太宗實錄』7年 3月 16日).

12) 故避軍役者 或逃入焉 若此島多接人則 倭終必入寇 因此而侵於江原道矣(『太宗實錄』16年 9月 2日).

검차사로 임명될 때까지 지속되었다.[13)]

조선에서 해금정책이 실시되는 동안에 일본 어민들이 그곳에서 70여 년 간 밀렵을 하다 안용복을 납치하고, 결국에는 소유까지 주장하려 했다. 어찌 보면 조선의 오랜 기간의 해금정책이 일본이 오판할 수 있는 계기를 제공했다고 할 수도 있다. 그러나 조선의 해금정책에 대한 입장은 확고하여, 일본과 소유권 분쟁을 경험한 후에도 정책을 바꾸지 않았다. 해금정책이 울릉도를 방기하는 것이 아니라, 왜구로부터 자국민을 보호하는 방법이었다는 것을 알 수 있다.

왜구는 중국에게도 난제였다. 한자를 통신방법으로 하는 동아시아는 일찍부터 한자로 기록되는 질서 속에 존재하고 있었다. 중국은 선진문화로 주변국에 영향을 미치고 있었으며, 주변국들은 건국과 통치의 전범 등을 중국의 중화사상에서 구하고자 했다. 그것은 자타를 차별하여 구분하는 화이사상(華夷思想)과 왕은으로 감화시킨다는 왕화사상(王化思想)으로 구성되는데, 왕화되기 위해 「이」는 「화」에게 조공을 하고, 조공 받는 「화」는 「이」에게 일정한 관위를 책봉하고 수호해야 하는데, 그것이 중국과 주변국의 조공과 책봉관계였다.

그 질서가 왜구의 창궐로 위협받게 되자 명(明)은 일본에 왜구단속을 요구했다. 영락제(永樂帝)는 1404년에 아시카가 요시미쓰(足利義滿)에게 사자를 보내 책봉하고 금인을 내렸고, 아시카가는 명과의 무역에서 이익을 얻는 것을 목적으로 책봉체제에 편입했다. 명 또한 그런 책

13) 愼鏞廈 『독도의 민족영토사 연구』(지식산업사, 1696), p.179.

봉 관계를 통해 왜구를 진압하여 동아시아 교역권의 질서를 확립하려 했다.[14)]

국가 권력은 대외관계를 독점함으로서 외교·무역·표류 등 경계 영역에서 발생하는 문제의 주도권을 행사할 수 있다. 국가가 외교권을 장악하고, 무역을 통제하고, 해외정보도 독점하는 방법의 일환으로 취한 것이 자국민의 자유로운 도해를 금하는 해금정책이었다.

「해금」은 국가 영역내의 주민의 사적인 해외 도항이나 해상무역을 금하는 것을 중심으로 하는 정책체계다. 명에서는 왜구나 국내의 불온분자와 국내세력의 결탁을 방지하기 위한 정책이었으나, 결국에는 명나라 황제를 정점으로 해서 형성된 「화이질서」와 그것을 일상적으로 확인하는 장소로서의 조공무역제도를 보장하는 정책이 되었다. 이런 의미에서 해금은 나라를 폐쇄하는 정책이 아니라 국가가 원하는 대외관계를 실현하기 위한 것이라 할 수 있다.[15)] 대외 관계를 국가가 독점하고 국민들의 자유로운 교류를 규제하는 것이다.

이러한 동아시아질서 속에서 실행된 것이 조선의 해금정책으로서의 울릉도 도해금지였다. 그것을 위배한 안용복이 처벌되는 것은 당연했다. 그러나 해금정책은 동아시아 공통의 정책이었기 때문에, 죽도에 건너가 납치행위를 한 일본어민은 물론, 그것에 동조한 일본 정부도 국제질서를 어긴 것이 된다. 돗토리한은 뒤늦게나마 그것을 인식했던

14) 西嶋定生『日本歴史の國際環境』(1985년, 東京大學出版會), p.212.
15) 荒野泰典『近代日本と東アジア』序(東京大學出版會, 1988년), p.Ⅳ.

것이다.

쇄국정책으로 불리는 해금정책을 펴는 일본이 출어하는 배에 도해허가증을 발부했다면, 그 배가 도항하는 곳은 일본의 영지가 아니라는 것이 된다. 그런데 일본이 죽도에 가는 배에 도해허가증을 주었다. 그것은 죽도가 조선령이라는 사실을 알고도 조선의 동의없이 도해면허를 발행한 것으로 명백한 침탈행위였다. 침탈하면서도 침탈인줄 몰랐던 일본이었고 침탈당하고서도 그런지도 몰랐던 조선이었다. 도쿠가와(德川) 막부는 일반인들의 도해를 금하는 정책으로 「주인선제도」, 「봉서선제도」를 취하고 있었는데, 죽도에 한정되는 「도해면허제도」도 그 일환으로 보아야 한다.

일본은 1547년에 명과의 감합무역(勘合貿易)이 두절되자,[16] 1세기에 걸쳐 일본인의 해외거주와 왕래를 금하는 쇄국을 완성한다. 유럽인들이 오기 이전의 일본은 중국이 중심이 되는 동아시아세계 속에 포함되어 있었다. 그 세계를 매개로 유럽과의 교류가 시작되기 전까지는 명의 해금제도를 전형으로 해서 사무역을 통제하고 있었다. 해적의 단속과 무역의 독점을 목적으로 하는 정책이었다.

1616년에 내린 봉서를 통해 기독교인의 단속을 강화하고, 포르투갈과 영국선의 무역을 히라토(平戶)와 나가사키로 한정하며, 중국선의 경우는 선주의 의사에 맡긴다는 조치를 취했다. 기독교와 관련된 세력에

16) 室町中期~戰國期에 遣明船에 의한 日明貿易의 속칭. 勘合은 渡航證明書지 貿易許可證이 아니다(『日本史広辭典』山川出版社, 1997년).

대한 쇄국이었다. 그러면서 막부는 나가사키를 외국무역의 창구로 정하고, 조선을 상대로 하는 쓰시마구치(對馬島□), 류큐(琉球)를 상대로 하는 사쓰마구치(薩摩□), 북방을 상대로 하는 에조구치(蝦夷□)를 정하여 대외관계를 장악했다.

도쿠가와 이에야스는 서국의 다이묘(大名)나 상인이 남방으로 무역선을 보낼 때 도항을 허가하는 주인을 주었다. 그것을 지니는 배를 주인선이라 한다. 「자일본도안남국주야(自日本到安南國舟也)」라고 도항지와 발행 연월일을 기록하고 이에야스가 외교문서에만 사용한 「원가강충서(源家康忠恕)」라는 주인을 날인했다. 동아시아 해안에 창궐하는 일본의 해적선과 정규의 허가를 받은 무역선을 구별하는 것을 목적으로 한 제도였다.[17] 1604년(慶長9)부터 1635년(寬永12)까지 32년간 적어도 356척의 주인선이 남해로 도항했다.

주인선무역이 정권을 유지하는 경제기반을 이루기 때문에 그 질서를 어지럽히는 해적이 통교를 방해하는 적으로 취급되어 처형되는 것은 당연한 일이었다. 막부는 국내 통일과 무역 이윤의 확보를 위해 주인선에 대한 통제를 강화하려 했다. 그런데 1612년 이후에는 막부의 주인이 아니라 나가사키 봉행 다케나카 시게쓰구(竹中重次)가 발행하는 허가장이 대신했다. 그러나 부정이 탄로나 실각하자 막부가 다시 실권을 장악했다.

이전에 주인선을 파견한 자가 다시 도항하려면 그때마다 노중의 봉

17) 永積洋子『朱印船』(吉川弘文館, 2001年), p.1.

서를 나가사키 봉행에 제출해야 하는데 이것을 봉서선제도라 한다. 해외로의 도항을 막부가 통제하는 방법이었다.[18] 주인선제도가 여러 측근을 통해 교부되는 길이 정착되어, 내정과 외교를 일원적으로 장악하려는 막각에게는 여의치 않은 점이 있어 강화한 것이다.

일본어민이 죽도에 도항해도 좋다는 도해면허를 받은 것이 1625년이라 한다. 17세기의 동아시아에는, 중국에서 명왕조와 청왕조의 교체가 있었고, 일본에서는 막부형 국가체제가 형성되는 시기였다. 청이 조선을 침략하자 일본은 쓰시마를 통해 구원을 자청했으나 조선이 거절했다. 조선은 청에 굴복한 후에도 일부 외교문서에는 명의 연호를 사용하다, 1644년에 왕조의 교체가 이루어지자 간지(干支)만 사용했다. 조선은 청에 복속하면서도 명에 가탁하며 소중화로서의 자기를 확인하고 자율성의 근거로 삼고 있었다.[19]

이런 상황에서 1625년에 발행된 것이 죽도도해면허였다. 주인선이 발행되는 시기에 그것도 발행되었는데, 그것은 주인장과 여러 면에서 이질적이다. 막부가 공인하는 외국무역에는 주인장을 교부하는 것이 당시의 통례였다. 이나바(因幡)와 호키(伯耆) 두 지역에서도 시카노(鹿野)의 성주 가메이 무사시노카미 코레노리(龜井武藏守玆矩)가 세 번이나 주인장을 받았다.[20]

만일 죽도 도해에 주인장을 발급한다면 서식에 의거하여 「자일본도

18) 朝尾直弘 『日本의 歷史』 17 鎖國(1975년, 小學館), p.221.
19) 전게주 15, p.37.

조선국주야(自日本到朝鮮國舟也)」라고 기록했을 것이다. 하지만 그렇게 되면 죽도를 조선령으로 인정한 것이 되고, 조선국에는 쓰시마를 경유하여 부산으로 가는 방법밖에 없어 죽도행을 조선이 승인할 리 없었다. 그래서 죽도도해에 대한 주인장을 발급할 수 없었을 것이다.

원래 주인장에는 도항처는 명기되어 있지만, 수령자나 도항기한은 기록하지 않는 것이 통례로, 도항이 끝날 때마다 반납해야 하는 일회 한정의 것이었다. 이것에 비해 봉서선제도에 있어서의 봉서란 이국의 도해허가를 기록한 노중의 문서로, 해외에 갈 때 휴대하는 것으로 되어있다. 다만 수령자는 해외에 가는 본인으로 죽도 도해면허처럼 돗토리번주 앞으로 발급한 것은 이례적이다.

이케우치 사토시(池內敏)가 죽도도해면허의 기본성격을 논한 일이 있다.[21] 이 면허는 호키국 요나고에서 죽도에 도해하는 절차가 따른다는 사실을 전제로 「그 같은 연유로 이번에 도해합니다」라고 무라카와·오야가 신청하고 막부가 용인하는 것이라 했다. 그것도 「이번」의 도해였지 「금후」의 도해가 아니라, 도해할 때마다 새로 신청할 필요가 있었으나, 남아 있는 것은 최초 도해면허의 사본뿐이다. 그리고 수령자는 돗토리번주 마쓰다이라 신타로(松平新太郎 : 池田光政)였으므로 번주가 교체되면 면허도 갱신해야 되고 수령자도 바꾸어야 하는 것이었다.[22] 이것은 막부가 한 번 허가했을 뿐 다시 허가한 일이 없다는 것을

20) 內藤正中 · 眞田廣幸 · 日置粂左ヱ門 『鳥取県の歷史』(山川出版社, 1997년), p.167.
21) 池內敏 「竹島渡海와 鳥取藩」(『鳥取地域研究』제1호, 1999년, 鳥取地域史研究會).

의미하여 이후의 도해가 불법이었다는 것이 된다.

이것이 동아시아 질서를 어지럽히는 일로 일본의 자국 중심적인 위법행위였다는 것은 아사오나오히로(朝尾直弘)나 아라노 야스노리(荒野泰典)가 주장하는 당대의 일본사상에 입각하여 이해하면 그 의미가 분명해진다.

16·17세기의 동아시아는 명·청왕조의 교체기로, 이 세계의 근본을 뒤흔드는 변혁기였다. 중화문명이 북적 여진족에게 주도권을 넘겨주어 청으로 국호를 정한 만족의 황제가 그곳을 지배하게 되었다. 동이 일본은 히데요시(秀吉)에 의해 통합되어 가고 있었고, 그러한 중국과 일본의 변화에 의해 조선은 큰 피해를 입어, 국권을 침탈당하는 위기에 처하기도 했다.

일본은 히데요시의 침략에서 일본 중심의 천하관, 즉 소중화관을 추출하려 하는데, 그 같은 관념의 세계를 가상하는 것은 모든 나라의 일반적인 사고였다. 아사오나오히로는 히데요시가 명제국을 「대명지장수국(大明之長袖國)」으로 부른 것을 근거로 일본의 「소중화」를 확인하려 했다. 「대명지장수국」은 대단한 것이 없다는 히데요시의 중국관을 근거로 하는 천하관이다. 명에 대응하는 일본이 「궁전엄국(弓箭きびしき國)」이라는 것은, 약한 중국을 강한 일본이 쉽게 처리할 수 있다는 것을 의미한다. 명을 표현한 「장수」란 공가(公家), 사가(寺家), 문관의 나라라는 의미로, 무가의 나라를 자칭하는 일본에 비유한 표현이다.

22) 內藤正中저, 權五曄·權靜역 『獨島와 竹島』(제이앤씨, 2005), p.73.

난세를 음모와 무위로 통일한 히데요시가 생각할 수 있는 세계관이다. 자신이 휘두르는 잔인한 창검 앞에선 비무장의 인민들을 보며 무위를 근거로 하는 자신감을 확인한 것이다. 그것이 인륜에 반하는 죄악이라는 것에 대한 인식은 없었다. 왜구와 다를 것 없는 국가권력에 근거하는 자신감이었다.

폭력적인 침략을 무위로 미화하고, 무위에 근거하는 세계관을 확인하는 주장은, 곧 남의 희생을 정당화하는 주장이다. 국가로 존재하는 나라라면 자국을 중심으로 하는 독자적 세계관을 구축하고 그것을 확인하는 것은 당연한 일이라 할 수 있다. 그러나 그것은 인국의 독자적 세계관과 충돌할 수밖에 없는 한계성을 가지므로, 양국의 가치관이 충돌할 경우에는 그것을 근거로 정당성을 논하는 일은 피해야 할 것이다.

그런 의미에서 「중화의 나라, 성대(盛代)에는 무위가 강하고, 말대(末代)에는 약해졌다고 말하는 것은 어찌된 일인가」라고 북적(北狄)에게 명나라가 망한 것을 예로 들어 문무겸비가 이상이라며 「일본은 무국이다」, 「인국(仁國)이기 때문에 무이다」, 「무위」의 토대는 「인」이라는 식으로 침탈의 일본을 무위의 일본으로 미화시키는 것은 자국 내에 한정되는 가치일 뿐이다.[23)]

안용복의 납치를 계기로 죽도의 영유권 문제를 논하며, 일본의 노중이 「어위광(御威光)」이나 「무위」를 배경으로 이치에 어긋나는 주장을 펴지 말 것을 강조한 경우의 「어위광」이나 「무위」가 폭력에 의한 침략

23) 『朝尾直弘著作集』第五卷(岩波書店, 1975), P자서 8.

을 의미한다는 것을 알 수 있다.

쓰시마한의 사신으로 부산에 온 다다 요자에몬(多田與左衛門)이 죽도가 히데요시의 침략 이후 일본령이 되었다는 주장을 하기도 했으나,[24] 회담이 뜻대로 이루어지지 않자 재침의 가능성을 시사하고 돌아가 많은 사람들이 임란과 같은 변란이 곧 일어날 것이라며 불안에 떨었다. 다다가 회담에서 침략을 상기시키는 언동을 즐겨 취하며 재침의 가능성을 암시한 결과의 반응이었다.[25] 이런 형태로 나타나는 것이 일본의 「무위」라면, 일본 중심의 중화사상은 침략을 수단으로 하는 세계관이라 할 수 있다.

3. 도해의 원인과 의미

1) 도해동기

(1) 납치도해

조선인의 울릉도 도해기록은 많은데, 1877년에 일본의 최고기관 태정관(太政官)이 내린 지령도 그 중의 하나다. 일본 내무성은 1876년 9월에 지적을 조사하고, 지도를 편제하는 사업에 임하여 송도 / 울릉도와 죽도 / 독도를 포함시킬 것의 여부를 묻는 시마네켄의 질의를 받고, 5개월에 걸쳐 조사하여 양도가 일본의 영토가 아니라는 결론을 내렸다

24) 鬱陵島儀壬辰之變後日本ニ屬し候(『竹島紀事』元祿 7年 正月 15日).
25) 以眞重事 中外洶洶 階以爲壬辰之變 不日將作 人心波滿 靡有止泊 (『肅宗實錄』21년 6月 20日).

그러나 중요한 문제이므로 1877년 3월 17일에 국가 최고기관인 태정관에 품의서를 제출하였고, 태정관은 3월 20일자로 그것들이 일본의 영토가 아니라는 지령을 내렸다.[26)]

그 지령에 1692년에 조선인이 죽도에 도해한 사실을 기록했는데, 안용복이 납치당하기 1년 전의 일이었다. 이 해에 죽도에 도해했던 무라카와케 선원들은 그곳에 조선인들이 있었기 때문에 조업을 포기하고 귀환하여, 그 사실을 요나고의 아라오에게 보고했고 아라오는 돗토리한을 통해 막부에 보고했다.

그 조선인에 다음해에 납치당하는 안용복이 포함되었는지는 알 수 없다. 그러나 그 일행 중에 일본어를 이해하는 사람이 있었다는 것과 안용복이 일본어를 이해한다는 것을 같이 생각하면, 안용복이 포함된 것으로 볼 수는 있으나 확정할 수는 없다. 도해하는 어민 중에 일본어 능력을 가진 자를 안용복으로 한정시킬 수 없기 때문이다.

안용복이 울릉도에서 납치당했다는 것은 그가 조선의 해금법을 어긴 조선의 죄인이고, 일본인은 조선령을 침범한 납치범이라는 것을 의미한다. 따라서 안용복이 조선의 치죄를 받는 것은 당연한 일이나, 일본이 그의 죄를 묻거나 그것을 근거로 조선에 책임을 물을 수 있는 일은 아니다. 그럼에도 당초의 일본은 안용복을 송환하며 조선인의 도해금지를 요구했고, 쓰시마한은 그것을 계기로 죽도를 침탈하려 했다.

조선은 안용복의 납치를 계기로 울릉도의 영유인식을 재확인했고 일

26) 愼鏞廈 『독도연구총서6 獨島領有權 資料의 探究』(독도연구보전협회, 1999, 12). p.245.

본도 그것을 인정하게 했다. 그럼에도 조선이 그를 치죄한 것은 그가 해금법을 위반했다는 것만이 아니라 일본의 요구를 받아들인 면도 있다. 일본이 안용복을 송환하며 「국경을 침범한 어인을 처벌할 것을 청」한 것에 응한 조치로 볼 수도 있다.[27)]

안용복의 납치를 전하는 조선의 기록은 『숙종실록』, 『증보문헌비고』, 『춘관지』, 『강계고』, 『만기요람』등이 있으나 그의 도해목적을 밝힌 기록은 없다. 「어민」이라는 표현을 근거로 어렵이 목적이었다고 추정할 뿐이다. 또 많은 어민들이 해금정책을 무시하고 도해하고 있었다는 것도 알 수 있다. 당시의 조선이 초기와 달리 왜구에 대한 위구심이 없어진 것도 도해의 한 원인이었을 것이다. 안용복도 어렵하다 표착한 울릉도에서 왜인에게 납치당하여 오키에 들린 사실을 진술한 바 있다.[28)]

안용복의 도해목적이나 원인에 관심을 가지는 것은 일본이 죽도 / 독도의 일본 고유영토론을 제기한 것을 계기로, 안용복이 관백에게 울릉도와 자산도가 조선의 영토라고 주장했다는 사실의 진부를 논하기 시작하면서 부터다. 이것은 조선의 기록에 있는 내용으로 안용복의 일본에서의 행적 내용을 이해하는 면에서나 현재 전개되는 영유권 문제와 긴밀한 관계를 가지는 문제로 소홀히 할 수 없는 일이다.

안용복의 납치에는 해결되지 않은 문제가 많이 있으나 그 중에서도 가장 큰 문제는 안용복이 진술한 에도행과 그에 대한 돗토리한의 태도

27) 時倭請以犯境之罪 罪漁人(『肅宗實錄』肅宗 19年 癸酉 11月 18日).
28) 入海漁採 漂到鬱陵島 遇倭船被拘 入日本五浪島(『增補文獻備考』卷31, 『疆界考』, 『春官志』).

변화라 할 것이다. 조선의 기록만이 아니라 일본의 기록도 에도행을 전하고 있는데, 이상할 정도로 그것은 거론된 일이 없으며 그것을 사실로 인정하는 사람도 많지 않다.

조선의 『숙종실록』이 안용복이 에도에서 관백에게 영유권을 주장한 것으로 기록한 것에 비해, 『강계고』, 『증보문헌비고』, 『만기요람』 등은 돗토리한이 품신하여 관백이 인정한 것으로 전하고 있다. 일본의 기록으로는 『발서공』, 『백기지』 등이 에도행을 직설하며 서계를 암시하고 있다. 그럼에도 후대의 『죽도고』 등이 전하는 상황을 중시하여 에도행은 거의 거론되는 일 없이 부정당하고, 그 부정을 근거로 울릉도와 자산도가 조선령임을 인정했다는 관백의 서계까지 부정하며, 그것을 언급한 안용복은 허언에 능한 범법자 취급을 한다. 그러나 에도행을 전하는 기록이 있는 이상 그것을 거론하며 진부를 논하는 과정이 있어야 했다.

안용복의 문제에 가장 깊이 관여하는 것이 돗토리한으로 처음에는 범월자로 보고 처벌을 요구했으나 송환시킬 때는 빈객대우를 했다. 그처럼 태도가 급변한 원인을 알지 못하나 이것 역시 진지하게 거론된 일이 없다. 돗토리한이 우매하여 속았다거나 이국인에 대한 예우였다는 식의 답을 제시하는 것이 일반적이나, 그것은 돗토리한의 역량을 감안하지 않은 답일 뿐이다. 돗토리한은 나가사키로 송치할 때는 안용복과 박어둔을 가마에 태우고 90여 명에게 호위시켰다. 그뿐만이 아니다. 3년 후에는 안용복 일행 11인을 9필의 말과 2대의 가마로 영접했다. 이국인에게 취하는 예의나 돗토리한의 우매함으로는 설명될 수 없는 영접이었다.

안용복의 도해목적은 어렵으로 볼 수 있다. 납치당하는 전년에 일본인들이 죽도에 도착했을 때 조선인이 먼저 도착하여 전복을 잡았다 한다.[29] 그 조선인들이 군주의 명으로 3년 주기로 전복 채취를 목적으로 도해한다는 사실을 말하고 있어 조선인들의 도해목적이 어렵이었다는 것을 알 수 있다.[30] 그 일행에 안용복이 포함되었는지는 확인할 수 없으나 안용복의 도해 역시 일단은 어렵을 목적으로 하는 도해로 보아야 한다.

어렵을 위해 도해했다 그곳에서 일본인들에게 납치당했으므로 안용복이 일본에 간 것은 본인의 의사와는 관계없는 일이었다. 안용복의 도해문제는 이 사실을 근거로 해서 다루어져야 할 것이다.

(2)자진도해

안용복은 납치당한 피해자였음에도 2년형의 처벌을 받았다.[31] 쓰시마한이 안용복을 송환하며 그가 죽도에 도해하여 일본의 법을 위반했다는 통지를 받은 조선은 우리나라의 울릉도(弊邦境之鬱陵島)」의 왕래도 허락하지 않고 있어 「귀국의 죽도(貴境竹島)」들어가는 일은 법에 따라 죄를 주겠다고 약속하고 그것을 실행한 것이다.[32]

이는 안용복이 일본과 조선의 죄인이었기 때문에 양국의 처벌을 받았다는 것으로, 비록 그가 2년의 형기를 마쳤다 해도 바뀐 상황이 없어

29) 鮑大分取上ヶ申様ニ (『竹嶋之書附』元祿 申年 一号).
30) 此島ヨリ北ニ当リ島有之, 三年ニ一度当テ国主之用ニテ鮑取ニ參候(전게주 29).
31) 送之東萊府 龍福悉訴之 府使不以聞 以犯越刑之二年(李瀷『星湖僿說』鬱陵島條).

다시 도해하면 역시 처벌 받아야 했다. 그럼에도 그는 다시 자진해서 도해했다. 조선의 해금법이 해제된 것도 아니고, 일본이 그를 환영하는 상황이 조성된 것도 아닌데, 쓰시마한을 소송하겠다며 돗토리한으로 도해했고 어찌 된 일인지 돗토리한은 그 일행을 환대했다.

당시 일본은 조선인의 죽도도해를 금지시켜달라고 요구했던 것과는 달리 일본인의 도해를 금지시키고, 그것을 조선에 전하라고 명했으나 쓰시마한이 그 명을 실행하지 않은 상태라, 조선은 물론 안용복도 그 사실을 모르고 있었다. 막부가 일본인의 죽도 도해를 금하는 것이 조선인의 일본 도해를 허가한 것이 아닌 이상, 안용복이 허가없이 도해하는 것이나 돗토리한이 그 일행을 환대하는 것은 국법을 어기는 일로 보아야 한다. 그래서 돗토리한이 즉시 막부에 보고한 것으로 볼 수 있으나 일행을 영접하는 자세는, 3년 전에 범법자라며 그 처벌을 막부에 요구했던 것과는 크게 달랐다. 이 같은 안용복 일행과 돗토리한의 관계를 이해하지 않고는 일본이 말하는 「죽도일건」의 본질은 이해할 수 없을 것이다.

안용복은 돗토리한의 무엇을 믿고 소송한다며 도해했으며 돗토리한은 왜 일행을 환대했는지의 원인은 불명이나 서로 신뢰하고 있었다는 것을 알 수 있는 방문이고 영접이었다. 일행이 취한 행동이나 돗토리한이 말과 가마를 내어 영접하는 것은 일반 표류민이나 범월자가 취할 태

32) 貴域瀕海漁民比年行舟於本國竹島土官詳論禁法 (중략) 雖弊邦境地鬱陵島 亦以遼遠之故不許任意往來 況其外乎 (중략) 敢入貴境竹島 (중략) 今將犯人等依律科罪(『肅宗實錄』20年2月23日).

도나 영접이 아니었다. 사전에 어떤 합의가 있었거나 신뢰하는 관계가 아니면 있을 수 없는 도해와 영접이었다.

1963년 12월 10일에 조선에 양도된 안용복이 2년의 형을 받았다하나 기록이 없어 그 자세한 내용은 알 수 없다. 산발적인 기록이 다시 도해하기 위해 11명의 일행을 구성하는 과정을 전하고 있을 뿐이다. 일행이 1696년 3월 18일에 죽도에 다시 도해했다는 기록이 있는 이상, 그의 도해 준비는 안용복이 형기를 마친 1695년 말이나 1696년 초에 시작된 것으로 볼 수 있다. 그 준비상황과 목적을 『숙종실록』은 다음과 같이 전한다.

> 저는 본래 동래에 거주하였으나 어머니를 보기 위해 울산에 이르러 중 뇌헌 등을 만나서 지난해 울릉도에 왕래한 일을 자세히 설명하고 또 울릉도의 해산물이 풍부함을 말하였습니다. 뇌헌 등은 이를 이롭게 생각하고 마침내 배에 동승하여 영해의 고공 유일부 등과 함께 출발하여 울릉도에 도착하였습니다.[33)]

동래에서 만난 사람들에게 울릉도에 해산물이 많은 것을 설명하여 배에 동승할 일행을 구성했다는 내용으로, 그 도해가 어렵을 목적으로 했다는 것을 알 수 있다. 그러나 『강계고』, 『증보문헌비고』, 『만기요람』 등은 쓰시마한의 농간으로 양국 사이에 불화가 생기는 것이 「분하여 울

33) 龍福以爲渠本居東萊 爲省母至蔚山 適逢僧雷憲等 備說頃年往來鬱陵島事 且言本島海物之豊富 雷憲等心利之 遂同乘船 與寧海篙工劉日夫等 俱發到本島(『肅宗實錄』22年 9月 25日).

산 해변으로 급히」가서 일행을 구성한 것으로 하고 있다.[34)]

이처럼 어렵목적이었다는 내용과 쓰시마한의 농간에 울분을 느낀 도해였다는 기록이 있으나, 울릉도에서의 어렵을 조건으로 일행을 구성했다는 내용은 공통적이다. 처음부터 두 가지의 목적을 가졌을 경우와 도중에 목적이 바뀐 것으로 생각할 수 있는 도해였다. 처음의 목적이 무엇이었든 도해의 성격이 바뀌는 것은 죽도에서 왜인을 만난 후부터였다. 안용복은 울릉도에서 왜인들을 만나자,

> 울릉도는 본래 우리나라의 경지인데 왜인이 어찌 감히 월경하여 침범하는가. 너희들은 모두 묶어 마땅하다고 말하고, 이어서 뱃머리로 나아가 대갈했다. 왜가 말하길 우리들은 본래 송도에 사는데 우연히 고기잡이를 하러 나왔다. 이제 마땅히 본소로 돌아갈 것이다 라고 말했다. 송도는 곧 자산도로 이 역시 우리나라 땅이다. 너희들이 감히 여기에 산다고 했느냐고 하였습니다.[35)]

왜인이 울릉도에 나타나는 것이 범월죄라는 것과 그들이 산다는 송도 역시 조선의 자산도라는 사실을 알려주고 꾸중하며, 자산도까지 쫓아가서 그곳에 있는 왜인들을 꾸짖어 추방하고 추격했는데, 이것이 도해의 목적이 달라지는 계기였다. 안용복이 울릉도에서 만난 일본인들에게 울릉도와 자산도의 영유권을 이야기한 정통성은, 3년 전에 납치되

34) 時差倭累至 若將生釁 國人憂之 而不知爲馬島所瞞 龍福憤甚 走蔚山海邊 有商僧雷憲等艤舟(『增補文獻備考』卷31, 輿地考19).

35) 鬱陵島本我境 倭人何敢越境侵犯 汝等可共縛之 仍進船頭大喝 倭言 吾等本住松島 偶因漁採出來 今當還往本所 松島卽子山島 此亦我國地 汝敢往此耶 (『肅宗實錄』22년 9월 戊寅).

었을 때, 납치한 일본인들의 부당함과 울릉도와 자산도가 조선령임을 주장하여 관백이 그것을 인정하는 서계를 받은 사실이었다.

그는 3년 전에 죽도와 송도가 조선의 울릉도와 자산도임을 주장하여 그것을 인정하는 서계를 받았으나 송환되는 도중에 쓰시마한에 탈취당하여, 그 사실을 조선의 관리들에 호소했으나 인정받지 못한 상황에서, 다시 도해한 울릉도에서 일본인들을 만난 것이다. 자신이 주장하여 울릉도가 조선의 영지라는 서계까지 받았는데, 그 약속이 지켜지지 않는 것은 쓰시마한의 농간을 원인으로 한다고 여기고, 그것이 양국을 위해 바람직한 일이 아니라고 판단하여 도해를 실행한 것으로 볼 수 있다. 그의 돗토리행은 부산에서 일행을 구성할 때부터 계획된 일이었는지 울릉도에서 일본인을 만나면서 부터였는지는 알기 어려우나 쓰시마한의 처사에 대한 불만이 원인에 포함되었다는 것은 확실한 것 같다.

그는 자산도에서 왜인을 추격하다 오키노시마(隱岐島 : 玉岐島)에 5월 20일에 표착했다. 지난번에는 납치당하여 일본으로 끌려가는 도중에 들렸는데, 이번에는 왜인을 추적하다 표착한 것이다. 모두 자의에 의한 도해가 아니었으나, 두 번째의 도해는 적어도 강요된 것은 아니었다. 그는 곧 오키의 대관을 방문하여 호키슈(伯耆州 : 돗토리한의 영지)를 방문하고 싶다며 안내를 요구했으나, 연락이 늦어지자 스스로 호키슈의 아카사키(赤崎)로 건너가 돗토리한을 방문하여 번주와 대좌하여 다음과 같은 이야기를 했다.

> 전날에 양도의 일로 서계를 받아내었음은 명백할 뿐인데 쓰시마도주

> 는 서계를 탈취하고 중간에 위조하여 여러 번 차왜를 보내서 불법으로 횡침하니 내가 장차 관백에게 상소하여 죄상을 낱낱이 진술하겠다고 하였습니다. 호키토주는 허락하였습니다.[36)]

라고 지난번에 관백이 준 서계를 쓰시마한이 탈취한 사실과 조선과 일본 사이에서 농간을 부리고 있다는 사실이 있어 관백에게 상소하기 위해 왔다는 도해목적을 밝혔고 돗토리한은 그것을 허가했다. 그러나 그 사실은 안용복이 범법자이기 때문에 신뢰할 수 없다거나 당시에 돗토리번주가 에도에 체재하고 있었기 때문에 대좌하는 일이 있을 수 없다는 식으로 부정당해 왔다. 안용복의 신분을 근거로 해서 쓰시마한에 대한 참무로 단정하기도 한다.[37)]

그러나 그의 진술이 허언이 아니라는 것은 동질적인 내용을 전하는 다른 기록들을 통해 확인할 수 있다. 특히 2005년에 오키에서 발견된 『원록각서』는 안용복의 진술이 사실이라는 것을 확인해준다. 그곳에는 안용복이 울릉도와 자산도가 조선의 영지임을 주장한 내용만이 아니라, 납치당했을 때 서류를 받았다고 해석할 수 있는 내용, 돗토리한에 연락해줄 것과 도해의 협조를 요구한 사실 등의 기록이 있다.[38)]

쓰시마한이 조선과의 외교권을 독점하고 있다는 것을 기화로 양국

36) 前日以兩島事 受出書契 不啻明白 而對馬島主 奪取書契 中間僞造 數遣差倭 非法橫侵 吾將上疏關白曆陳罪狀 島主許之 (『肅宗實錄』22년 9월 23日).

37) 田川孝三 「竹島に関する歷史的考察」(『東洋文庫』書報 제20號. 1988).

38) 四年以前葵酉十一月, 日本ニ而被下候物共書付之帳壱册出シ申候則写之申候 (中略) 鳥取伯耆守様へ訴訟在之參候と之申方ニ而候間 (中略) 朝鮮人一卷之書付幷朝鮮人出候奉書目錄ニ記之彌次右衛門持參仕候口上ニ茂可申上候(權五曄 · 大西俊輝『元祿覺書』, 제이엔씨, 2009, p 204.)

사이에서 농간을 부리고 있었다는 것은 사실로, 국서의 변조도 주저하지 않았다.[39] 그런 쓰시마한이었기 때문에 막부가 일본인의 죽도도해를 금하며 그것을 조선에 전하라는 명도 실행하지 않았다. 그러다 안용복이 다시 도해했다는 소식을 듣고 당황하여 돗토리한을 통해 정보를 얻으려 하기도 했다.[40]

후세의 기록이 전하는 내용 역시 유사하다. 다만 울산에 간 것을 어머니를 만나기 위한 것이 아니라 울분을 참을 수 없어 선단을 조직하기 위한 것으로 하고, 「자산도」를 「우산도」로 칭한 정도의 차이가 있다.[41] 이것은 후세에 당대의 직접기록인 『숙종실록』이나 여타 전승을 근거로 해서 편찬하는 과정에서 생긴 차이라고 말할 수 있다.

이에 비해 일본의 기록은 도해목적을 불명으로 하고 있다. 『돗토리한 향토사』나 오카지마 마사요시의 『죽도고』의 기술 등이 그렇다. 일단은 조선인을 납치했다 귀범시킨 일로 제기된 어업권을 담판하기 위한 것이 아닐까라고 추정은 하면서도, 유학자를 파견하여 필담을 시켰으나 의사가 통하지 않은 것으로 했다.[42]

안용복이 아카사기(赤崎)에 나타나자 돗토리한은 서둘러 일행을 아

39) 田代和生 『書き替えられた国書』(中央新書, 1983年), p.37.

40) 『竹島紀事』元祿 9年 6月 23日條.

41) 龍福憤甚 走蔚山海邊 有商僧雷憲等艤舟 龍福遊之曰 鬱陵島多海菜 吾當爲汝指其露(『增補文獻備考』권31 鬱陵島), 龍福憤鬱不已 誘販僧五人及掉工四人 復至鬱陵(『星湖僿說』), 龍福憤鬱不已 誘販僧 復入倭中(『五洲衍文長箋散稿』권35 鬱陵島事實辨證說).

42) 将来当然起るべき日鮮両国間の漁業権について, 逆襲的に談判せんため, 隠岐を経て伯耆に来航したものと推定せらる. 然るに通訳なく文字を解する者なかりしため, 来旨明らかならず, 我が藩よりも特に御儒者辻権之亟を青屋に派遣して筆談せしめたが, 要領を得なかった(『鳥取県郷土史』, p.422).

오야(青谷)의 센넨지(專念寺 : 千念寺)에 머물게 했으나 통역관이 없는 관계로 도해의 목적을 알 수 없어 유학자에게 필담까지 시켰으나 도해의 목적을 알지 못했다 한다. 그러나 돗토리한은 오키 대관이 안용복의 도해를 알리는 보고서를 받았기 때문에, 도해한 사실과 목적을 알고 있었다.[43)]

실제로 돗토리한은 유학자 곤노조(辻權之亟)를 보내 필담을 시켰으면서도 「필담을 하면 소송을 접수한 것이 되므로 필담은 하지 않는다」라고 보고했다.[44)] 그러면서 조선어 통사의 파견을 요구하고 있어, 돗토리한이 안용복이 도해한 목적을 파악하고 있으면서도 막부에는 말이 통하지 않는 것으로 하고 있었다는 것을 알 수 있다. 이것 역시 의문으로 돗토리한이 안용복을 환대한 사실과 같이 생각해볼 문제다.

안용복의 일본어 능력은 3년 전에 납치당했을 때 이미 검증된 것으로, 안용복이 오키에서 도해의 과정과 목적을 밝혔기 때문에 보고서의 작성도 가능했기 마련이다. 그럼에도 말이 통하지 않아 도해목적을 알지 못한다고 말한 것은, 그렇게 말하지 않으면 안 되는 사정이나 목적이 있었기 때문이었을 것이다.

그 필요성이 무엇이었는가를 밝히는 것이 일본 기록들이 보이는 모순의 원인을 아는 길이다. 안용복의 도해 목적은 『죽도고』만이 아니라

43) 五月二十日朝鮮船一艘着岸セル故, 其仔細備詳相尋候処, 今後彼国船三拾二艘竹島へ渡海シケルガ, 其内ノ一隻, 伯耆国へ訴訟ノ為カ渡来セル由, 申侍ル旨相達居ケレバ, 定メテソノ船ナラメト(『竹島考』朝鮮國通使船于本藩).

44) 筆談ニ而埒明可申儀候, 筆談者不仕候哉與被仰候付, 筆談を仕候而者訴訟之儀を受込候同前ニ御座候故, 筆談不仕候旨申上候(『竹島紀事』元祿 9年 6月 23日).

『죽도기사』의 곳곳에서도 확인할 수 있는데,[45] 이는 오키의 대관이 보고했기 때문에 관계 요로의 모두가 도해목적을 인식하고 있었다는 것을 의미한다. 물론 그 인식에는 쓰시마한에서 서계를 탈취 당했다는 사실을 비롯하여 쓰시마한이 자행해온 비리 등도 포함되었기 마련이다.

2) 위법의 도해

안용복이 울릉도에서 납치된 것이 왜 위법인가라고 의문을 가지는 것은 당시의 남구만이 「죽도는 곧 우리나라의 울릉도인데 우리나라 사람이 간 것이 어찌 경계를 범한 것이 되겠는가」라고 말할 정도로 당연한 일이었다.[46] 그러나 남구만의 말은 조선인의 위법에 일본이 관여하는 것이 부당하다는 것이었지, 안용복의 도해가 정당하다는 것은 아니었다. 이익 등 후세의 조선학자들이 안용복을 평하는 내용도 같은 맥락이라 할 것이다. 이익의 『성호사설』은 안용복을 다음과 같이 평했다.

> 나는 생각하건데 안용복은 곧 영웅호걸인 것이다. 미천한 군졸로서 만번 죽음을 무릅쓰고 국가를 위하여 강적과 겨루어 간사한 마음을 꺾어버리고 여러 대를 끌어온 분쟁을 그치게 했으며, 한 고을의 토지를 회복했으니 부개자와 진양에 비하여 그 일이 더욱 어려운 것이니 영특한 자가 아니면 할 수 없는 일이다. 그런데 조정에서는 상을 주지 못할망정, 전에는 형벌을 내리고 뒤에는 귀양을 보내어 꺾어버리기에 주저하지 않았으니, 참으로 애통한 일이다.[47]

45) 朝鮮人隱岐國江參代官共へ因幡江訴訟之儀有之候與申候付(『竹島紀事』元祿 9年 6月 23日).
46) 竹島是我鬱陵島 我人之往 何犯界乎(『肅宗實錄』20년 8월 戊申)

안용복의 도해가 울릉도와 자산도가 조선의 영토라는 것을 재확인하는 계기였음에도 처벌된 것에 대한 아쉬움을 나타낸 것으로 많은 사람들이 동감하는 내용이다. 이를 시모조 마사오(下條正男)는 안용복의 위증을 근거로 하기 때문에 신뢰할 수 없다는 주장을 하나,[48] 어쨌든 안용복의 공과는 당대부터 논의되고 있었다.

1693년에 납치당했다 송환된 안용복은 2년형을 살았음에도 1696년에 다시 도해했고, 그가 돌아오자 조선은 이번에도 범죄자라며 유배시켰다.[49] 안용복이 숙종 22년 8월 29일에 양양으로 귀항하자 강원감사 심평(沈枰)은 그를 도성으로 압송했다.

그의 처리를 논하는 자리에서 윤지완(尹趾完)은 안용복이 외국에 나가 국사를 이야기한 것은 사죄에 해당하나 그가 에도 막부와의 직통의 길을 열었고, 또 사형에 처하는 것은 교활한 쓰시마한을 기쁘게 하는 일이라며 사형을 반대했다. 남구만(南九萬)도 쓰시마한의 농간을 안용복에 의해 알게 되었으니 주살의 죄라하나 처벌은 안 된다는 주장을 했다. 죄보다 공이 크다며 안용복의 언행에 신뢰를 표한 것이다. 신여철(申汝哲)도 안용복의 공이 죄보다 크므로 죄를 줄 수 없다 했다.

좌의정 윤지선(尹趾善)은 안용복을 죽이지 않으면 만세에 간사한 백

47) 愚案安龍福直是英雄儔匹 以一卒之賤出 萬死之計 爲國家 抗强敵 折奸萌 息累世之爭 復一州之土 比諸傅介子 陳湯 其事尤難 非傑然者不能也 朝廷不惟不之賞 前刑後配 摧陷之不暇 哀哉(李瀷『星湖僿說』鬱陵島條).

48) 下條正男『竹島は日韓どちらのものか』(文芸春愁, 2006), p.104.

49) 龍福不可徑先處斷 其意蓋以倭人折服 爲龍福之功也 上意亦以爲然 命減死定配 憲府屢啓爭之不從」(『肅宗實錄』23年 3월 27日).

성들 중에서 반드시 타국에 가서 일을 일으키는 자가 생길 것이니 죽여야 한다는 주장을 했다.[50] 많은 논란이 있었으나 결국은 안용복의 죄보다는 공로를 인정하는 상황이었다. 안용복이 쓰시마한의 농간을 밝히고 에도와 직접 연락할 수 있는 길을 개척한 공을 중시한 셈이다.

그런데 여기서 말하는 범죄가 무엇인가. 윤지완이 거론한 범죄란 사사로이 타국에 가서 국사를 함부로 이야기했다는 「사왕타국외설국사(私往他國猥說國事)」이고, 남구만은 금기를 범하는 사단을 일으켰다는 「모금왕도출사단지(冒禁往逃出事端之)」를 안용복의 죄라 했다. 윤지완이 말한 「사왕타국」이나 남구만이 말한 「모금왕」은 안용복이 허가없이 바다를 건넜다는 것으로, 그것이 조선의 정책에 위배된다는 것이다. 나라의 정책을 위배했으니 처벌 받는 것은 당연한 일이라 할 것이다. 또 윤지완이 말한 「외설국사」나 남구만이 말한 「도출사단」 역시 안용복이 수행할 일이 아니었다. 타국에 가서 국사를 함부로 이야기하는 것은 국가기밀을 누설한 죄가 될 수 있고, 사단을 일으킨 것 역시 국가의 질서를 어지럽히는 일로 처벌의 대상이었다.

안용복의 위법은 사실이나, 그것이 납치를 계기로 해서 공론화 된 것을 생각하면, 처벌되어야 하는 것은 그가 아니라 월경하여 납치한 일본인들이었고, 뜻을 이루지는 못했으나 안용복의 송환을 계기로 해서 죽

50) 龍福私往他國 猥說國事 彼或認爲朝廷所使 則事甚可駭 論基罪犯 當殺無疑 (中略) 龍福之冒禁往 逃出事端之罪 固不容誅矣 (中略) 龍福之事 雖極痛駭 國家所不能爲之事 渠能爲之 功過足以相掩 不可斷以一罪也 趾善曰 不殺龍福則末世奸民 必多生事於他國者 何可不殺也(『肅宗實錄』 22年 10월 丙申).

도를 탈취하려 했던 쓰시마한이었다. 그럼에도 죽도를 조선의 울릉도로 인정하는 것으로 종료되었을 뿐, 납치를 자행했던 일본인과 침탈을 기도했던 쓰시마한은 처벌되지 않고, 희생자라 할 수 있는 안용복만 치죄 당했다.

일본은 조선인을 납치하고는 그 원죄가 조선에 있다며, 조선의 책임을 묻는 무례를 범하고서도, 울릉도가 조선의 영지라는 사실이 분명해지자 그 요구를 철회했을 뿐 책임진 내용이 없다. 일본은 분쟁의 원인을 밝히는 것으로 끝내지 말고, 관계자들을 처벌하는 식의 책임을 졌어야 했다. 그럼에도 조선은 만족하고 있었다.

조선은 안용복의 공을 감안하여 사죄를 면했다 하나, 과연 공을 인정하여 형을 감한 것인지, 일본과의 약속이 있어 어쩔 수 없어 치죄한 것인지는 생각해 볼 문제다. 일본이 죽도를 조선의 울릉도로 인정한 것이 쓰시마한의 공이라고 말하는 동래부사처럼 정보능력이 없는 관리들이 외교를 담당한 결과일지도 모른다. 쓰시마한의 사신들은 임진왜란의 재발까지 암시하며 뜻을 이루려다 도해금지령이 내리자, 그것을 은폐하고 조선에 알리지도 않다가 어쩔 수 없이 통지할 때는 자번의 공인 것처럼 가장했다. 그런 정보능력의 부재와 일본에 대한 배려가 안용복의 공을 인정하지 못한 원인이었다. 그야말로 우리의 강토에서 우리 백성들이 하는 어렵에, 일본이 무슨 권리로 관여하는가라고 말하지 못하는 조선 관리들에 의한 치죄였다.[51]

51) 旣在我界則 我民之漁獵往來 理固宜然 何與於貴邦如是(李瀷『星湖僿說』).

3) 도해의 일정

(1) 납치도해의 일정

안용복이 일본에 납치되는 것은 1693년 4월 18일이다. 그를 심문한 비변사의 기록에는 그의 행적에 대한 구체적인 기록이 없는 것에 반해 그를 납치한 오야케의 기록에는 비교적 자세히 나타나 있다. 그것에 의하면 안용복 일행이 먼저 울릉도에 도착하여 전복을 채취하고 있었다. 오야케의 선원들은 그 중의 두 사람을 18일에 납치하여 20일에 오키 후쿠우라(福浦)에 이르러 진술서를 받고, 23일에 그곳을 떠나 오키의 도젠(島前)에 머물다가 26일에 그곳을 떠나 26일에 운슈(雲州), 27일에 요나고에 도착했다. 그 과정을 오야케의 선원이 다음과 같이 진술했다.

> 그 외국인을 배에 태우고, 오오텐구라는 곳을 찾아갔더니, 외국인 10인 정도가 어렵하고 있었습니다. 그 중에 말이 통하는 한 사람이 있었기 때문에, 이쪽 배에 태우고, 전에 북쪽 포구에서 태웠던 외국인을 배에서 내리고, 그 외의 한 사람과 이상의 두 사람을 태우고 그 사정을 물었더니 말이 통했습니다. 죽도는 거친 해변이기 때문에, 이쪽의 소선은 불안정합니다. 두 명의 외국인을 태우고 원래의 배로 돌아왔습니다. 앞의 외국인을 데리고 돌아왔습니다.[52)]

죽도에서 조선 어민을 만나, 그 중에 일본어를 이해하는 자가 있어, 그를 납치했다는 것이다. 오야케는 안용복을 사저에 감금하고 27일에 돗토리한에 보고했고, 돗토리한은 구라요시(倉吉)에 있는 아라오 슈리

52) 『因府歷年大雜集』(大谷九右衛門船頭口上書).

(荒尾修理)를 보내 조사시켜 28일에 보고를 받아, 30일에 7일 걸리는 비각을 에도 번저에 보내, 5월 10일에 막부에 보고했다. 안용복 일행을 나가사키로 송치하라는 명이 내린 것은 5월 13일로 그 동안은 오야케의 헛간에 구금되어 있었다 한다.[53] 그러나 이 일정과 다른 내용의 기록도 있어 앞으로 규명해야 할 문제이다.

요나고에서 모든 취조를 끝냈고, 돗토리한은 그것을 근거로 막부에 보고하여, 나가사키로 송치하라는 명을 받았으므로 요나고에서 송치하는 것이 효과적이었다. 그런데 돗토리한은 5월 26일에 아라오슈리에게 명하여 돗토리로 데려올 것을 명했다. 안용복과 박어둔은 29일에 요나고를 출발하여 6월 1일에 돗토리한에 도착하여, 야마토(大和)의 저택에 머물렀다. 2일에는 가신들이 야마토댁을 방문하여 안용복을 만나, 밤에 숙소를 정회소로 옮겼다. 그리고 7일에 나가사키로 떠났다. 이처럼 안용복을 일부러 불러 가신들이 숙소를 방문한 이유가 무엇이었을까. 그것은 안용복이 돗토리한의 태수와 대좌했다고 진술한 것과 같이 생각해볼 수 있는 일이다.

안용복이 돗토리한에 머문 것은 6월 1일부터 7일 아침까지라는 것이 통설이나 34일간 머물렀다고 진술한 기록도 있다.[54] 그것은 오카지마의 기록처럼 125년이 지난 후대의 기록이 아니라, 안용복을 매개로 울릉도를 탈취하려 했던 쓰시마한의 『죽도기사』가 전하는 것이므로 신뢰

53) 이 기간에 안용복이 江戶에 갔을 가능성이 있다.

54) 同廿八日ニ隱岐國出船仕五月朔日ニ取鳥罷着, 三十四日逗留仕, 取鳥發足仕, 同晦日長崎表江着仕候(『竹島紀事』元祿 6年 9月 4日)

하고 규명해 볼 필요가 있다.

6월 7일에 돗토리한을 출발한 안용복 일행은 6월 30일에 나가사키에 도착하여 7월 1일에 나가사키 봉행소에 인도되고, 나가사키 봉행소는 그날 쓰시마한의 연락관 하마다 겐베에(浜田源兵衛)에게 양도했다. 하마다는 그의 진술이 돗토리한에서의 그것과 상위 없음을 확인했다. 8월 14일에 쓰시마한에서 이치노미야 스케자에몬(一宮助左衛門)이 인계받으러 왔으나 귀환의 편리를 도모하는 8월 16일자의 문서를 받고 출발하여 9월 2일에 쓰시마한에 도착했다. 7월과 8월의 50일 가까이 나가사키에 머물다 9월 2일에 쓰시마한에 도착한 것이다.

쓰시마한에는 9월 2일부터 10월 21일까지 50여일을 머물다, 11월 2일에 부산의 왜관으로 송환되었다. 3월 27일에 동래를 출항하여 7개월 만에 귀국한 셈이다. 그러나 바로 조선에 양도된 것이 아니라 그곳에서도 구금되었다가 12월 10일에야 동래부에 인계되어,[55] 조선에 귀환해서도 40일 가까이 일본의 감사를 받고 있었다.[56] 이렇게 자신의 의사와 무관한 안용복의 도일은 울릉도에서 납치당하여 오키노시마—요나고—돗토리한—에도—나가사키—쓰시마한 등지를 전전하다 부산의 왜관에 송치되어 동래부가 양도받는 것으로 종료된다.

55) 同六年十二月十日興左衛門一行茶禮設行接慰官并東萊府使被罷出於太廳對面御書簡渡之勿論竹島江罷越候漁民二人太廳之寬上ニ而渡之相濟(『竹島紀事』元祿6年12月10日).

56) 牢囚久之押送東萊 又囚于館前後九十日始還(『春官志』,「鬱陵島爭界」,『增補文獻備考』).

(2) 자진도해의 일정

안용복은 2년형을 마치고 다시 도해했는데 그 내용이 『원록각서』에 구체적으로 기록되어 있다. 1696년 3월 18일에 죽도에 도착하여 약 2개월이 지난 5월 15일에 그곳을 떠나 당일에 송도에 이르렀고, 5월 16일에 그곳을 떠나 18일 아침에 오키의 니시무라(西村)에 도착하여 20일에 오쿠무라(大久村)에 입항했다.

니시무라에 18일에 도착하여 20일에 오쿠무라에 입항한 것은 악천후의 탓이었다. 일행이 도착한 니시무라는 서북풍이 정면으로 부는 곳으로 많은 배들이 표착하는 곳이었다. 안용복 일행도 그곳에 표착하여 나카무라(中村)로 피난하여 선중에서 1박하고, 19일에 도고 동안을 돌아 오쿠무라의 가요이포에서 밤을 새고 20일 아침에 오쿠항에 입항한 것이다. 오키에 도착하여 악천후로 2일이나 배회한 것이다. 원래 나카무라와 오쿠무라는 몇 시간이면 갈 수 있는 거리였다.

일행은 호키로 가려다 표착하자 곧 대관을 찾아 도해의 목적을 밝혔다. 20일에는 사이고(西鄕)에서 온 관리를 만났고, 22일에는 소송서로 보이는 서류를 작성하여 대관에 제출했다. 원래 오키는 1638년(寬永15)부터 1687년(貞享4)까지 마쓰마에한(松前藩)이 감독했으나, 1688년부터 1720년(享保5)까지는 막부가 직할하는 천령(天領)으로 이와미노쿠니(石見國) 긴잔료(銀山料) 오모리(大森)의 대관이 관할하게 되었다. 대관소에서 파견된 오키의 관리는 일상적인 행정실무도 관여했기 때문에 안용복의 취조에도 입회했을 가능성이 많다.

안용복은 돗토리한에 연락해줄 것을 요구했으나 연락이 늦어지자, 6

월 4일에 호키국 아카사키로 도해하여 1박하고 돗토리한으로 향했다.[57] 돗토리한은 이미 오키 대관의 보고를 받았기 때문에 그 사실을 막부에 보고했다.

> 조선의 배 1척이 5월 20일에 오키국에 착안하였습니다. 이에 의해 대관 고토카쿠에몬의 부하 나카세단에몬과 야마모토키요에몬이 상황을 물었더니, 이번에 조선배 32척이 죽도에 도해했습니다. 그 중 1척으로 11인이 타고 있었습니다. 이들은 호키국에 소송할 일이 있어 도해했다고 말하고 있어, 위 두 사람을 비각으로 해서, 이 사정을 금월 2일에 본지에 알려왔습니다. 동 4일에 호키슈 아카사키라는 포구에, 앞의 조선배가 도착했습니다. 그래서 담당자에게 자세히 듣고 보고하라고 말해 두었습니다. 본국에서 오늘 비각을 보내 알려왔기에 우선 보고 드립니다.[58]

이는 돗토리한이 안용복이 도해한 원인과 목적을, 적어도 안용복이 오키의 대관에게 설명한 범위 안에서 이해하고 있었다는 것을 입증하는 보고서다. 그러나 돗토리한은 그 원인과 목적을 모르는 것으로 막부에 보고했다. 오키에서는 돗토리한의 회답이 지연되고 있다며 일행을 붙잡아두려 했지만, 일행은 그곳을 떠나 6월 4일에 호키국 아카사키에 착안했다.

57) 則謂當轉報伯耆州 而久不聞消息 渠不勝憤惋 乘船直向伯耆州(『肅宗實錄』, 肅宗 22년 9월 戊寅)

58) 朝鮮之船壱艘五月廿日隠岐国江着岸, 依之御代官後藤角右衛門手代中瀬弾右衛門, 山本清右衛門様子相尋候処, 今度朝鮮船三十二艘竹島江渡海仕候, 其内壹艘人数十壱人罷有候, 是者伯耆国江願之儀有之渡海仕旨申付而, 右両人より飛脚を以, 右之趣今月二日国元家来迄申越候, 同四日伯州赤崎と申浦江, 右朝鮮船着申候, 則番人等申付置候, 委細承追而注進可仕旨, 従国元今日以飛脚申越候付, 先御届申上置候以上 (『御在府日記』 元禄 9年 6月 22日).

이미 2일 전에 오키 대관의 연락을 받은 요나고 성주는 그 사실을 돗토리한에 보고했고, 보고받은 돗토리한은 야마자키 슈마(山崎主馬)를 서둘러 파견했으나, 일행이 이미 게타군(氣多郡) 나가오하나(長尾鼻)를 지났기 때문에 아요야(靑谷)로 견인하여 정박시키고 경비시켰다.[59] 일행은 그곳의 센넨지(專念寺)에 머물다 6월 12일에 가로(加露)의 도젠지(東善寺)로 옮긴다.

12일부터 돗토리성하로 옮기는 21일까지 10일 간은 도젠지에 숙박했다가 21일에 돗토리성하의 정회소로 옮겼으나 이국인을 상륙시키지 말라는 막부의 명이 있어, 일행은 고야마이케(湖山池)에 있는 아오시마(靑島)에 8월 6일까지 구금되었다. 아오시마에 유폐된 일시는 확실하지 않으나 6월 26일에 에도에서 돗토리로 비각을 보낸 일을 감안하면 6월 말 이후로 추정된다.

일행의 행적은 거의 매일 같이 기록되다 6월 21일 이후의 기록은 거의 없어 송환되는 8월 6일까지 어떤 일이 있었는지를 잘 알 수 없다. 그래서 기록이 중단된 이유도 알 수 없으나, 기록할 내용이 없었던 것이 아니라 기록하지 못할 사정이 있었을 것으로 추정된다. 돗토리한은 50일 가까이 유폐했다가 8월 6일에 송환하고 당일에 에도에 보고했다. 일행은 8월 29일에 양양현에 도착하여 강원감사 심평에 의해 도성으로 압

59) 御船手山崎主馬 へ命アッテ急ギ彼地へ馳向ケル処, 件ノ朝鮮船ハ早気多郡長尾鼻ヲ乗廻シ, 船磯ノ灘ニテハタト行逢タリ, 此処ハ船繫リ難相成, 依ッテ引船数隻ヲ出シテ青谷へ漕戻サセ, 異船ヲ湊ノ內へ引入テ, 番船堅ク付置ケル是ヲ警衛ス(『竹島考』朝鮮國通使船于本藩).

60) 還到襄陽縣界 江原監司沈枰 捉囚其人等馳啓 下備邊司(『肅宗實錄』, 22年 8月 29日).

송되었다.[60]

이를 『숙종실록』은 임금이 사형을 감하여 귀양 보내도록 했다는 내용을 기술했을 뿐이다. 그러나 『증보문헌비고』 등은 귀범한 안용복이 관가를 찾아가 보고하고 돗토리한에 제출한 글을 바치며 전후 사정을 설명했으나 유배당한 것으로 전하고 있다.[61] 『성호사설』과 『오주연문장전산고』도 유사한 내용을 전한다. 귀환한 안용복을 방백이 서울로 압송했고, 극형을 주장하는 의견도 있었으나 공을 감안하여 귀양 보냈다는 내용이다.[62] 그때 안용복이 제출했다는 보고서가 전하지 않는 것이 아쉽다.

안용복은 납치당하고도 처벌받은 경험이 있어, 다시 도해하면 처벌받게 된다는 것은 알고 있었기 마련이다. 그럼에도 도해를 감행한 것은 그만큼 목적의식이 뚜렷했고, 돗토리한을 신뢰했거나 합의가 있었기 때문이었을 것이다. 그 목적을 자세히 알 수 없으나 쓰시마한의 비리를 고발한다는 내용이 포함된 것은 확실하다. 그것이 애국충정을 원인으로 하는 것인지는 알 수 없으나, 그것이 양국의 경계를 확정짓는 계기가 되었다는 것은 분명하다. 그가 보상받지 못하는 재도해는 울산—울릉도—자산도—오키—아카사키—아오야—가로—돗토리—고야마이케—가로—양양의 순으로, 3월 18일부터 8월 29일 사이에 이루어졌으며, 조

61) 龍福還泊襄陽告于官且獻在伯耆時呈太守文以證前事不誣 (中略) 乃流之(『春官志』『增補文獻備考』).

62) 秋八月還泊襄陽方伯狀聞拿致龍福等于京 (中略) 朝廷乃減龍福死配去云(『星湖僿說類選』, 『五洲衍文長箋散稿』).

선의 부산과 강원도, 일본의 오키와 돗토리한을 선회하는 도해였다.

4. 각지의 입장과 대응

요나고의 오야케와 무라카와케가 막각과의 사적 관계를 통해 1625년 무렵부터 죽도의 배타적 독점권을 확보하고 어렵을 계속하고 있었다.[63] 그곳에서 조선인을 처음으로 만난 것이 1692년이므로 이 이전에 조선인이 도해한 일이 없었다고 주장하는 것은 일본기록에 근거하는 주장으로 옳지 않다. 그 해에는 조선인들이 있었기 때문에 조업을 포기하고 돌아와 그 사실을 돗토리한을 통해 막부에 보고하였는데, 다음해에도 같은 일이 반복되어 두 사람을 납치했다는 것이다. 그것이 원인이 되어 안용복은 두 번에 걸쳐 일본의 각지를 선회하게 되는데, 그를 대하는 태도가 지역과 시간에 따라 달랐다. 그것이 무엇을 원인으로 하는 차이였는지를 아는 것이 안용복의 일본에서의 행적을 이해하는 필요조건이다.

1) 오키

오키는 은기도(隱岐島), 은주(隱州), 은기주(隱岐州), 옥기도(玉岐島), 오랑도(五浪島) 등으로 표기되는 곳으로 자산도 / 송도를 사이에 두고 울릉도와 대응하는 곳으로 본토 운슈(雲州)에서 80킬로미터의 떨어져 일본의 서북경계를 이루는 곳이다. 울진에서 울릉도는 140킬로미터이

63) 1618년설도 있었으나 1625년으로 보는 池內敏의 설에 따른다.

고 독도까지는 215킬로미터, 울릉도에서 독도까지는 92킬로미터, 독도에서 오키는 160킬로미터, 독도에서 운슈는 220킬로미터의 거리다. 독도에서 가장 가까운 일본령으로, 독도를 죽도라 칭하며 일본령이라고 주장하는 경우에는 이곳의 속지로 한다. 안용복이 그곳에 2회나 들렀으나 그의 의사와는 무관한 일이었다.

1693년 4월 18일에는 죽도에서 납치당하여 오키로 끌려갔다. 안용복을 납치한 오야케 선원들은 18일에 죽도를 떠나 20일에 이곳의 후쿠우라(福浦)에 도착하여 오키번소(隱岐藩所)에 신고했다.[64] 그것이 자진신고였는지는 분명하지 않으나, 그 후에 납치한 사실을 돗토리한을 통해 에도 막부에 보고한 것을 보면 자진 신고로 볼 수 있다. 그들은 납치의 정당성을 입증하기 위해 조선인들의 소지품 등을 증거물로 제시하며, 전년에 이어 금년에도 나타나 그대로 방치하면 영지를 약탈당할 수도 있어 납치했다는 주장을 했다.[65]

영유에 대한 확신이 있어 납치하고 신고한 것이다. 신고를 받은 오키번소는 안용복과 박어둔의 진술을 받을 것을 어민들에게 명했으나, 그들은 응하지 않고, 번소가 직접 심문할 것을 요구했다. 그러자 번소는 고을의 쇼야(庄屋)들을 입회시키고 진술서를 작성했다. 선원들은 그 구상서에 날인하는 것도 거부했다.

64) 『鳥取藩史』제6권(鳥取県立博物館, 1971), p.469.

65) 船中ノ者トモ相議シケルニハ昨年ノ朝鮮人トモハ再渡來致マジキ旨急度戒置ケル處又候當春モ我等ニ先ダッテ着岸致シ所務ヲ妨ゲルノ段言語道斷ナリ其侭ニ捨置なば遂ニ彼等ガ為ニ吾領地ヲ掠奪セラレシコト必然ナリ所詮コノ兩人ヲ連帰り事ノ由備ニ遂言上ヲ幕府ノ御裁定ヲ仰ク可ト衆議一決シテ(『竹島孝』大谷之船人拿歸朝鮮人).

심문에 응하는 안용복과 박어둔에 대한 설명은 없으나, 갑작스런 상황에 당황하며 반발했을 가능성은 추정 가능한 일이다. 조선의 『증보동국문헌비고』, 『강계고』, 『만기요람』 등은 안용복의 진술을 바탕으로 다음과 같은 내용을 전하고 있다.

> 우연히 왜선을 만나 구집당하여 일본의 오랑도로 들어가게 되었다. 안용복은 도주에게 가로되, 울릉도에서의 거리가 우리나라는 하루의 거리인데 일본에서는 5일의 거리이니 (울릉도는) 우리나라에 속한 것이 아닌가. 조선인이 스스로 조선 땅에 들어갔는데 왜 구집했는가라고 말했다. 도주는 굴복시킬 수 없음을 알고 백기주로 보냈다.[66)]

안용복이 울릉도가 조선령임을 근거로 납치의 부당성을 주장하자 오키도주가 대응하지 못하고 돗토리한으로 보냈다는 것이다. 이는 안용복이 일본의 심문에 반론을 제기하는 상황을 추정할 수 있는 내용으로, 일본의 무리한 심문이 있었을 가능성도 같이 상정할 수 있다. 『성호사설』과 『오주연문장전산고』도 유사한 내용을 전하고 있다.

> 왜인들이 노하여 잡아가지고 오랑도로 돌아가 구금했다. 용복이 도주에게 「울릉 · 우산은 원래 조선에 예속되어 있으며, 조선은 가깝고 일본은 멀거늘 어찌 나를 구금하고 돌려보내지 않는가」하니 도주가 호키슈로 보냈다.[67]

66) 遇倭船被拘 入日本五浪島 龍福言於島主曰 自鬱陵距我國一日程 距日本 五日程 非屬我國者乎 朝鮮人 自往朝鮮地 何拘爲 島主知不可屈解 送伯耆州(『增補東國文獻備考』卷31, 輿地考19, 『疆界考』安龍福事, 『萬機要覽』軍政編4, 海防).

이는 울릉도와 우산도의 소속을 근거로 일본인들의 부당함을 지적한 것으로, 일본인들이 기대하는 진술과 반대여서 크게 놀랐을 것이다. 이처럼 일본인들이 원하지 않는 진술이 되풀이 되면, 일본인들은 원하는 답을 듣기 위해 무리한 방법을 사용할 수도 있었다. 그래서 추정할 수 있는 것이 납치되는 과정과 심문하는 과정에서의 억압이다.

1696년의 안용복 일행은 3월 18일 아침에 출발하여 석양에 죽도에서 저녁을 먹었다. 그곳에서 두 달 가까이 체재하다 5월 15일에 출발하여 당일에 송도에 도착했고, 16일에 송도를 떠나 18일 아침에 오키의 니시무라(西村) 해안에 도착했다. 그러나 표풍이 거칠어 선회하다 나카무라(中村)에서 밤을 새고 19일에 그곳을 떠나 가요이포에서 머물고, 20일에 오쿠무라(大久村)에 이르러 번소를 찾아가 신고했다. 그때 그곳에서 진술한 기록이 2005년에 5월에 오키의 무라카미 스케큐로(村上助九郎)씨 집에서 발견되었다. 『원록각서』라는 기록이다.

그것이 전하는 내용은 『죽도고』등의 기록과 일치하는 것이 많으나,[68] 타 기록에 없는 내용도 많아 일행의 일본에서의 행적을 이해하는데 중요한 자료다. 그곳에는 일행이 「조선팔도지도」를 보이며 일본이 말하는 죽도와 송도가 조선의 울릉도와 자산도라는 사실만이 아니라 도해

67) 龍福與倭辯詰 倭怒執而歸五浪島 龍福謂其島主曰 鬱陵芋山本屬朝鮮 朝鮮近 而日本遠 何故拘執我不歸 島主送諸伯耆州(『星湖僿說』鬱陵島條, 『五洲衍文長箋散稿』卷35鬱陵島事實辨證說).

68) 隱岐國御代官後藤角右衛門手代共ヨリ報告セルニハ, 五月二十日朝鮮船一艘着岸セル(『竹島考』).

69) 三人江在番人立會之時 朝鮮八道之圖ヲ八枚ニシテ所持仕候 (中略) 鬱陵島ト申嶋御座候是ヲ竹ノ嶋申由申候則八道ノ圖ニ記之所持仕候松島ハ右同道之內子山ト申嶋御座候(『元祿覺書』전게주 38. p 129).

의 원인과 목적 등을 설명한 내용도 있다.[69]

오키 번소는 안용복 일행에 대한 것을 5월 23일에 세키슈(石州) 등에 보고했다. 일행이 6월 4일에 아카사키에 당도했을 때, 돗토리한이 일행의 내용을 알고 대처한 것은 그 보고서를 받았기 때문이다.[70] 그 보고서에는 일행이 돗토리한에 소송할 것이 있어 도해했다는 내용이 있어, 일행이 돗토리한으로 가다 표풍으로 오키에 표착했다는 것을 알 수 있다.

오키에 표착한 일행은 식량의 원조와 소지한 서계를 돗토리한에 전해줄 것을 번소에 요청했다. 요청을 받은 번소는 일행처럼 계획된 도해에 식량이 부족한 것에 의문을 표하기도 했으나, 돗토리한으로 직행하려던 계획이 표풍으로 어긋나 식량이 부족하다는 설명을 듣고 문제를 해결해 주었다. 일행의 오키 표착은, 후에 비변사에서 「배를 타고 그들을 추격하다 갑자기 큰 바람을 만나 옥기도에 표박했다」[71]라고 진술한 것과 부합되는 일이었다.

안용복의 오키에서의 진술은, 울릉도와 자산도에서 만난 왜인들을 꾸짖어 추방한 일에 이어지는 내용으로 「조선팔도지도」를 보이며 울릉도와 자산도가 일본이 말하는 죽도와 송도라고 설명한 것과 맥락을 같이 한다.[72] 안용복이 양도가 그려진 지도를 소지하고, 양도에서 만난 왜인만이 아니라 오키의 대관에게 그것이 조선의 영토임을 확인시켰다는

70) 전게주 58

71) 渠仍乘船追趂猝遇光飆 漂着玉岐島(『肅宗實錄』22년 9월 23日).

72) 渠倡言 鬱陵島本我境 倭人何敢越境侵犯 汝等可共縛之 仍進船頭大喝 (중략) 挖舟入子山島 倭等方列釜 煮魚骨 渠以杖撞破 大言叱之 倭等收聚載船 擧帆回去(『肅宗實錄』22년 9월 23日).

것은 도해의 목적에 영토의 확인도 포함되었다는 것을 의미한다.

일행이 오키에서 한 진술은 도해의 목적을 설명하며 이루어진 것이었다. 그래서 오키 대관도 예를 차리고 일행의 요구에 협조적이었다. 식량의 지원요청에도 응하고 협조적이었으며, 일행도 전복을 선물하여 답례를 취하고 있었다.[73] 번소는 일행이 요구하자 민가에서 소송서류를 작성할 수 있는 편리도 제공해 주어, 일행은 그곳에서 준비했던 서간 등을 정리하여 제출했고, 번소는 그것과 일행이 제출한 기록을 목록에 기록하여 5월 23일에 보고했다.

안용복은 두 번이나 오키에 들려, 납치된 연유와 표착한 사정 등을 진술한 일이 있으나 그때마다 오키는 협조적이었던 것 같다. 납치당했을 때는 확실하지 않으나 표착했을 때는 일행이 자진 출두해서인지 오키 번소도 우호적이고 협조적이었다.

안용복이 도해 도중에는 오키에 들렸으나 귀로에는 들리지 않은 것으로 보는 것이 일반적인 인식이다. 그러나 야다타카마사(矢田高當)의 『장생죽도기(長生竹島記)』에는 오키를 경유하여 귀국한 내용의 기록이 있다. 이것이 도해했을 때의 상황을 반영한 것인지 왕환을 혼동한 기록일 가능성은 있으나, 안용복과 후쿠우라 주민들의 교류를 엿볼 수 있는 내용이다. 이 후쿠우라 주민들과의 교류를 안용복의 2회의 도해에 한정해서 판단할 것인가, 아니면 동해를 매개로한 상권형성의 문제로 발전

73) 其後ニ書簡ヲ差出シ干鮑六包內壹包ハ大久村庄屋ヘ五包ハ在番人ヘ之心人ニテ指越候得共六包共返シ申候(『元祿覺書』전게주 38. p208).

시켜야 할 것인가는 앞으로의 과제다.

2) 요나고

요나고의 오야 · 무라카와케의 후손들은 선조가 죽도를 발견한 공으로 그곳에서의 어렵을 독점하는 것은 당연한 일로 여기고 있었다. 그래서 그곳에 나타난 조선인을 이익에 반하는 세력으로 보고 납치한 것이다. 이익을 보호하는 당연한 조치로 생각했을 것이다.

무라카와케와 함께 죽도도해를 독점하는 오야케는 선조 진기치(甚吉)가 죽도에 표류한 것을 발견으로 하여 당시 요나고성(米子城)의 대관 아베시로고로(阿倍四朗五朗)에게 막각과의 중개를 요망하여 1618년부터 도해면허를 받았다는 것을 정통성으로 여기고 있었다.[74] 그러나 그것은 자가의 정통성을 주장하는 것일 뿐 사실이 아니다. 이미 인지하고 있던 섬이라 발견이라는 주장이 성립할 수 없고, 그것도 1618년이 아니라 1625년에 한 번 발행되었다는 것이 정설에 가깝다.

무라카와케는 1692년에 죽도에서 조선어민을 만나자 「이 섬은 장군한테 하사받아 매년 도해하고 있거늘 어찌하여 왔느냐」고 묻고 섬에서 떠날 것을 요구하고, 그것을 입증할 수 있는 증거물로 조선인들의 꼬지전복, 갓, 망두건, 누룩 등을 가지고 귀범하여 보고했다.[75] 4월 9일에 요

74) 越後國ヨリ歸帆之砌 與風竹島へ漂流甚吉 (중략) 城代阿倍四朗五朗様御越砌 早速御注進申上之處 右甚吉儀江戸表ニ御召連御歸府被爲在 則御詮議之上奉達 御上聞 元和四年竹島渡海御免之御奉書頂戴 同年ヨリ竹島渡海相始 メ凡七十八年之間 無怠慢毎年渡海仕候(『拔書控』本文1)

75) 公方様ヨリ拝領仕, 毎年渡海イタシ候島ニテ候所ニ何トテ參候ヤト尋候へハ, (中略) 左候は此島ヲ早々罷立候様にと 申候へ共 (中略) 然共何ニても印無之御座候テハ如何ト奉存, 唐人之拵置候串鮑少々, 笠一ツ, 網頭巾一ツ, カウジ一つ取致出舟(『大谷家古文書』. 川上健三『竹島の歴史地理學的 研究. p145』).

나고의 성주가 돗토리한을 통해 대처 방법을 막부에 물었고, 막부는 이미 조선인이 퇴거했다면 문제가 없다며 문제 삼지 않았다.[76] 또 돗토리한은 대부해준 어로자금을 다음 해의 어획으로 상쇄하기로 했다.[77]

다음 해에 오야케는 주군의 위광이라며 철포와 창칼을 지참하고 도해하여,[78] 조선인을 만나자 「작년에도 이 섬에 조선인이 있어, 다시는 이 섬에서 어렵해서는 안 된다고 야단치고 혼내주었는데도」라고 경고했던 사실을 상기시키고, 그대로 방치하면 이후의 어렵이 어려워진다며 안용복과 박어둔을 납치했다. 선조가 획득한 독점권을 유지하기 위한 당연한 권리의 행사로 여긴 것이다.

요나고에서의 안용복의 행적을 알 수 있는 기록은 많지 않다. 외출을 요구했으나 허가 하지 않고 대신에 하루에 3승의 술을 허가했다는 것 정도가 알려진 내용이다.[79] 그러나 요나고 어민들의 근본 인식이나 상황의 전개를 통해 어느 정도의 추정은 가능하다. 요나고 어민들이 조선인을 권익을 해치는 침범자로 인식한 이상 호의적일 수 없고, 또 납치의 당위성을 입증할 수 있는 진술을 확보하기 위해서도 강압적인 심문이 필요했을 것이다. 안용복이 기대와 달리 납치의 부당함을 반론하게 되

76) 「元祿 5년 御在府日記」4월 28일조. 또 元祿 5년 5월 10일의 『控帳』에는 5월 2일의 飛脚이 竹島에 조선인이 온 것에 대해, 月番 阿部豊後守殿에게 물어본 결과, 조선인이 그 섬에서 물러나 돌아간다고 했다면 「何之御構も無之儀」라했다.

77) 池內敏 「元祿竹島一件考」(『大君外交と武威』, 名古屋大學出版會, 2006), p.277

78) 其旨御達申上候處 從伯耆守樣御公儀江御注進 御評議之上 其翌8年度海船中鐵砲五挺槍太刀蒙御免 御威光ヲ以致渡海(『拔書控』本文17).

79) 米子唐人あんぴじゃん, 氣晴ニ出可申由, 色々わやく申候由, 修理迄申來候へ共, 外江出候儀不通ニ無用と指図申事. 且又酒給申度由申候へ共, 是又晝夜ニ二三昇よりは上無用之由申達事(『控帳』元禄 6年 5月 11日).

면, 물리적 제재가 이루어질 수도 있는 일이었다. 그들은 죽도 도해의 정통성을 확신하고 있었기 때문에, 3년에 한 번씩 국주에게 바치는 전복을 잡으러 출어한다는 조선 어민들의 이야기에도 의미를 두지 않았을 것이다. 그 정도의 확신이 있었기 때문에 철포와 창칼로 무장하고 조선인을 납치한 것이다.

1693년 4월 17일에는 무장하고 죽도에 이르러, 18일에 납치하여 27일에 요나고로 귀환하여, 마치 납치를 목적으로 한 도해가 되고 말았다. 경비를 대부받아 21인이 나가는 도해는 준비기간이 긴만큼 소요경비도 많았을 것이다. 실제로 1692년에는 2월 11일에 출항하여 4월 5일에 귀항하여 50여일이 소요되었고, 1693년에는 2월 5일에 출항하여 4월 27일에 귀항하여 80일이나 걸렸다. 조선인을 만나지 않았으면 더 길어졌을 것이다. 그런 도해가 조선인들 때문에 소득 없이 끝났다면 그들이 조선인을 증오하는 것은 당연한 일이었다.

그 증오는 이익을 상실한 것에 원인하나 이후의 독점권을 유지하는 방법을 강구하는 방법으로 발전하여, 조선인의 도해를 막는 방지책을 필요로 한다. 그 필요성에 의해 안용복을 심문하며 자신들의 정당성을 확보하려 했을 것이다. 준비한 철포나 창칼을 동원하는 협박과 물리적 압박이 가해진 경우도 부정할 수 없다.

오야케 선원은 오키에서 안용복의 진술을 받으라는 대관의 명을 거부하고 대관이 받은 진술서에 서명하는 것도 거부했는데, 왜 그랬는지는 알 수 없으나 이미 선중에서 심문했기 때문에 다시 심문할 필요를 느끼지 못했을 수도 있다. 다시 심문한다해도 원하는 새로운 진술을 받을 수 없다는 것을 알기 때문에 번소에 맡긴 것으로 볼 수 있다.

안용복의 납치는 보통 일이 아니기 때문에 돗토리한은 오야케의 보고를 받은 4월 27일 당일에 조사하여, 30일에 에도 번저에 비각을 보냈고, 번저는 5월 10일에 막부의 노중에게 보고했다. 요나고의 이익을 우선하는 내용으로, 조선인의 도해를 금지시켜야 종래와 마찬가지로 전복 등의 죽도의 산물을 헌상할 수 있다는 내용의 보고였다.[80)]

죽도를 필요로 하는 것은 요나고 어민만이 아니라 돗토리한은 물론 막부도 마찬가지였다. 어민은 그곳의 산물을 헌상하여 장군도 알현할 수 있었고, 돗토리한은 「죽도어용」으로 불리는 산물을 관리하는 독자적인 위상을 확보했고, 막각은 그곳의 산물들을 헌상 받고 있었다. 그래서 그들이 조선인들의 도해를 금지시키는 일에 동조하는 일은 당연한 일로, 조선의 해금정책을 고려할 여유를 가지지 못했고, 납치가 범법이라는 것도 인식하지 못했던 것 같다.

안용복이 요나고 어민들의 주장에 맞서 반론을 제시했을 가능성은 귀국 후의 진술이나 다시 도해했을 때의 언설을 통해서 추정할 수 있고, 요나고 어민들의 평을 통해서도 엿볼 수 있다. 요나고 어민들은 안용복을 다음과 같이 평하고 있었다.

> 죽도에서 붙잡아서 데리고 온 조선인을, 최근에 돗토리로 넘기는데 있어, 집안의 가신을 비롯한 모두가 구경하러 나오게 되니, 무분별한 행동

80) 向後彼島江朝鮮人不參候樣致シ 鮑をも前之通獻上も仕度旨申達候處(鳥取藩政史料『御用人日記』, 元祿 6年 5月 15日).

> 을 하지 않도록 엄히 분부하시고, 특히 여자와 아이가 나오지 않도록 하라는 취지의 언급이 있었다. 이번에 온 이객 중에는 포악한 자도 있다고 들었기 때문이다.[81]

요나고 어민들은 안용복을 납치하여 심문했으니, 포악하기로 말하자면 그들이다. 그러면서 안용복을 「포악」하다고 평하는 것은 모순이다. 안용복은 납치당한 상태에서 심문당하는 입장이었다. 그런 안용복을 「포악」하다는 것은, 그가 납치범들의 의도에 따르지 않았다는 것, 즉 납치자들의 기대에 어긋나는 주장을 하거나 행동을 취했다는 것을 의미한다.

『죽도고』는 안용복을 「맹성강폭」한 사람으로 표현했다.[82] 『인부연표』와 『죽도고』 두 기록이 오카지마의 것이라 내용이 유사하다는 것은 당연한 일이나, 그 기록이 「포악」,「맹성강폭」하다고 표현했다 해서 안용복의 실체가 그렇다는 것은 아니다. 그것은 죽도가 조선령임을 부정할 필요를 느끼는 자들의 인식일 뿐 안용복의 실질을 반영하는 표현은 아니다.

81) 竹島より押て倡帰り朝鮮人, 近日ノ內ニハ府下へ罷越候に付, 御家中の家来末々迄見物に出候とも, 猥りに之れ無き様堅く申し付べく, 其内女童の出候コトハ無用たるべき旨御触らる. 此度の異客の內へ暴惡の者これ有る由相聞候故なり(『因府年表』元禄 6년 5월 28일).

82) 此時アンピンシャハ猛性狂暴ナル者ノ由, 兼テ其ノ聞エアリケレバ, 若シ途中ニテ狼籍ノ挙動アッテハ惡カリナントテ, 婦女幼児ノ道路ニ在テ見物スル事ヲ停止セラレケル(『竹島考』大谷之船人拿歸朝鮮人).

3) 돗토리

돗토리한이 안용복의 납치를 알게 된 것은 4월 27일이었다. 보고를 받자 막부에 보고하여 5월 13일에 둘을 나가사키 봉행소에 인도하라는 막부의 명을 받는다. 돗토리한의 보고서는 요나고 어민의 입장을 대변하는 내용으로, 죽도에서의 요나고 어민의 권리를 당연한 것으로 여기고 그곳의 산물을 헌상하는 관행을 유지하게 해달라는 내용이었다. 요나고 어민 중심의 죽도 질서를 유지하기 위한 노력이었다. 막부는 그것을 인정하며 나가사키를 통해 조선에 송환시킬 것을 명하고 쓰시마한에게는 안용복을 양도하며 조선인의 죽도 도해금지를 요구할 것을 명했다.[83)]

그런데 돗토리한의 태도는 송환명령을 받고부터 변한다. 막부의 13일부의 명을 26일에 접수한 돗토리한은 육로 송환을 결정하고 안용복을 돗토리로 소환한다.[84)] 취조라면 이미 끝났고 그 처리 방법까지 명받아 소환할 이유가 없음에도 불러 환대했다. 안용복은 6월 1일에 돗토리에 들러 6월 7일에 나가사키로 출발하여 7일간 돗토리에 체재한 것으로 되어 있다.

그런데 『죽도기사』에는 안용복이 돗토리에 34일간 두류했다는 기록

83) 長崎奉行所江右兩人被送届, 長崎より對州江御届候樣ニと被仰渡候 委細長崎御奉所より可申來候間 向後彌不參候樣ニ堅朝鮮表江被仰遣候樣ニ御國元江被申越候樣ニと相模守申付候(對馬藩政史料『(國元表書札方)每日記』(長崎縣立對馬歷史民俗資料館『宗家文庫史料目錄(日記類)』表書札方Aa－1 / 75)元祿6年6月3日條.

84) 從江戶今月十六日之御飛脚到來(중략)何も遂相談, 海上無心元付て, 陸地被遣筈ニ相極,万ㇵ其御用意夫ㇵ之役人江申渡候事(『控帳』元祿6年5月26日).

이 있어, 안용복이 돗토리에 간 날짜에 차이가 있다. 『죽도고』의 안용복은 요나고에 4월 27일에 도착하여 체재하다가 5월 29일에 출발하여, 6월 1일부터 6월 6일까지 돗토리에 머물고 6월 7일에 나가사키로 출발하여, 요나고와 돗토리에 머문 기간은 39일이었다. 그것을 『죽도기사』는 5월 1일에 돗토리에 도착하여 34일간 머문 것으로 하고 있다.

『죽도기사』의 안용복은, 6월 7일에 돗토리를 떠나 30일에 나가사키에 도착했고, 7월1일에 나가사키 쓰시마한의 연락원에 인도되었다. 따라서 돗토리를 떠난 날이 6월 7일이라는 것은 동일하여, 안용복은 5월 1일부터 6월 6일까지 36일간, 혹은 4월 27일부터 6월 6일까지 39일간을 돗토리한(요나고 포함)에 체재한 것이 된다. 안용복이 돗토리에 도착한 날과 떠난 날을 기억하며 돗토리에 머문 날이 34일이라고 밝힌 것을 보면, 그 34일에는 요나고에 머문 날이 포함되지 않은 것으로 보아야 한다. 즉 안용복은 요나고와 돗토리에 체재한 36일이나 39일 중의 34일을 돗토리에 머문 것이 되어, 요나고에는 2일이나 5일간 머문 것이 된다. 그런데 이 2~5일은 「잠시(暫)」머물다 돗토리로 불려갔다가 그곳에서 에도로 갔다는 『발서공』의 표현과 부합하는 기간이다.[85] 이 일정은 안용복의 에도행과 같이 생각해볼 수 있는 문제이다.

요나고는 안용복과 박어둔을 보내며 그들이 「포악」, 「맹성강폭」하다고 설명했음에도, 돗토리한은 그들을 가신의 사저에 머물게 하고, 다음

85) 暫く唐人勝房へ御預け其の後鳥取府表より唐人を召され船頭黒兵衛始め水主召連れ勝房後見藤兵衛出府致す(大谷文子「竹島渡海由來記拔書控」『大谷家古文書』, 1984, 非賣品, p.143).

날부터는 정회소를 숙소로 제공했다. 또 머무는 기간에 가신들이 방문했고, 나가사키로 송치할 때는 의사와 요리사를 포함하는 90여명이 호위하고 둘은 가마에 태워 납치했던 범죄자에 대한 대우로는 볼 수 없다. 후세의 오카지마가 「참으로 희유한 변사다」라고 말할 정도의 대우였다. 범죄자라며 그 처벌을 요구했던 돗토리한의 인식이 이처럼 바뀐 것은 무엇을 원인으로 하는 것일까.

돗토리한의 표변한 대우에 대한 설명이 없고, 그 원인을 알려는 노력도 없었으나, 그것은 막부가 쓰시마한에 전해준 정보와 같이 생각해 볼 문제다. 돗토리한의 보고를 받은 막부는 쓰시마한 에도 주재원을 불러, 조선인을 양도하며 조선인의 도해를 금지를 요구할 것을 명하면서 「죽도는 돗토리한의 영지가 아니고 이나바국에서 160리나 떨어져 있다」라는 정보를 주었다.[86] 이런 모순적인 정보를 준 의미가 무엇이었는지 생각해볼 문제다.

막부도 죽도의 영유에 의문을 가졌는지 1695년 12월 24일에 돗토리한에 7개조의 질문서를 보냈는데, 그 중의 하나가 「인슈와 하쿠슈에 부속하는 죽도는 언제쯤부터 양국에 부속한 것인가」였다. 그러자 돗토리한은 25일에 「죽도는 이나바 · 호키의 부속이 아닙니다. 호키국 요나고 주민 오야큐에몬, 무라카와이치베에 라는 자가 도해한 건은 마쓰다이라신타로가 영주일 때, 봉서로 명했다는 것은 듣고 있습니다. 그 이전

86) 右竹島と申所ハ伯耆守様御領内ニ而も無之, 因幡より百六十里程も有之所ニ而御座候(『毎日記』元禄 6년 6월 3일. 池內敏 전게주 77, p.279).

에도 도해하고 있었다는 것은 듣고는 있었습니다만, 그 건은 잘 알지 못합니다」라고,[87] 죽도가 영지가 아니라는 사실을 분명히 했다.

막부는 1693년 5월 말에서 6월 초에도, 죽도도해의 기원(竹島渡海之初様子)을 돗토리한에 물은 일이 있다.[88] 돗토리한은 오야 · 무라카와케에 물어 6월 27일에 보고했다.[89] 막부는 죽도의 영유에 대한 확신이 없어, 이전에 쓰시마한에 내린 명의 적부를 정리하는 일환으로 죽도에 관한 사실적 내용을 조사한 것이다. 그런 과정에 참여하여 죽도의 실체는 물론 막부의 의중까지 알게 된 것이다. 그것을 태도를 바꾼 원인으로 보아야 한다. 죽도가 조선의 울릉도라면 그곳에서 조선인을 납치한 명분이 저절로 상실되어, 쇄국정책을 위배하며 도해하는 일을 방조한 것이 되어 책임을 질 경우가 있을 수도 있다는 것을 알고 납치한 조선인에 대한 태도를 바꾼 것이다.

그러한 돗토리한의 인식 전환을 안용복이 알았기 때문에 안용복이 다시 도해한 것으로 볼 수 있다. 재도해의 원인과 목적에 대해서는 제설이 있으나 쓰시마한의 비리를 소송하는 것을 목적으로 했다는 것은

87) 竹嶋は因幡 · 伯耆附屬ニては無御座侯. 伯耆國米子町人大屋九右衛門 · 村川市兵衛と申者渡海漁仕候儀, 松平新太郎領國之節, 以御奉書被仰出候旨承候. 其以前渡海仕候儀も有之様ニは及承候得共, 其段相知不申候事(『竹島之書附』元祿 8 年 3号).

88) 竹島江渡海初候儀様子, 先頃於江戸松平美濃守殿御尋之由ニ付, 委細村川大屋江相尋候て申越候様ニと志摩より申來. 依之村川市兵衛儀修理へ申候, 呼奇委書付差出候付, 寫候て, 御奉書之寫(『控帳』元祿 6 年 6月 7日).

89) 답서의 내용은 元和 4년(1618)에 村川市兵衛 · 大谷九郎右衛門 양자가 旗本 阿部四朗五朗의 중개로 면허를 받아 죽도도해를 시작한 일, 죽도도해와 관련하여 장군을 알현한 일, 면허는 朱印이 아니라 奉書로 해서 받았다는 것, 도해선에 御紋의 船印을 허가받은 일 등이었다. (『御用人日記』元禄 6년 5월 15일).

『숙종실록』을 비롯한 여러 기록에서 확인할 수 있다. 그에 비해 일본의 기록은 도해의 목적을 불명으로 하며 그 원인을 안용복의 일본어 능력 탓으로 돌리는 경우도 있다.

조선과 일본의 해금법이 해제된 것이 아닌데도 안용복은 돗토리한을 향해 도해했고, 그 일행을 돗토리한이 환대한 것을 보면, 도해의 원인은 안용복과 돗토리한의 관계에서 찾아야 할 것이다. 안용복을 나가사키로 송치할 때나 다시 도해했을 때, 돗토리한은 가마와 말을 내어 빈객대우를 했다. 그것이 무엇을 원인으로 하는지는 앞에서 추정한 대로이나, 그것은 막부의 의사에 반하는 것이 아니라 막부의 의도에 부응하는 처사였을 것이다.

또 의심스러운 것은 돗토리한이 보고한 안용복의 일본어 능력이다. 안용복 일행을 아오야의 센넨지에 두류시키고 유학자를 보내 필담으로 도해의 목적을 물었으나 의사소통이 안 되어 알 수 없다고 보고했다. 그러나 3년 전에 심문받은 일이 있고, 돗토리한에 도착한 이후에 의사소통에 불편이 없었다는 것을 생각하면 이해할 수 없는 보고다. 이는 돗토리한이 노중에게, 필담을 하게 되면 소송을 접수시킨 것이 되므로 필담을 하지 않았다고 말한 대로, 돗토리한은 도해의 과정이나 목적을 파악하고 있으면서 언어가 통하지 않는다고 보고했다는 것이 되는데, 그 이유가 분명하지 않다.

안용복이 돗토리한에 간다는 것을 오키 대관이 5월 23일에 세키슈 등에 보고했으므로, 돗토리한은 물론 막부도 도해의 원인과 목적을 알고 있었다. 그럼에도 안용복의 언어능력을 빙자하여 파악할 수 없었던 것으로 하는 것에는 그럴 만한 이유가 있었을 것이다.

6월 6일부터 아오야에 머물던 일행이 14일에 가로항의 도젠지로 거처를 옮겼다가,[90] 21일에 정회소로 옮기는데 그 상황을 『죽도고』는 다음과 같이 전한다.

> 전마 9필을 보내어 토다 이치에몬, 마키노 이치로에몬, 오카자키 토베에 등이 길을 경호하여, 이국의 객을 본부의 정회소에 머물게 하고, 체재 중의 시중을 하네하라 덴고베에에게 명하셨다.[91]

돗토리한은 일행에게 전마 9필을 내어 영접했고 머무는 동안의 안전도 배려한 것을 알 수있는 내용이다. 이때 안용복은 「울릉자산양도감세장」이라 가칭하고 「청첩리를 입고, 흑포립을 쓰고, 가죽신을 신」었다 한다.[92] 이러한 접대를 어떻게 보아야 할 것인가. 그는 이미 3년 전에 끌려왔다가 환대받으며 떠난 경험이 있다. 그것은 안용복만이 아니라 돗토리한도 아는 사항이었다. 그럼에도 방문하고 영접한다는 것은 양측이 상호신뢰하고 있었다는 것으로, 그럴만한 관계가 이미 구축되어 있었다는 것을 의미한다.

그런 환대를 가와카미는 「일본 측이 사정에 어두운 점을 이용하여,

90) 朝鮮人青屋より今日加路東禪寺江呼奇置候事(『控帳』元祿9年6月14日). 同十三日異船ヲ加路へ迎ヘラレタル『竹島考』朝鮮國通使船于本藩).

91) 伝馬九疋ヲ被遣, 戸田市右衛門, 牧野市郎右衛門, 岡嶋藤兵衛, 途中ヲ警護シ, 異客ヲ本府ノ町会所へ被差置, 逗留中ノ馳走ヲ羽原伝五兵衛へ被命シ(『竹島考』朝鮮國通詞船于本藩).

92) 「假稱鬱陵子山兩島監稅將 使人通告本島 送人馬迎之 渠服青帖裏 着黑布笠 着皮鞋乘轎 諸人竝乘馬」(『肅宗實錄』22年 9月 25日).

그들은 어설픈 지식을 이용하여 허세를 부리고, 적당히 관명을 참칭한 것」으로,[93] 다가와는 「무지한 일행의 모습이, 이것에 의해 명명백백하고, 이국에 와서 허세를 부리는 모습이 엿보인다」라며,[94] 돗토리한의 정보부족과 조선인의 허세가 빚어낸 허구로 단정했다.

그러나 17세기의 돗토리한의 능력이 어민의 허세에 속아 넘어갈 정도였다면 번주의 존재 자체가 불가능했을 것이다. 번주 이케다 가문은 심한 변화를 겪으며 성장했다. 요나고 어민들이 죽도도해 면허를 받을 당시의 태수 이케다신타로는 7세(1616)에 히메지(姬路) 번주가 되었으나 유소하다는 이유로 8세(1617)에 이나바국과 호키국을 다스리는 돗토리번주가 되었다. 23세(1632)에는 영지 인하쿠와 히젠(備前)을 맞바꾸어 히젠국 오카야마(岡山)의 번주가 되었다. 그러다 이케다가 인하쿠(因伯) 양국의 태수가 된 것은 3세인 종형제 이케다미쓰나카(池田光仲)였다. 그 같은 격랑 속에서 가계를 유지했다는 것은 상황에 대처하는 능력을 소유하고 있었다는 것을 의미한다.

안용복이 5월 20일에 오키에 표착했다는 보고가 6월 2일에 돗토리한에 도착했고, 일행이 아카사키에 나타난 것이 4일로, 그것이 에도 번저를 통해 막부에 보고된 것은 6월 13일이었다. 제2보가 번저에 이른 것은 6월 22일이었고, 그것에 대한 막부의 명이 내린 것은 6월 23일이었다. 따라서 6월 14일에 아오야 센넨지에서 도젠지로 이송한 것이나, 6

93) 川上健上, 전게주 75. p.173
94) 田川孝三, 전게주 37. p.34

월 21일에 정회소로 숙소를 이동한 것 등은 돗토리한의 판단으로 이루어진 일로, 그 정도의 영접은 무방할 것이라는 정보를 확보하고 있었거나 경험을 토대로 하는 자체 판단이었을 것이다.

돗토리한이 정회소를 숙소로 하는 등 예우를 취하다 갑자기 일행을 아오시마(靑島)에 감금한 것도, 그 이전의 대응이 독자적인 판단이었다는 것을 시사한다. 예상했던 것과 다른 막부의 정보를 입수하고 그때까지의 자세를 바꾼 것이다. 말하자면 막부의 의도에 부합된다고 판단한 범위에서 독자적으로 판단하고 응대하다가, 그것이 막부의 의도와 어긋나는 대응이었다는 것을 알고 서둘러 아오시마에 유폐한 것이다.

만일 돗토리한이 취한 응대가 막부의 뜻에 반하는 것이었다면 재앙으로 이어질 수 있는 일이었다. 막부의 뜻에 반하면서 안용복을 환대할 수 있는 돗토리한이 아니었고, 그럴 필요도 없었다. 그럼에도 아오시마에 유폐하기 전까지의 응대는 어떻게 보아도 환대였다. 그것이 막부의 뜻에 부합한다고 판단했으므로 그렇게 대우했을 것이다. 그러다 태도가 바뀐 것은 정보 판단의 오류를 알게 되었거나 막부의 뜻이 급변한 결과였을 것이다. 아오시마에 유폐되는 과정과 그 후의 기록이 많지 않은 것도 그런 이유에서 찾아야 될 것이다.

돗토리한과 막부는 안용복의 납치를 계기로 죽도에 관심을 가지고, 그것의 영유권을 확인하게 되었다. 막부가 쓰시마한에 조선인의 도해 금지를 요구하라는 명을 내리면서도. 죽도가 돗토리한의 영지가 아니라는 사실과 지리적으로 조선에 가깝다는 사실을 명기한 것은, 사실에 확신이 없었기 때문이다. 일단 요구하여 조선이 의도에 넘어가면 다행이라는 발상이었는지도 모른다.

그러나 조선이 합리적인 반론을 제기하고, 돗토리한 등의 정보를 수집하여 분석한 결과 죽도가 조선의 울릉도라는 사실을 막부와 돗토리한이 공동으로 인식한 것이다. 따라서 그때까지 지속하고 있는 죽도 도해가 조선의 경계를 침범하는 일이고 당대의 쇄국정책에 위배되는 일이었다는 것도 막부와 돗토리한이 같이 인식하게 되었다. 돗토리한은 영내에서 일어난 죽도도해가 쇄국정책을 위배하여 책임져야 하는 상황이 전개될지도 모른다는 판단을 하고 납치한 조선인에 대한 태도를 전환한 것으로 보아야 한다. 그렇지 않으면 납치하여 처벌을 요구했던 조선인에게 빈객 대우를 한 이유를 설명할 수 없다.

안용복이 태수와 대좌하여 쓰시마한의 비리를 소송했다는 진술은 당시에 태수가 에도에 체재하고 있었기 때문에 불가능했다며 안용복의 진술 전체를 허언으로 보는 증거가 되기한다. 그러나 태수가 에도에 체재한다 해도, 돗토리한에 태수를 대리하는 가신이 있었으므로, 안용복이 그 가신과 대좌하고, 태수와 대좌한 것으로 진술했다 해도 틀린 일은 아니다.

4) 에도

안용복의 에도행은 『숙종실록』만이 아니라 일본의 기록도 전하는 사실이나 그것이 진지하게 거론된 일이 없다. 안용복이 에도에 갈 수 있는 시기는 요나고에 억류되었던 기간이나 돗토리한에 머문 기간, 혹은 돗토리에서 나가사키로 송치되는 기간 등에서 추정할 수 있다. 그런데 후대의 기록을 중시하면 에도에 들릴 시간적인 여유가 없어 그 가능성이 부정당하고 있다.

안용복의 에도행은 울릉도라는 용어의 삭제를 요구하는 쓰시마한의 요구를 거절하는 답서의 「우리나라 사람을 구집해서 에도에 전도했다」와 안용복이 비변사에서 「근년에 내가 이곳에 들어와 울릉 자산 등의 섬을 조선의 경계로 정한 관백의 서계가 있다」라고 진술한 것을 통해 확인할 수 있는 일이다.[95] 그러나 다가와는 쓰시마한에 대한 참무라며 부정했다.[96]

죽도가 조선의 영지 울릉도라는 답서를 받은 쓰시마한의 다치바나 마사시게(橘眞重)는 9개월이나 농성을 하며 내용의 정정을 요구했으나, 여의치 않자 답서내용의 모순점 4개항을 골라 조선 정부에 힐문했다. 답서의 모순을 반박하는 것으로 오류의 지적으로 주장의 정통성을 입증하기 위해, 조선의 인도적인 배려도 비난하고 80여 년 전의 사건까지 거론했다. 그런 그가 답신에 기록된 안용복의 에도행에는 아무런 언급도 하지 않았다.

과거의 사건까지 거론하며 구차한 반론을 제기하면서, 정작 답서에 있는 에도행을 언급하지 않았다는 것은 그것이 사실이었기 때문일 것이다. 쓰시마한은 7월 1일부터 12월 10일까지 안용복의 신병을 확보하고 있었기 때문에, 그의 행적 모두를 알고 있었기 마련이다. 그럼에도

95) 頃年吾入萊此處以鬱陵子山等島定以朝鮮之界至有關伯書契(『肅宗實錄』20년 8월 14일), 頃年吾入萊此處以鬱陵子山等島定以朝鮮之界至有關伯書契(『肅宗實錄』22년 9월 25일).
96) 田川孝三전게주. 37.

안용복의 에도행을 힐문에 포함시키지 않은 것은 다치바나만이 아니라 관계자들 모두가 인식하고 있는 사실이었기 때문으로 보아야 한다.

안용복의 에도행은 쓰시마한의 『죽도기사』와 오야케의 『발서공』이 전하고 있어, 그것이 사실이었음을 알 수 있다. 『발서공』에는

> 돗토리부에서 심문한 후에, 당인은 에도로 인도하게 되었습니다. 곧 에도에서 조사가 있고, 조사가 끝나자, 절차에 따라 물건을 내려주고, 귀국하게 했습니다.[97)]

라는 기록이 있고, 『백기지』에는

> 그들을 잡아 귀범하여 관에 고소했다. 명이 있어 후지베에가 2인을 거느리고 본부에 갔다. 번사 가노씨, 오제키씨가 수호하여, 2인을 에도로 불러들였다가 본토로 보냈다.[98)]

라는 기록이 있다. 또 『죽도기사』에는

> 우리는 의죽도에서 붙잡혀서 즉각 에도에 끌려갔는데, 에도에서의 조사는, 죽도가 조선의 땅인데, 그 나라 사람을 붙잡아 가는 것은 불법이라며, 위의 우리들을 붙잡은 사람들은 참죄를 명받았다. 우리들은 에도에서 특별히 성찬을 명받았는데, 나가사키에 송치되어, 나가사키에서 쓰시마 역원이 인계받자, 점점 죄인처럼 취급하며 돌려보냈다고 말했다.[99)]

97) 則鳥府表御吟味之上 唐人江府江御引渡 則江戸相済順々御贈帰ト成ル『拔書控』本文17).
98) 異人江戸に召されて本土に送らる. (『伯耆志』).

라고 전문을 전하고 있다. 『죽도기사』의 기록만이 전언일 뿐, 다른 기록은 당대 당사자들의 기록과 당지의 기록이므로, 후세의 타 기록보다 신뢰할 수 있는 자료다. 특히 『발서공』의 기록은 관백의 서계까지 암시하고 있어 『숙종실록』의 내용과 잘 대응한다.

『발서공』에는 안용복을 에도에서 조사하고(江戸表御穿鑿相濟) 순서에 따라(順々) 물건을 주어(御贈) 송환시켰다(歸ト成ル)라는 내용이 있는데, 이곳의 「어증(御贈)」은 조사를 끝내고 송환하기 전의 일로, 송환한다는 「귀(歸)」로 이어진다. 당시의 조선과 일본은 표류민을 송환할 때는 일정한 물품을 하사하고 있었는데, 이곳의 「어증(御贈)」은 송환하는 안용복에게 관백의 서계를 포함한 물품을 준 사실의 표현으로 볼 수 있다.

1666년에 부산에 표착했다 돌아간 일본인에 대한 조선의 대응을 오야케의 기록이 다음과 같이 전하고 있다.

> 조선국 곳곳에서 대접을 받고 절차에 따라 귀국하게 되었습니다. 자세한 것은 별기에 있어 생략합니다. 그때 조선국왕이 선장과 선원에게 준 전별목록 두 통이 있습니다.[100)]

99) 子細者我々儀竹嶋ニ而召捕候而, 即刻江戸へ連越候処, 江戸ニ而之御吟味ニ者, 竹嶋之儀朝鮮之地ニ而候を, 彼國之者召捕參候儀不調法之由ニ而, 右我々召捕候者者早速斬罪ニ被仰付候, 我々儀者お江戸殊外御馳走被仰付, 長崎江被送屆候, 於長崎対馬役人方江請取, 段々与召捕人之様ニ仕候而被送り歸候与申達候を(『竹島紀事』元禄 8年 7月 5日).

100) 則朝鮮国所々ニ而御馳走順々ニ送而帰シ相成事具別有之略ス 尤朝鮮国王録ヨリ船頭水主江于餞別目錄二通有之(『拔書控』本文10).

표착한 일본인을 조사하고 곳곳에서 후대하고 송환할 때는 조선국왕이 물품과 전별목록을 하사했다는 것으로, 이는 안용복이 요나고－돗토리－에도－나가사키－쓰시마－왜관을 전전한 사실과 대응하고, 「절차에 따라 귀국하게 되었습니다」를 의미하는 「순순(順々)」을 공유하는데, 이것은 송환되기 전의 일로 송환의 준비였다. 즉 두 기록이 공유하는 「순순」은 안용복에게 무엇을 주어 송환시켰다는 「어증귀(御贈歸)」와 일본 어민을 송환시키며 물품과 전별목록을 주었다는「송귀(送歸)－전별목록(餞別目錄)」으로 이어지는데, 전자는 무엇인가를 「증」하여 「귀」하게 했다는 것이고, 후자는 「송귀」하는데 조선국왕이 「전별목록」을 주었다는 것이다.

여기서 안용복에게 무엇인가를 주었다는 「증」의 내용과 주체가 문제인데, 일본인들을 송환시킬 때「조선국왕」이 「전별목록」은 준 것에 대응하면 「증」의 주체는 안용복이 언급한 「관백」이고 「증」의 내용은 「서계」로 볼 수 있다. 즉 안용복이 에도에서 무엇인가를 받았다는 것으로, 「조선국왕」이 일본 어민에게 「전별목록」을 하사한 것처럼 「관백」도 안용복에게 「서계」를 준 것으로 보아야 한다.

이런 내용의 기록이 있는 이상, 안용복의 에도행은 사실로 인정하고 그의 행적을 논해야 한다. 에도에서의 행적에 대한 기술이 없어 자세한 것은 알 수 없으나 그가 에도에 송치된 이상 심문 받았을 것이고, 안용복은 여전히 울릉도와 자산도가 조선의 영지라는 주장을 반복했을 것이다. 그것을 관백이 인정하고 서계를 써주었다는 것이 안용복의 주장이었다. 안용복이 에도에 송치된 것은, 그의 진술이 일본의 죽도인식과 크게 다르고, 요나고나 돗토리한이 처리할 수 있는 한계를 초월하는 문제였기 때문이었다.

조선과 관련된 문제이고, 국가권력으로 외교와 무역권을 장악하기 위해 어민들의 도해를 제한하는 해금정책의 문제라, 납치한 안용복의 처리는 난제였다. 안용복이 순순히 심문의 내용에 동의하면 간단했으나 울릉도와 자산도가 조선령이라는 주장을 하며, 일본의 부당함을 지적하며 반론하여 문제가 복잡해진 것이다. 이미 요나고나 돗토리한의 한계를 벗어난 문제였다. 그것이 안용복을 에도에 보낸 이유였다.

관백의 서계는 안용복이 주장한대로 존재했다는 것은, 막부가 안용복의 주장대로 일본인의 죽도도해를 금하게 된다는 사실, 쓰시마한이 사실을 왜곡하고 있었다는 사실로도 알 수 있다.

그 서계는 안용복이 오키에 표착했을 때 「4년전 계유 11월 일본에서 받은 것을 적은 문서 한 권(日本而被下候物共書付之帳壹册)」을 소지하고 있었다는 것과 연계해서 생각해볼 필요는 있다. 이곳의 4년 전이란 1693년의 일로 계산의 방법에 따라 3년이나 4년으로 할 수 있는 해로, 그해의 11월 2일에 쓰시마에서 왜관으로 송환된 시기이므로, 동래부에 양도되기 전을 의미한다. 그때 「일본에서 받은 것을 기록한 문서 한 권」은 쓰시마에서 탈취 당했다는 서계로 볼 수 있다.

동래부에 양도된 안용복이 호소할 것이 있다고 주장하여, 늦게나마 접위관 유집일(兪集一)을 만나, 쓰시마한의 저의를 알려주어, 남구만이 왜의 요구와 다른 내용의 답서를 작성할 수 있게 한 것을 생각하면, 안용복이 왜관으로 송치된 이후에는, 조선에 양도되었을 때를 대비하여 납치된 자신의 입장과 일본에서의 경험, 쓰시마한의 의도 등을 정리하고 있었던 것으로 볼 수 있다. 따라서 「일본에서 받은 것을 적은 것」이란, 물품만이 아니라 납치되어 각지를 전전하며 얻은 처우까지 포함하는 것으로 볼 수 있어, 관백한테 받았다는 서계의 내용은 물론 탈취당한 과정의 설명도 포함된 것으로 보아야 한다.

5) 나가사키 · 쓰시마

(1) 나가사키

안용복과 박어둔이 나가사키에 도착하는 것은 1693년 6월 30일이었다. 6월 7일에 돗토리한을 출발하여 23일 만에 도착한 것이다. 도착한 다음날인 7월 1일에 나가사키 봉행소에 그들을 양도했다. 7월 1일에 나가사키 봉행소의 가와구치 셋쓰노카미(川口攝津守)는 쓰시마한에서 파견한 하마다 겐베에(濱田源兵衛)를 불러, 조선인의 진술이 돗토리한에서 한 것과 다르지 않다는 것을 확인하고 둘을 양도했다. 하마다는 이들을 구치하고 심문하다 쓰시마한에서 온 이치노미야 스케자에몬(一宮助左衛門)에게 8월 14일에 인도하였다. 일행이 나가사키를 떠나 쓰시마한에 도착한 것은 9월 2일이었다. 나가사키를 떠난 것은 일행의 안전을 보장하는 증문의 발행일이 8월 16일인 것으로 보아 그 후의 일로 보아야 한다.[101] 안용복은 7월 1일부터 8월 16일까지 46일간을 나가사키

101) 朝鮮國江送戻候間浦々相違有之間敷候, 自然水薪無之風波烈惡敷所繫候節者無滞様に可被相通候(『竹島紀事』元祿 六年 8月 16日).

에 머물면서 쓰시마한의 감시를 받았다.

그동안 냉대 받았다한다. 안용복이 그렇게 진술했고 쓰시마한의 가신들도 그것을 인정했다. 안용복이 비변사에서, 관백의 서계를 쓰시마에서 탈취당한 사실을 이야기 했는데, 그것은 나가사키 봉행소가 쓰시마한의 연락소에 인도한 7월 1일 이후의 일로 보아야 한다. 안용복이 나가사키부터 대우가 달라졌다고 진술한 내용에는 서계를 탈취당한 사건도 포함하는 것으로 보아야 한다.[102] 안용복이 쓰시마한을 첨무하는 진술이라는 주장도 있으나 대우가 달라진 것은 사실이었다.[103]

(2) 쓰시마한

쓰시마한이 안용복에 관여하게 된 것은 5월 13일에 에도 주재원 스즈키 한베에(鈴木半兵衛)가 노중 쓰치야 사가미노카미(土屋相模守)에게 불려가, 조선인을 송환시키고 조선인의 도해금지를 요구하라는 명을 받으면서부터였다. 안용복이 돗토리한에서 나가사키 봉행소로 6월 그믐에 송환되자, 나가사키에 주재하는 하마겐베에는 다음날인 7월 1일에 인도받아 8월 14일까지 신병을 확보하고 심문했다.

14일에 쓰시마한에서 이치노미야스케자에몬(一宮助左衛門)이 파견되어 16일 이후에 나가사키를 출발한 일행은 9월 2일에 쓰시마한에 도착하여, 다시 심문하고, 9월 4일에는 대책회의를 열었다. 안용복에 대

102) 盖安龍福朴於屯 初至日本 甚善遇之 賜衣服及椒燭 以遣之 又移文諸島 俾勿問 而自長崎島 始侵責(『肅宗實錄』20年 8月 戊申).
103) 田川孝三 전게주. 37.

한 심문은 나가사키에서 인도 받았을 때부터 시작되어 40일 넘게 이루어졌기 때문에, 쓰시마한에서 가토노 구로자에몬(門野九郎左衛門)이 받은 진술의 내용은 이미 이전에 확보한 것과 유사했을 것이다. 나가사키에서도 이미 돗토리한에서 진술한 내용을 확인했었다.[104)]

그런데 여기에 중요한 진술 내용이 있다. 그가 4월 28일에 오키를 떠나 5월 1일에 돗토리에 도착하여 34일간 머물렀다는 진술로 후대의 기록과 차이를 보이는 내용이다.[105)] 후대의 기록은 4월 27일부터 5월 28일까지 요나고에 머물다 29일에 그곳을 떠나 6월 1일에 돗토리에 도착했다가 7일에 나가사키로 출발한 것으로 되어있다. 총 39일 중, 요나고에서 31일, 도중에 2일 돗토리에 6일간 머문 셈이다. 그것을 안용복은 5월 1일에 돗토리에 들어 6월 7일에 나가사키로 출발한 것으로 하여, 36일중 돗토리에 34일, 요나고에 2일 머문 것이 된다. 지금까지 알려진 사실과 다르나, 당사자의 진술인 이상 존중되어야 한다.

쓰시마한은 안용복을 냉대했다. 안용복의 진술에 의하면, 처음에는 대우가 좋았으나 나가사키부터 책망하는 등 대우가 좋지 않았고 은화와 문서도 탈취당했다고 한다. 나가사키와 쓰시마에서 냉대 받았다는 사실에 대해서는, 조선역관이 머무는 곳에 숙박시켰기 때문에 냉대라 할 수 없고, 안용복이 쓰시마를 중상하는 발언에 불과하다는 주장도 있

104) 朝鮮人被召出様子御尋被成則朝鮮人申分口上書相認差出候様ニ與被仰出則下書仕り入御覽候所因幡ニ而之口上書與相違無之様ニ與之御事ニ而少々文句御改被成請書いたし(『竹島紀事』元祿 六年).

105) 同廿八日隱岐國出船仕五月朔日ニ鳥取罷着三十四日逗留仕(『竹島紀事』元禄六年九月四日).

으나, 안용복이 다시 쓰시마한의 비리를 소송하기 위해 도해한 사실 등을 감안하면 객관적인 주장으로 볼 수 없다.

쓰시마한의 대우 내용을 알 수 없으나 범죄자로 취급하며 냉대한 것은 분명하다. 냉대하고 막부의 도해금지령조차 조선에 전하지 않은 쓰시마한이었기 때문에, 안용복이 다시 도해했다는 소식을 듣고 당황하여, 에도 주재원 스즈키 한베에(鈴木半兵衛)를 돗토리한 에도 번저의 요시다 히라마(吉田平馬)에게 보내 정보를 구하게 했다. 그 결과 쓰시마한과 관련해서 소송할 내용이 있다며 1693년에 포박하고 냉대한 일의 불만을 말하고 있다는 정보를 구할 수 있었다.[106] 그러한 쓰시마한의 노력은,

> 전날에 양도의 일로 서계를 받은 것이 명백한데, 쓰시마도주는 서계를 탈취하고 중간에 위조하여 여러 번 차왜를 보내어 불법으로 횡침하니 내가 장차 관백에게 상소하여 죄상을 낱낱이 진술하겠다고 하였습니다. 백기도주가 이를 허락하였습니다. (중략) 쓰시마도주의 아버지가 호키슈에 와서 간곡히 말하기를 만약 이 소가 올라가면 내 아들은 반드시 중죄를 얻어 죽을 것이니 봉입하지 말아달라고 간청하였습니다.[107]

라는 『숙종실록』의 내용과 대응되는 활동이라 할 수 있다. 공간과 상황

106) 訴訟之儀者其元樣之儀に而御座候樣に聞へ申候 (中略) アンヒチヤクを先年竹島江參候節御國元朝鮮に而しはりなとハ不被成候哉, 左樣之事共申, 兎角何角と其元樣之事を申候(『竹島紀事』元祿 9年 6月 23日).

107) 前日以兩島事 受出書契不啻明白 而對馬島主 奪取書契 中間僞造 數遣差倭 非法橫侵 吾將上疏關伯 歷陳罪狀 島主許之 (中略) 島主之父 來懇伯耆州曰 若登此疏 吾子必重得罪死 請勿捧入(『肅宗實錄』22년 9월 25일).

의 오류는 있으나 쓰시마한이 당황하여 노력하는 내용은 동질적이라 안용복이 진술한 내용이 사실이었다는 것을 알 수 있다.

안용복을 돗토리한의 어민이 납치하고 안용복이 그곳을 방문하는 일은, 조선 외교를 독점하고 있는 쓰시마한이 방관할 수 없는 일이었다. 만일 도해금지령이 안용복의 공적으로 인식하게 되면 문제가 발생할 때마다 쓰시마한을 통하지 않고 직접 교류할 가능성이 있어, 그때까지의 조선외교 독점권에 이상이 생길 수도 있는 일이었다. 다른 외교창구가 생길 수도 있는 상황을 우려하는 쓰시마한은 안용복의 처리를 통해 능력을 입증할 필요가 있었다.[108] 그런 필요성이 있어 안용복을 범법자로 취급하여 죽도를 탈취하는 성과를 거두어야 했다. 그것이 안용복을 냉대하는 이유의 하나였다.

쓰시마한은 조선과 교류를 독점하고 있었던 만큼 죽도가 조선의 울릉도라는 것은 물론 막부가 조선인의 죽도도해금지를 조선에 요구하라는 지시에 모순이 있다는 것도 알고 있었다. 막부는 조선인을 조선에 양도할 때 조선인의 죽도 출어금지를 요구할 것을 지시하며, 그 죽도가 호키국의 영지가 아니며 이나바에서 160리 정도 떨어진 곳에 존재한다는 사실을 환기시켰다.

그러자 쓰시마한은 왜관에 연락하여 「부룬세미」와 울릉도의 관계, 즉 울릉도의 북동에 희미하게 보이는 것이 「부룬세미」라는 지리적 상황의 조사를 마치고, 안용복과 박어둔이 나가사키에서 송치되어 오자, 9월 4

108) 左候而者以來共ニ少之儀ニ而直に訴詔可仕と申候而者(『竹島紀事』元祿 六年 九月 四日).

일에 번청에서 「중의(衆議)」를 열었다.

그 중의에서는, 전에 죽도에 거주하는 이소타케야자에몬(礒竹彌左衛門) 부자의 체포를 돗토리한이 아닌 쓰시마한에 명했던 것은, 죽도를 돗토리번령으로 보지 않고 조선령으로 본 것 같으니, 막부의 뜻을 확인해야 한다는 주장이 제기되었다.[109] 이때 다카세 하치에몬(高勢八右衛門)은 죽도가 일본령이라는 주장을 폈고,[110] 죽도가 조선의 울릉도이므로 그것을 취하여 막부에 바치는 것은 바른 충성이 아니라는 의견도 제기 되었으나,[111] 안용복의 송환을 계기로 해서 죽도를 취하려는 기도는 그대로 진행되게 된다.

쓰시마한은 막부의 뜻을 확인하는 일 없이 어렵의 문제를 영토 문제로 변질시켜, 소유의 정통성을 논쟁하는 영토문제로 발전시켰다. 쓰시마의 사자는 10월 22일에 떠나 11월 2일에 왜관에 도착하여, 12월 7일에 접위관이 동래부에 나타나자 12월 10일에 안용복과 박어둔을 조선에 양도했다.

쓰시마한은 이전부터 울릉도에 이주하려는 뜻을 품고 그 기회를 노리고 있었다. 태종이 주민을 보호하기 위해 태종 3년(1403)에 주민들을

109) 彼島江磯竹彌左衛門仁左衛門與申者住居いたし居候を召捕被差出候様に院與光雲公江被仰付, 即此方より被召捕被差出たる事在之候, 然者竹島之儀日本伯耆之內之島與 公儀に被思召候はは伯耆之太守より彌左衛門仁左衛門召捕被可差出候様に被仰付之所御國江被仰渡候は朝鮮之竹島與被思召上たる事與相見へ候(『竹島紀事』元祿 6年 9月 4日).

110) 日本之內竹島之儀古來より日本之內ニ其粉無御座候(『竹島紀事』元祿 6년 10월).

111) 竹島之儀日本之地を去る四百六拾四里 (中略) 地圖書籍之考言語辯論之勞無く相知申たる事御座候 (中略) 假令其事成り候ても, 日本之公儀に他邦之島を無理に取りて被差上たるにて候故不義とは申候(「竹島文談」『日本経済叢書』日本経済叢書刊行会, 1915年 6月 10日, p.431).

이주시키자, 쓰시마한은 태종 7년에 토산물을 헌상하며 그곳에 자신들이 이주할 수 있게 해달라고 청했으나 태종이 허가하지 않았다. 광해군대에도 같은 의사를 표했다 거절당했다. 이런 숙원을 가진 쓰시마한이었으므로, 조선인의 어렵을 금할 것을 요구하라는 막부의 명을 대행하게 된 것을 호기로 여긴 것이다.

쓰시마한이 안용복의 송환을 죽도침탈의 호기로 여기고 있었다는 것은, 막부의 어렵권 보장을 위한 교섭을 영토 문제로 변질 시킨 것, 협상이 여의치 않자 사자가 임진왜란과 같은 침략을 언급하며 9개월이나 농성한 것, 막부가 일본어민과 조선어민의 도해를 같이 인정하자는 절충안을 제시해도 듣지 않았다는 것 등으로 알 수 있다.

쓰시마한의 기만외교는 도해금지령을 조선에 전달하는 과정에도 있었다. 막부는 일본인의 도해금지를 정한 1969년 1월 28일에 노중이 열좌하는 가운데 쓰시마한의 소 요시마사(宗義眞)에게 그 내용을 조선에 전달할 것을 명했다. 그러자 쓰시마한은 연말에 구두로 전달하겠다는 의사를 표하고, 돗토리한이 알리지 못하게 해달라는 요구까지 했다. 자신들이 알리기 전에 조선이 알면 안 된다는 이유였다.[112] 서면이 아닌 구두로 전달하겠다는 것은 애매모호하게 처리하여 후일의 가능성을 남겨두겠다는 계산이었다.

112) 先頃如申上候譯官渡海之刻彌口上に而可申渡候哉之事. 松平伯耆守江以御奉書被仰付候由被仰渡候, 右如申上候譯官江申渡候樣に被思召候はは, 私方より譯官江申渡候與之遂御案內以後伯耆守江被仰付候得かしと奉存候, 若渡海被差留候段流布仕候而はは彼國にも可傳承哉與奉存候, 承候後申渡候而者如何敷奉存候故申上候(『竹島紀事』元祿 6年 1月 28日).

쓰시마한은 조선과의 교섭이 뜻대로 되지않자, 막부와 협의가 필요하다며 소요시자네(宗義眞)가 참부(參府)하여, 조선이 의심하고 있다는 것과 돗토리한의 죽도도해를 조선도 알면서 방치했다가 이제야 반론을 제기하는 것은 옳지 않다는 의견서를 제출했다.[113)]

그 문서를 검토한 노중 아베분고 노카미마사타케(阿部豊後守正武)는 일본과 조선이 같이 도해하는 절충안을 제시했다. 그러자 쓰시마한은 쌍방의 도해는 불법의 소지가 있다며 회의를 표했다. 그러나 아베는 죽도에 일본인이 거주한 사실도 없고 일본이 취했다는 증거도 없는 이상 문제 삼을 것이 없다며, 쓰시마한이 무위를 배경으로 해결하는 것을 이야기하는 것은 옳지 않다는 주장을 하고,[114)] 1월 28일에 일본인의 도해를 금하는 「죽도도해금지령」을 내렸다.

쓰시마한의 의사와 다른 결정이었다. 그래서 그랬는지 쓰시마한은 조선에 전달하라는 명을 수행하지 않았다. 그러는 사이에 안용복이 도해하였기 때문에 어쩔 수 없이 10월에 쓰시마한에 온 조선의 역관에게 구두로 전달했다. 그러면서도 쓰시마한은 그것을 위해 성신의 도리를 다했다며 조선에 감사의 답신을 요구했다.[115)]

쓰시마한의 이중적인 술수를 조선의 관리들은 간파하지 못했다. 동

113) 日本より年久敷致渡海来候事, 彼国ニも能乍存其届も無之, 唯今何角被申越候段, 朝鮮国之不念ニ候故(『竹島紀事』元祿 八年 十月).

114) 日本人居住仕候か, 此方江綠取候島ニ候は々今更遣しかたき事ニ候得共, 左様之證據等も無之候間, 此方より構不申候様ニ被成, 如何可有之候哉 (中略) 御威光或武威を以申勝ニいたし候而も筋もなき事申募候儀者不入事ニ候(『竹島紀事』元祿 9年 1月 9日).

115) 竹嶋御禮之書簡早速被相渡候様與申入候所(『竹島紀事』元祿 十年 1月 22日).

래부사 이세재(李世載)는, 쓰시마도주가 에도에 가서 죽도가 조선에 가까우므로 상쟁하는 것이 불가하다고 주장하여, 왜인의 왕래를 금하게 되었다며, 사례의 서간을 보낼 것을 건의했다. 쓰시마한의 저의를 간파하지 못하는 조선의 관리들이었다. 그러면서도 저항의 방법을 갖지 못하는 안용복에게는 엄격했다.

5. 결 론

납치당한 안용복은 죽도—오키—요나고—돗토리한—에도—나가사키—쓰시마한으로 전전하다 송환되었고, 자진해서 도해했을 때는 울릉도 / 죽도—자산도 / 송도—오키—아카사키—아오야의 센넨지—가로의 도젠지—돗토리성하—고야마이케를 선회하다 귀국했다. 결국 오키, 돗토리는 두 번 모두 들렀으며 요나고, 에도, 나가사키, 쓰시마한, 아카사키, 아오야의 센넨지, 가로의 도젠지, 고야마이케 등은 한 번 들렀을 뿐이다.

각 지역의 체재한 기간을 정리하면 오키에는 1693년 4월20일부터 4월 26일까지의 7일, 1696년 5월18일부터 아카사키에 나타나는 6월 4일까지 약 16일을 머문 것이 되어 총 23일간 머물렀다. 요나고에는 1693년 4월 27일부터 돗토리로 출발하는 5월 29일까지 약32일을 머문 것으로 볼 수 있으나, 나가사키로 송치되기 이전에 34일간을 돗토리에 두류했다는 기록이 있어 기간의 변동성이 있다.

요나고에 온 4월 27일부터 나가사키로 떠나는 6월 7일까지의 39일 중

요나고에서 32일간, 돗토리에서 7일간 머물렀다는 기록과 5월 1일부터 6월 7일까지 34일간을 돗토리에 두류했다는 기술이 있다. 34일을 돗토리에 두류했다는 진술에 따르면 요나고에는 2일간 머문 것이 되는 데, 그것은 『발서공』의 기록 「조선인은 잠시 가쓰후사에게 맡겼다(暫く唐人は勝房へ御預け)」의 「잠시(暫く)」와 부응하는 일수다.

돗토리에는 1693년 6월 1일부터 나가사키로 송환되는 6월 7일까지의 6일과 1696년의 6월 4일부터 송환되는 8월 6일까지의 61일을 합하면 총 67일간 머물렀다. 34일간을 두류했다는 진술을 인정하면 95일간 머문 것이 된다. 또 나가사키까지 송치하는 22일간을 포함하면 돗토리한이 117일을 신변을 확보하고 감시한 것이 된다. 요나고를 돗토리와 구별하는 것은 요나고 어민들이 막신들과의 관계를 배경으로 해서 도해하고 있었기 때문에, 돗토리한과 이해를 달리하는 점도 있기 때문이다.

나가사키에는 1693년 6월 30일에 도착하여 8월 16일 정도까지 약 46일간을 머물렀고, 쓰시마한에는 9월 2일부터 10월 21일까지 49일간을 머물렀다. 그러나 나가사키 봉행소가, 6월 그믐에 도착한 안용복 일행을 7월 1일에 돗토리한 사자한테 인계받아 즉시 쓰시마한의 연락관에게 인도하였으므로, 나가사키봉행소가 감시한 것은 잠시였고, 7월 1일부터 10월 21일까지 약 110일간을 쓰시마한이 신병을 확보하고 있었다. 그러나 왜관에서 조선에 양도하는 12월 10일까지의 48일을 포함시키면 총 158일간이 된다.

안용복에 대한 각지의 대응은 당지의 이해에 따라 달라진다. 요나고와 쓰시마한은 시종일관 범죄자로 취급했으나 돗토리한은 범죄자로 취급하다 후대하게 된다. 1696년에는 처음부터 빈객 대우였으나 원인의 설명은 없다. 돗토리한이 결국에는 호수에 구금시켰다 귀국시키게 되는 것에도 확실한 이유의 설명이 없다.

쓰시마한의 대응은 요나고의 그것과 유사했으나, 요나고가 어렵권의 독점을 목표로 했던 것에 비해 쓰시마한은 영토의 침탈을 목적으로 하고 있었다. 돗토리한과 조선외교를 분담하는 경우가 있어서는 안 되기 때문에 안용복을 죄인으로 단정하고, 그것을 매개로 죽도를 일본의 영지로 확정하는 외교적 성과를 거두어, 외교능력을 과시하려 했다. 사신 다치바나마사시게(橘眞重)가 히데요시의 임란을 상기시키는 언동을 취한 것도 그 목적을 달성하기 위한 하나의 방법이었다.

7장 『발서공』의 안용복

7장

『발서공』의 안용복

1. 서 문

안용복의 납치로 촉발된 조선과 일본의 외교분쟁은 일본이 조선의 주장을 인정하는 것으로 종결되었다. 일본은 납치했던 안용복을 송환하며 조선인의 울릉도 도해금지를 요구했었으나 일본인의 도해금지를 일본 스스로 결정했다. 1696년의 일이었다. 그럼에도 19세기에는 배타적 독점권을 확보하려는 의도와 제국주의적 사상의 실현을 위한 방법으로 당시의 결정을 부정하며 그것에 관한 기록을 다시 해석하려 했다.

그 방법의 하나가 안용복의 범죄를 강조하는 일이다. 범죄를 거론한다면 울릉도에서 조선인을 납치한 일본인들의 범죄를 먼저 거론해야 함에도 그것은 언급을 피하면서 안용복의 범죄만을 강조한다. 범죄를 강조하여 그의 진술을 허언으로 단정하고, 그것을 기록한 조선의 기록을 부정하려 한다. 그것이 일본 막부가 내린 도해금지령의 의미를 회석하는 방법이라고 판단한 것이다.

원래 기록은 사실의 전부를 기록할 수 없고 기록자의 필요와 가치관에 의해 사건의 내용이 취사 선택되기 때문에 그것의 해석하기 위해서는 기록자의 특성을 먼저 이해해야 한다. 그렇지 않으면 기록자의 의도에 함몰되어 객관적인 사실을 간과하기 쉽다.

안용복은 두 번에 걸쳐 일본에 갔다. 1693년에는 납치당했었고 1696년에는 소송을 목적으로 자진해서 도해했는데, 이것을 계기로 해서 울릉도를 둘러싼 조일 간의 외교적 분쟁이 발생했고, 일본이 조선의 주장을 받아들여 일본인의 죽도도해를 스스로 금하였다. 일본이 「죽도일건」으로 칭하는 사건으로, 그 전말은 안용복의 진술에 근거하는 『숙종실록』, 안용복을 납치했던 오야케의 『발서공』, 안용복의 송환업무를 담당했던 대마번의 『죽도기사』, 오키(隱岐)에 표착한 안용복이 진술한 내용을 대관들이 기록한 『원록각서』 등이 전하고 있다. 이는 당대 당사자들의 직접기록이다.

『숙종실록』은 안용복을 접견한 유집일이 전하는 내용과 재차 도해했다 송환된 안용복이 비변사에서 진술한 내용을 전하는데, 납치한 돗토리한의 대우가 좋았던 것에 비해 송환업무를 담당한 쓰시마한이 물품을 탈취하는 등 냉대했다는 내용, 안용복이 울릉도와 자산도의 영유권을 주장하여 관백이 그것을 인정하는 서계를 받았다는 내용, 쓰시마한이 양국 사이에서 사실을 왜곡하고 있다는 주장 등을 내용으로 한다.

그것은 일본의 『발서공』, 『죽도기사』, 『원록각서』 등이 전하는 내용과 유사하여, 구체적인 면에 약간의 오류가 있지만, 사실로 인정할 수 있는 내용이다. 그럼에도 일본은 안용복의 범법성을 강조하여 그의 진술을 허구로 단정하고, 그의 진술을 근거로 하는 조선의 기록까지 부정하려 한다. 이런 상황에서 안용복의 주장을 『발서공』의 내용을 근거해서 점검하는 일은, 주장의 진부를 규명하는 하나의 방법이 될 것이다. 『발서공』에는 안용복이 진술한 에도행의 진부와 서계의 존재 여부를 판단할 수 있는 내용의 기록이 있다.

원래 호키의 오야케와 무라카와케는 조선의 허가 없이 죽도에 도해할 수 있다는 막부의 허가를 받아 가문의 번성을 이루고 있었다. 70년 정도 도해하자 오야케는 그것이 조선령이라는 사실을 망각하고, 그곳에서 안용복을 납치하여 막부에 처벌을 요구하기에 이르렀다. 그러나 오야케의 의도와는 달리 막부는 오야 · 무라카와 양가의 도해를 금지하여, 양가는 쇠락하고 만다.

오야케는 죽도에 대한 독점권을 유지 강화할 목적으로 안용복을 납치하였으므로, 그의 일본에서의 행적에는 정통하고 있었기 마련이다. 또 당시의 오야케는 장군을 알현하며 막신들과 교류하고 있었으므로 막각의 움직임이나 에도의 사정에 밝았으며, 오야케가 필요로 하는 정보를 전해주는 막신들도 존재하고 있었다. 그런 오야케의 기록을 근거로 안용복이 진술한 내용을 점검하는 것은, 그것의 진부를 판단하는 효과적인 방법이 될 것이다.

특히 그곳에는 안용복의 에도행을 직접 언급한 내용과 관백의 서계가 존재했다고 판단할 수 있는 내용의 기록도 있다. 그럼에도 그것이 공식적으로 거론된 일 없이, 에도행과 관백의 서계는 부정당하고 있다.

허구로 단정하여 부정하기에 앞서 검증하는 과정이 있었어야 했다.

2. 『발서공』의 구성과 내용

1) 저자

『발서공』은 제명 그대로 요나고의 어민이 죽도에 도해하며 번영을 이룬 가문의 유래를 증명해줄 수 있다고 판단한 문서들을 선별정리한 기록이다. 그곳에는 죽도도해를 허가받게 된 유래, 그것으로 이룬 가문의 번영, 독점권을 유지하기 위한 노력, 도해금지로 쇠락하는 가문의 말로 등이 기록되어 있다. 죽도산물을 헌상하고 받은 서간을 통해 막신들과 관계를 과시하기도 한다. 소실되고 남은 것을 정리한 것이라 하나 역대 선조가 장군과 막신들과 교류하며 도해의 독점권을 유지하려고 노력한 사실을 잘 알 수 있는 기록이다.

기록의 처음에 나오는 「사(私)」는 오야케의 7대손 오야카쓰오키(大谷勝意)로 추정되어, 그를 『발서공』의 편찬자로 본다면, 오야케의 죽도도해가 4대까지 이루어졌으므로, 지역 어민이 장군을 알현하는 특권까지 누리던 시대가 지난 후의 기록이라 할 수 있다. 4대 가쓰후사(勝房)는 도해가 금지되어 가문이 쇠락하게 되자 에도에 체재하며 재홍을 도모했으나 뜻을 이루지 못했다. 재력을 상실하여 재홍의 방법을 찾지 못하게 된 후에, 과거 선조들의 영광을 회상하며 편찬한 것이다.

그래서 죽도도해가 금지되기 까지를 주 내용으로 하여, 실질적으로는 제4대 가쓰후사의 기록으로 종료된다. 5대 가쓰오키(勝起)는 「자식 쇼구로(倅庄九郎)」로 기술될 뿐이다.[1] 만일 가쓰오키의 편찬이라면 이런 표현을 취했을 리 없다. 그래서 편찬자는 6대 가쓰나가(勝長)나 7대 가쓰오키로 볼 수 있다. 둘 다 글쓰기를 좋아했다 하므로 둘을 편찬자로 상정할 수는 있으나,[2] 가쓰나가는 불운과 불우 속에 살다 42세로 병사하여, 장군이나 태수에게 감사하는 마음이 깃든 문장을 최후로 하는 『발서공』의 편찬자로는 어울리지 않는다. 행복이 넘치는 필치를 생각하면 행복한 삶을 보낸 7대의 가쓰오키가 편찬자로 상정된다. 그는 처세에 능숙하여 풍요로운 생애를 지냈다 한다. 그렇다 해서 6대 가쓰나가의 가능성이 전혀 없는 것은 아니다.

2)전체적 구성

『발서공』은 가문의 기원과 죽도도해의 유래, 그것이 금지된 이후의 상황 등을 주요 관리들과 주고 받은 서간으로 확인하는 내용으로 구성되었는데, 그것을 크게 28개로 단락 지을 수 있다. 단락에 부속시키는 것이 이해하기 좋은 서간 20여 통은 본문에 포함시켰다.

본문1. 선조 와다(和田) 가 오야타니(大屋谷)에 은거하여 오야(大谷)로 개성하게 된 유래. 겐바진키치(玄番甚吉)와 무라카와이치베에(村川市兵衛)가 연명으로 죽도도해면허를 받은 연유와 도해금제로 가업을 잃은 오야케가 분세이文政(1818~1830)대에

1) 勝房儀米子町大年寄役勤中ニ付被急御呼返被仰付旨ニ而勝房倅庄九郎御差向(『발서공』本文27)
2) 「勝長は非常に筆まめな人」(大谷文子 『大谷家古文書』, 非賣品, 1984), p.166.

편찬한 기록임을 밝히는 내용.

본문2. 죽도도해의 유래와 진키치의 사망.

본문3. 죽도도항허가서.

본문4. 목재의 헌상과 장군의 알현. 장군의 하사품.

본문5. 오야케가 헌상한 죽도산물과 노중의 답서.

본문6. 소실되고 남은 서간1, 2. 전복 헌상을 감사하는 답서.

본문7. 오야케의 알현을 주관한 아베케의 서간.

본문8. 2대 가쓰자네(勝實)의 성인식과 알현. 서간1, 2, 3.

본문9. 가쓰자네의 알현과 헌상목록. 죽도도해의 유래.

본문10. 조선에 표류한 도해선의 귀환. 보고서간1, 2.

본문11. 3대 가쓰노부(勝信)의 알현과 헌상목록.

본문12. 순견사의 죽도심문과 답서. 유래기의 오류에 대한 설명.

본문13. 죽도 목재의 헌상에 감사하는 서간. 차기 도해의 건.

본문14. 부채 헌상에 대한 감사와 죽도 산물을 요구하는 서간.

본문15. 알현과 죽도전복 헌상. 명부와 수량.

본문16. 별가의 후원. 장군의 질문. 관리의 명단. 하사품목.

본문17. 겐로쿠 5년과 6년의 조선인. 조선인의 에도행.

본문18. 도해금제. 조선국왕의 인증문. 장군의 비방. 도매상.

본문19. 어조도매상 허가서. 소금집.

본문20. 죽도도해의 경위의 심문(1724)과 그 답서. 과거의 회상.

본문21. 성주의 알현과 과거의 회상. 서간1, 2, 3, 4, 5.

본문22. 태수의 알현. 서장1, 2, 3. 알현의 연락.

본문23. 아라오의 서간. 상납에 대한 감사.

본문24. 나가사키 진출을 위한 노력. 죽도와 송도의 발견과 도해. 자재 헌납. 조선왕의 인증문과 도해금지.

본문25. 우에노미야와의 인연. 서간1, 2.

본문26. 귀향하는 가쓰후사. 태수의 알현. 서장1, 2.

본문27. 나가사키 진출의 좌절과 가산 탕진.

본문28. 지역 상인으로 전락한 오야케의 후일담.

이상의 본문28은 또 6장으로 대별할 수 있다. 제1장은 오야케의 유래와 무라카와케와 연명으로 죽도도해허가를 받은 유래. 죽도도해가 금지된 후일담으로 구성된다. 전체의 서문과 같은 부분이다. 본문1.

제2장은 죽도를 발견했다는 진키치가 아베시로고로마사유키의 주선으로 무라가와케와 함께 도해면허를 받게 된 과정. 진키치가 죽고 오야가쓰무네가 도해업에 전념하게 된 유래. 도항 허가서. 알현과 헌상의 내용. 그것을 증명하는 서간. 본문2, 3, 4, 5, 6, 7, 8.

제3장은 제2대 오야카쓰자네의 기록으로 죽도도해의 유래. 죽도를 개척하고 발전시킨 진키치와 가쓰무네의 업적. 화재에 의한 기록의 소실. 알현과 헌상. 표착민을 귀환시키는 조선. 본문9, 10, 11.

제4장은 3대 가쓰노부의 알현과 헌상. 죽도도해 유래를 조사하는 순견사. 보고 내용의 정정. 부채의 헌상. 본문 12, 13, 14, 15.

제5장은 4대 가쓰후사의 행적. 안용복과 유관한 겐로쿠 5년의 기록. 가쓰후사와 별가의 협력 관계. 안용복의 에도행. 어조도매상. 태수의

알현. 선조의 영광. 나가사키 진출의 실패와 가산의 탕진. 본문16, 17, 18, 19, 20, 21, 22, 23, 24, 25, 26, 27.

제6장은 후기와 같은 것으로, 후세의 기록. 죽도 도해가 금지되는 과정의 약술. 선조의 업적과 어조업을 허가 받은 가문의 소개. 태수의 은혜에 만족하는 현실. 본문 28.

3) 오야케의 유래

오야케의 유래는 『오야케고문서』를 통해 확인 가능하다. 오야케의 선조는 와다(和田)씨였다. 와다케는 이즈미노쿠니(和泉國)의 호족이었으나 오에이(應永)의 난(1399년)에 패해 일족의 대부분이 죽고 어린 와다큐에몬요시키요(和田九右衛門良淸)만 생존했다. 분쇼(文正)의 시대에 요시키요가 성인이 되어 기소(木曾)의 후쿠시마케(福島家)에 종사하다 다지마노쿠니(但馬國) 오야타니(大谷屋)에 칩거했다. 후에 호키노쿠니(伯耆國) 오타카(尾高) 성주 스기와라케(杉原家)의 출사를 사양하다 적손 겐바(玄番)를 출사시키며, 와다 대신에 칩거지를 살려 오야겐바를 칭했다. 출사하여 전공을 세웠으나 분쟁을 피해 오야타니로 돌아왔다.

겐바는 두 아들과 진키치를 호키국 요나고의 나다쵸(灘町)에 이주시켰다.[3] 진키치는 우라닛폰(裏日本) 니시마와리(西廻)의 항로를 돌아 호쿠리쿠(北陸)에 쌀과 술 등을 운반하는 회선업에 종사했는데, 겐나 3년

3) 大谷文子 『大谷家古文書』(非賣品, 1984), p.31

에 에치고(越後)에서 돌아오다 죽도에 표착하자, 그것을 발견했다며, 오죠다이(御城代) 아베시로고로마사유키(阿部四郎五郎正之)에게 부탁하여, 도해면허를 받아 죽도에 도해하다 그곳에서 병사했다.

그러자 오야겐바의 장남은 가쓰무네(勝宗)로 개명하고 진키치의 뒤를 이어 요나고 오야케의 터전을 쌓았다. 차남 무네우메(宗梅)는 헤자에몬(兵左衛門)을 칭하고 별가를 열었다. 그래서 와다요시키요를 개조로, 오야겐바를 오야케의 시조로, 오야큐에몬가쓰무네를 요나고 오야의 초대로, 진키치를 죽도도해의 원조로 한다.

오야케는 상업적 능력에 탁월했다. 원래 와다케는 이즈미호족으로 바다를 거점으로 유통업에 종사하고 있었다. 은거하는 요시키요가 출사를 명 받은 것도 그의 상업적 재능을 인정한 결과로 볼 수 있다. 실제로 요시키요의 아들이고 오야겐바의 아버지인 에이쥰(永順)은 개인적으로 사원을 건립할 정도의 재력가였다.

죽도를 발견하고 도해허가까지 획득했다는 진키치의 인적 사항에는 모순이 있다. 『오야케고문서』에는 「『발서공』의 원문에서는 겐바의 장남 가쓰무네의 조카라고 되어있으나 잘못이다. 겐바가 생각 끝에 무사의 길을 버리고 두 아들을 요나고로 이주시키기로 정하고, 그 수호역으로 진키치를 딸려 보냈다」[4] 라고 진키치를 겐바의 조카로 하여, 오야케의 후계자를 수호할 정도의 연장자로 보았다. 오야케에 전하는 전승이

4) 竹島渡海開祖は勝宗甚吉甥甚吉なり. 具は別記に之有り略す(大谷文子『大谷家古文書』, 非賣品, 1984), p.111.

나 어린 가쓰후사(제2대)를 수호하는 별가를 포함하는 주위의 존재, 또 어린 가쓰후사(제4대)를 수호하는 별가 토베에무네나오(藤兵衛宗尙) 등과 혼동한 것으로 생각된다.

진키치의 사거일이 불명이나 오야케는 죽도 도해면허를 받은 겐나 4년 5월 16일을 그의 명일로 정하고 있다. 봉서를 받고 곧 사망했기 때문이다. 노중들이 연명한 봉서가 겐나 8년 이후의 것이므로 진키치의 사거는 당연히 겐나 8년 이후의 일로, 그 해와 그리 멀지 않은 시기로 추정할 수 있다. 진키치는 가쓰무네나 무네우메(宗梅)보다도 먼저 죽도에서 객사했다. 무네우메의 가보는 「가쓰무네의 동생, 별가 오야의 선조, 무자이다」라고 무네우메에 자식이 없다는 사실을 전하고 있다. 별가를 열 정도의 유력한 집안이라는 것을 보면 진키치의 후손으로 추정된다. 진키치가 죽도에서 요절하여, 무네우메가 죽었을 때는 상주가 없게 되었다. 진키치는 죽도에서 객사하고 무네우메에게는 아들이 없었기 때문이다.

진키치가 사거하고 무네우메가 사거할 때까지 죽도 도해사업은 잠시 소홀했다. 그래서 가쓰무네가 무네우메가 죽은 별가를 계승하기 위해 가족을 거느리고 요나고로 이주하여, 적자 쇼스케(惣助 : 九衛門勝實)를 본가에 두고, 차남 무네모토(宗心)에게 별가를 계승하게 했다. 이 별가는 대대로 도베에(藤兵衛)를 칭하며 본가를 도왔다. 별가의 본가 수호는 죽도도해를 금지 당한 4대 가쓰후사가 나가사키 진출을 계획했을 때, 도하치(藤八)를 통해 교토의 귀족들을 소개받아 교류하는 것을 통해 확인할 수 있다.[5)]

오야진키치(大谷甚吉)는 오야진키치(大屋甚吉)로도 쓴다. 『발서공』은 진키치를 가쓰무네의 조카로 하나, 오야케의 가보는 진키치를 「겐바의 조카로, 겐바의 두 아들을 수호하며 호키 요나고에서 회선업을 일으키고 죽도를 발견하고 개발했다. 죽도에서 죽었다. 죽은 해가 미상이라 죽도도해의 면허를 받은 겐나 4년 5월 16일을 명일로 정하다」라고 설명하고 있다. 진키치가 죽도에 도해할 무렵, 겐바의 두 아들은 이미 장년이었다. 장남 가쓰무네는 겐나 4년에 53세였고 동생 무네우메(별가의 선조)도 이미 상당한 나이였다. 따라서 진키치가 두 아이를 수호하는 일은 있을 수 없는 일이다.

원래 죽도도해는 힘든 일로 체력을 필요로 하여 건장한 젊은이의 일이었다. 나이든 사람에게는 어려운 일이라 진키치는 가쓰무네보다 젊지 않으면 안 된다. 겐로쿠 7년에 막부에 돗토리한이 제출한 「죽도지리기」에 「여름은 그 섬에서 어로하고 가을에 차가운 북풍을 타고 귀범한다. 도해하는 자가 30을 넘으면 해상의 풍파를 견디기 어렵다」라고 있다. 이런 상황을 감안하면 진키치는 20대 후반에서 30대 전반으로 추정되어, 겐바의 조카라는 설은 성립되지 않는다. 『발서공』이 전하는 대로 가쓰무네의 조카로 보아야 한다.[6]

5) 上野宮様江御由緒之義ハ九右衛門勝房舎弟藤八ト申者京都ニ住所仕候処不思議発達儀元手ト成德田主水ト号(『발서공』本文 25).

6) 於米子大谷家元祖是也 竹島渡海開祖ハ勝宗甥甚吉也(『발서공』本文 2)

3. 오야케와 죽도

1) 진키치의 발견

『발서공』은 죽도를 진키치가 발견했다거나 옛날부터 일본인이 왕복하는 섬이라고 조선왕이 증명하고 양도받은 것으로 설명하고 있는데, 그것은 사실이 아니다. 진키치가 에치고(越後)에서 돌아오다 죽도에 표착한 일을 「공거의 섬(空居之島)을 진키치가 실제로 발견하여, 일본의 토지를 넓힐 수 있었」다라며,[7] 마치 진키치가 처음으로 죽도를 발견한 것처럼 말하고 있다.

기록대로 라면 그 이전에는 조선과 일본이 그 존재를 알지 못했다는 것이 되는데, 조일 양국은 그 이전부터 인식하고 있었다. 이 경우의 「공거지도」는 조선의 태종이 국민을 보호하기 위해 조선인의 도해를 금한 정책의 결과를 의미하는 것이 아니라, 원래 사람이 살지 않는 섬으로 해석할 수도 있는 표현으로, 그것을 진키치가 발견하여 영토를 확장했으므로, 그곳으로 도해할 수 있는 특권을 독점하는 것이 당연하다는 것으로 해석할 수도 있다.

그러나 그것은 당시 막부의 인식과도 다른 주장으로 조선의 정책과 질서를 고려하지 않는 주장이다. 또 쓰시마한이 일본인의 도해나 거주를 금지사항으로 인식하고 있었던 것과도 배치된다. 『동항일람』129권에 「소쓰시마노카미 요시나리(宗對馬守義成)의 명에 의해 죽도〈조선국속도〉에서 잠상하는 자 둘을 잡아 경사로 보냈다」라고, 죽도가 조선

7) 誠二空居之島甚吉見顕日本之土地廣(『발서공』本文 1).

의 속도라고 명기한 것을 보아도 당대의 일본이 죽도를 조선의 부속도로 인식하고 있었다는 것을 알 수 있다.

그렇다면 진키치가 언제 죽도를 발견했다는 것일까. 『발서공』은

> 며칠 지나 천후를 살펴서 다이센(大山)의 산자락 요나고로 돌아왔습니다. 그 무렵 이나바국 · 호키국의 태수는 이케다신타로였습니다. 아직 어리기 때문에 요나고성의 대리인으로 아베시로고로님이 요나고에 오셨을 때, 이 섬에 대한 것을 보고 드렸습니다. 그러자 진키치를 에도로 데리고 가셨습니다. 즉 주군이 자세한 것을 진키치한테 직접 듣고 상의를 하실 계획이셨습니다. 위에서 들으시고 겐나 4년에 죽도도해면허의 봉서를 받게 되었습니다.[8)]

라고 전하고 있어, 죽도를 발견하고 오래 지나지 않았을 때라는 것을 알 수 있다. 오야케와 무라카와케를 에도의 막신들에게 소개하는 아베시로고로가 요나고성의 성대(城代)로 부임한 것이 1617년(元和3)이었고, 죽도도해 허가를 받은 것이 겐나4(1618)년이었다니, 진키치가 아베를 만난 것은 1617년 이후의 일로, 진키치가 말하는 죽도발견은 1617년의 일로 볼 수 있다.

원래 요나고성의 성주는 세키가하라(関ヶ原)의 전투 후에 나카무라타다카즈(中村一忠)가 맡게 되었다. 그는 도쿠가와이에야스에게 성을

8) 日経漸湊山下江帰帆 其頃因伯御太守新太郎様［御幼稚ニテ爲御城代安倍四郎五郎様御越之砌早速御注進申上之処右甚吉儀江戸表ニ御召連御帰府被為在 則御詮議之上奉達］御上聞 元和四年竹島渡海御免之御奉書頂戴(『발서공』본문1).

바친 슨푸(駿府)성주 나카무라가즈우지(中村一氏)의 아들로, 부의 전공으로 17만석을 받는 호키국 요나고성주였다. 그러나 후계자 없이 케이초(慶長) 14년에 죽자 가명이 단절되어, 다음해에 그를 대신하여 세키가하라(関ヶ原)의 공신 가토사다야스(加藤貞泰)가 번주가 되었다. 겐나 3년에 가토사다야스가 이요국(伊豫國) 오슈한(大洲藩)으로 전봉되자, 이케다미쓰마사가 하리마국(播磨國) 히메지성(姫路城)에서 오게 된다. 이 나라교체(國替)의 기간에 막부가 관찰사로 파견한 것이 하타모토(旗本) 아베시로고로였다. 그는 호키국 요나고성에 와서 나가무라카즈우지(中村一氏) 이후의 관리자 가토사다야스한테 그 성을 물려받아 후임자 이케다미쓰마사에게 인계할 때까지 관리하는 책임자였다. 그때에 진키치가 도해허가를 요청했으므로, 진키치가 죽도를 발견했다는 시기는 1617년과 크게 다르지 않아 사실로 인정할 수 없다.

2) 조선왕의 증문

진키치의 죽도발견은 그것을 이야기한 『발서공』의 다른 내용과도 모순을 이룬다. 죽도도해를 금지 당하여 가문이 쇠락하자 오야케는

> 조선국왕은 죽도가 왕고부터 일본이 지배하는 섬이었다, 그것이 틀림없다는 증문을 [장군이] 받으셨습니다. 그리고 나서 조선국에 섬을 맡기신 것이라 합니다. 그런 연유로 우리들에게 죽도도해의 금지를 명하신 것입니다.[9)]

라고 죽도를 일본이 지배하는 섬이라는 조선왕의 증문을 받고 일본인

의 도해를 금했다는 이해할 수 없는 주장을 했다. 조선이 일본의 지배를 인정한다면 계속해서 일본이 지배할 일이지 그것을 조선에 양도했다고 이야기하는 것은 어찌된 일일까.

어쩌면 그것은, 쓰시마한이 안용복을 송환하며 조선인의 죽도도해를 요구하자, 조선이 「우리의 울릉도」와 「귀국의 죽도」라며, 울릉도의 도해도 금하는데 어찌 죽도의 도해를 좌시하겠는가라며 부정한 방법으로 문제의 해결을 시도한 일이 있었는데, 그 사실을 의미하는지도 모른다. 그렇다 해도 그것은 사실이 아니다.[10)]

조선은 죽도가 울릉도라는 것을 인식하면서도, 일본과의 문제를 원만히 해결하기 위한 편법으로 죽도와 울릉도를 다른 섬인 것처럼 답했으나 다음의 답서에서는 울릉도와 죽도가 같은 섬이라는 사실과 그것이 조선의 섬이라는 사실을 밝히며, 일본인의 도해금지를 요구했다.[11)] 이런 조선의 적절하지 못했던 대처를 근거로 조선왕이 지증문을 써준 것처럼 주장하는 것으로 죽도에 대한 정통성을 구하려 한 것 같으나, 그것은 조선의 허위에 근거하는 주장이라 성립 불가능하다. 또 진키치가 발견했다는 주장은 「왕고부터의 지배」라는 표현과 모순을 이룬다.

도해를 금제 당한 오야케는 나가사키로 진출하기 위해 가문의 유래

9) 朝鮮國ヨリ竹島儀唐土地ニ相違無之由 通達有之 頻ニ懇望 漸嚀ニ成リ 朝鮮國王ヨリ竹島之儀從往古日本御支配相違無之旨 則御証文御取附被遊 其上ニ而朝鮮國江御預相成故 私共竹島渡海御制禁 被爲仰出候事(『발서공』본문18).

10) 雖弊邦之境鬱陵島 (중략) 貴境竹島(『肅宗實錄』20년 2월 23일).

11) 本是鬱陵島而以其産竹或稱竹島此乃一島二名也 (중략) 申飭貴國海邊之人無令往來於鬱陵島(『肅宗實錄』20년 8월 14일).

를 설명하는 곳에서도 조선왕의 인증을 언급하는데,[12] 그것은 도해에 대한 미련이라기 보다는 그 경험으로 자가의 능력을 입증하여 목적을 달성하려는 방법의 하나로 보아야 한다.

3) 도해의 비공공성

『발서공』은 진키치가 죽도를 발견한 공으로 도해를 허가 받았다며,[13] 장군에게 상납한 일이 없다는 사실을 언급했으나 그것은 사실과 다르다. 주장대로 발견한 공을 인정받은 결과라면 그것과 무관한 무라카와케를 참여시킬 이유가 없었다. 무라카와케와 연명으로 도해허가를 신청한 것은 아베시로고로마사유키의 동의를 얻기 위한 방법이었다.

원래 무라카와 이치베의 선조는 도쿠가와이에야스의 가신으로 봉공했었다. 그 후손들이 유랑하다 요나고에 정착했으나, 그 이전에 전란을 같이 경험한 아베시로고로마사유키와는 잘 아는 사이였다. 그 인간관계를 알고 오야케가 참여시킨 것이다. 이렇게 해서 죽도도해 사업에 관여하게 된 아베시로고케는 이후에도 계속해서 관여한다. 막신들과의 교류를 알선하고 막각의 정보를 제공하기도 한다. 양가는 그때마다 물품을 헌상하고 아베시로고로케가 요구하기도 했다.

오야케는 도해로 부를 구축하고 있었기 때문에 그 권리를 유지하는

12) 朝鮮国王ヨリ右竹島日本之御支配ニ相違無之旨 御證文御取附被為遊候上ニ而右私共奉頂戴仕候御奉書 御改被為遊候旨被為仰付奉差上申候 其上ニ而渡海之儀 已来御制禁之旨(『발서공』본문24).

13) 誠二空居之島 甚吉見顕日本之土地廣 御式帳戴之如抜群之功ト御称美」(본문1), 大猷院様御代五拾年以前 阿倍四郎五郎様御取持ヲ以竹島拝領仕(『발서공』본문12).

방법으로 기회가 있을 때마다 요로에 죽도산물을 헌상하고 있었다. 『발서공』의 본문 28개 중 헌상을 포함하는 기록이 2/3에 이른다. 직접적인 표현은 없으나 장군의 알현이나 관리의 저택을 방문할 시의 헌상까지 합하면 그 비율은 더 높아진다.[14] 헌상품은 「죽도어용(竹島御用)」으로 불릴 정도로 인기가 높아, 헌상 받은 막신들은 감사의 서간을 보냈고, 그 서간들이 『발서공』의 많은 부분을 차지한다. 죽도의 재목은 장군의 저택이나 궁의 건립에도 사용되었으며, 양가는 기회가 있을 때마다 헌상하는 방법으로 배타적 독점권을 유지하려 했다.

도해가 금지되어 가문이 쇠락한 후에 재흥을 기도하다 가산을 탕진한 것을 통해, 오야케의 헌상이 가문을 존속시키는 방법이었음을 확인할 수 있다. 나가사키 진출로 가문의 재흥을 시도한 4대 가쓰후사는 별가의 협조를 받으며 요로를 찾아 다녔으나 뜻은 이루지 못한 체 가산만 탕진하고 급사했다. 가산을 탕진하고 급사했다는 것은 요로의 인사들과의 교류에 그만한 재력이 필요했다는 것으로, 이전의 교류가 「죽도어용」의 헌상과 같은 의례를 배경으로 해서 이루어졌다는 것을 의미한다. 따라서 상납한 일이 없었다는 주장은 사실일 수 없다.

헌상의 대상은 장군을 비롯하여 「노중」, 「와카로츄(若老中)」, 「온고쿠고부교(遠國御奉行)」, 「와카오토시요리(若御年寄)」, 「지샤부교(寺社奉行)」, 「태수」, 「미야사마(宮樣)」, 「역인」 등으로 광범위했다. 모두가 가업의 유지에 관여하는 책임자들이었다.

14) 직접 기록한 본문 1, 4, 5, 6, 8, 9, 11, 13, 14, 15, 16, 21, 23, 24, 25, 28.

헌상품은 주로 죽도의 산물이나 부채, 칼, 양초, 옷감 등이었다. 죽도산으로는 강치(海鹿), 전복, 백합초, 전단(栴檀) 등으로 많은 사람들이 원하고 있었다. 전복은 「500패입 1절(五百貝入一折)」, 「300패입 1절(三百貝入一折)」 형식으로 헌상되었으며 장군이나 노중에게는 500개 들이 상자를 약노중이나 사사봉행에게는 300개 들이 상자를 헌상했다.[15)]

죽도산물은 인기가 높아 조달을 명 받기도 했다. 죽도산 목재는 궁의 건축에도 사용되어 1638년에는 에도성 「니시노고마루(西之御丸)」의 수복 공사에 조달하기도 했다.[16)] 아베케가 재목을 부탁한 것은 그런 용도에 대비한 것으로 보인다.[17)] 닛코(日光)의 도쇼구(東照宮)의 조영을 지휘했던 마쓰다이라마사쓰나(松平政綱)가 전복을 받고 감사의 서한을 보낸 것을 보면 오야케가 헌상하는 목재가 도쇼구의 조영에도 사용되었을 가능성은 충분하다.

헌상을 받는 요인들은 서간으로 감사하고 오야케가 그것을 소중히 간직하는 것으로 보아, 헌상이 막신들을 감동시켰고 오야케는 그렇게 해서 환심을 사고 있었다는 것을 알 수 있다. 그러한 막신들과의 관계가 죽도 도해권을 유지하는 조건이었음에 틀림없다.

헌상의 규모는 알 수 없으나 상당한 재력을 필요로 한다는 것은 에도

15) 「串蚫三百貝入一箱持参」「串蚫五百貝入壹箱預持参」(『발서공』本文 본문6). 「御公方様江獻上肴但例之通竹島鮑 五百貝一折」「右七人様江獻上肴但例之通竹島鮑五百貝一折宛」(『발서공』本文9).

16) 寛永十五年西之御丸 御材木御用被為仰付 難有奉畏入 寅二月右御用木為献上 (中略) 西御丸御書院御床板御書棚等之御用 相勤候ニ付(『발서공』本文 4).

17) 来春竹島江船被為相渡候旨 (中略) 材木之儀 両人江之書状申遣候(『발서공』本文8).

에 체재하며 재기를 도모하다 재력만 탕진하고 급사한 가쓰후사의 경우를 통해 추정할 수는 있다.[18] 가산탕진의 상황을 『발서공』은 다음과 같이 전한다.

> 가쓰후사가 급병으로 사거하게 되었기 때문입니다. 이리하여 만사의 길은 끊기고 가산도 없어졌습니다. 이미 재력이 미력하여, 에도에 거주하며 호소하는 일 등은 할 수 없게 가운은 중절된 상태였습니다.[19]

재기의 시도로 가산을 탕진하여 「만사도절(萬事道絶)」의 경우에 처했다는 것은 길을 트는 일, 즉 막신들과의 교류가 재력을 필요로 한다는 것으로, 그 동안의 교류를 통해 유지한 도해의 독점이, 죽도도해를 통해 구축한 재력을 배경으로 하는 헌상의 결과였다는 것을 의미한다. 에도의 우에노미야(上野宮)와의 교류가 하나의 좋은 예이다.[20]

우에노미야는 별가의 도하치(藤八)가 교토에서 교제하는 시미즈야젠다이나곤(淸水谷前大納言)의 소개로 알게 된 황족이었다. 도하치는 교토의 상인으로 여러 귀족들의 집에 출입하며 도움을 받는 신분이었다. 그가 본가 가쓰후사의 나가사키 진출을 돕기 위해 자신이 교류하는 귀족들을 소개했고, 가쓰후사는 그들의 소개로 에도의 우에노미야와도 교류하게 된다.

18) 勝房江府江 相詰連年 御公儀江御愁訴申上候得共(『발서공』本文27).
19) 勝房急病ニ而死去 因茲萬事道絶 尙身代衰微仕 微力ニ而 江府相詰御愁訴申上ル儀モ不相叶及中絶候(『발서공』本文27).
20) 上野寬永寺의 住職으로 황족. 後西天皇(1638~1685)의 제6황자.

가쓰후사가 신분이 다른 시미즈야와 교제하게 된 것은 도하치의 소개가 있어 가능했으나, 그것이 모든 조건이 될 수는 없다. 신분이 다른 귀족들과 교류하는 데는 소개는 물론, 호감을 가질 수 있는 조건을 충족시켜야 했다. 가쓰후사가 그 조건들을 충족시키고 있었기에 교토와 에도의 귀족들과 교류하여 수호 받을 수 있었을 것이다.

가쓰후사가 귀족들의 수호를 배경으로 나가사키 진출을 시도했으나 가산만 탕진하고 급사했다는 것은, 귀족들과의 교류에 가산이 필요했다는 것으로, 선조들의 교류도 헌상을 매개로 했다는 것을 의미한다. 선조들은 헌상으로 도해허가를 받고 독점권을 유지했으나 가쓰후사는 뜻도 이루지 못하고 가산만 탕진하고 급사한 것이다.

죽도 도해를 금지 당하여 가문이 쇠락하자 막신을 상대로 하던 교류가 돗토리한의 가신을 상대로 하는 교류로 변하여, 과거의 영광을 재현하는 노력으로 나가사키 진출을 기도하다 가산만 탕진한 것이다. 이것으로 보아 가쓰후사의 귀족들과의 교류만이 아니라 오야케의 장군과 막신들의 전통적인 교류 역시 재력을 배경으로 하는 예의, 헌상으로 표현되는 예의를 배경으로 하는 교류, 즉 이권을 매개로 하는 교류였다는 것을 알 수 있다. 따라서 요나고의 어민 오야 · 무라카와 양가가 받은 죽도도해면허는 공공성이 확보된 것으로 보기 어렵다.

도해허가를 받았다는 1618년은 9세의 이케다미쓰마사가 돗토리번주가 된 이듬해였다. 도해면허를 중개한 아베시로고로마사유키가 요나고성의 성대로 온 것도 그곳에서 무라카와이치베를 만난 것도, 오야카쓰무네가 두 사람의 관계를 알고 도해사업에 무라카와이치베를 끌어들인 것도 이 시기였다. 아베시로고로의 개입으로 이케다미쓰마사 앞으로 내린 죽도도해면허의 봉서를 돗토리한을 통해 받았으나, 그것은 형식적인 절차일 뿐, 실질적으로 노력한 것은 아베시로고로였다. 부임한 직후의 번주가 한 일은 거의 없어, 면허의 공공성을 논하기 어렵다.

그렇게 획득한 도해의 독점권을 유지하기 위해 오야케의 선조들은 기회가 있을 때마다 요로에 집요하게 헌상하고 있었다. 죽도도해가 약간의 공공성을 띄게 된 것은 아베케의 몰락으로 돗토리한이 대신 관리하게 되면서부터였다. 어민들이 안용복을 납치해온 사실이 막부에 보고된 것도 돗토리한이 중개한 결과로 볼 수 있다.[21] 이전처럼 아베케가 관여하고 있었다면, 막부에 보고하기 전에 다른 방법으로 마무리했을 수도 있다.

4) 오야케와 돗토리한의 관계

오야케가 죽도도해 허가를 받은 것은 돗토리한이 아닌 아베케가 중개한 결과였다.[22] 그것은 태수가 어리다는 것만을 원인으로 하지는 않는다. 죽도는 오야케만이 아니라 산인 지방의 여타 많은 세력이 관심을 가진 곳으로, 그들의 개입을 차단하기 위해서는 돗토리한이 아닌 막부의 허가를 필요로 했다. 실제로 오키는 막부의 직할령으로 다이칸(代官)이 관리하고 있었다. 돗토리번주의 통치력이 미치지 않는 타 지역

21) 池內敏『大君外交と武威』(名古屋大學出版會, 2006) p.271.
22) 其頃因伯御太守新太郎樣御幼稚ニテ爲御城代安倍四郎五郎樣御越之砌(『발서공』本文1).

세력들이 도해의 기회를 엿보는 상황에서 오야케가 필요로 하는 것은 그 세력까지 억제할 수 있는 막부의 허가였다.[23)]

그것은 『인슈시쵸고키(隱州視聽合紀)』를 통해서도 확인할 수 있다. 그곳에는 인슈가 자주적 방어력을 잃게 되면 단슈(但州)나 쟈쿠슈(若州)의 도적들이 나타나 방화 약탈하고 부녀자를 범하는 기록이 많다.[26)] 그런 세력은 돗토리번주 권위만으로는 억제할 수 없었다. 죽도 도해에 많은 이익이 따른다는 사실이 일반화된 상황에서 그곳의 도해를 탐하는 세력들을 억제하기 위해서는 돗토리한이 아니라 막부를 배경으로 하는 세력의 수호가 필요했고, 그런 필요에 의한 것이 아베케를 매개로 하여 유지하는 막신들과의 교류였다.

오야케는 돗토리한의 번주가 지배하는 호키국의 어민이므로 매사를 번주 중심으로 하는 것이 정상이다. 그럼에도 죽도도해처럼 배타적인 독점권을 필요로 하는 오야케의 관심은 막신들과의 교류에 있었다. 돗토리한이 막부가 결정한 사실을 전달해주는 정도의 역할에 머문다는 것은, 오야케가 막신들과 교섭한 결과가 번을 통해 전달된다는 것으로, 오야케가 번주보다 막신들과의 교류를 우선했다는 것을 의미한다.

오야케가 도해면허를 받았을 때도 감사를 표하는 대상은 아베케였지 돗토리한이 아니었다. 『발서공』자체가 에도와의 관계를 확인하는 것을 목적으로 하기 때문에[25)] 기회가 있을 때마다 아베케와의 관계를 설명

23) 池田敏 전게주 21 p.264.
24) 故但州若州之盜賊侵掠村々 燒却堂宇 奪貨財 犯婦女(『隱州視聽合紀』卷一).

한다. 순견사가 심문했을 때도 아베케의 주선으로 죽도를 배령했다는 답을 했고, 나가사키 진출을 기도할 때도 아베케와의 관계를 강조하고 있었다. 그에 비해 번주와의 관계의 설명에는 극히 사무적이다. 도해허가를 받았을 때도 막부가 태수를 통해 허가서를 보내준 사실만 기록했다. 번주에 대한 감사의 표현이 없는 기록이었다. 순견사에게 죽도도해의 유래를 설명할 때도 그랬다.

오야케는 태수의 알현에도 큰 의미를 두지 않았다. 태수의 알현을 소개하면서 장군의 알현을 설명하거나 에도에서 태수의 알현을 신청하여 이루어졌다는 식으로 표현하고, 알현이 이루어진 사실에 대한 감사도 에도의 우에노미야를 우선했다. 이는 에도 지향의 자세로 막신들과의 유대를 중시하기 때문에 보일 수 있는 태도였다. 그러한 오야케가 태수도 거북스러웠던 것 같다. 우에노미야가 오야케를 부탁하는 서신을 보자, 오야케가 장군에게 탄원한 일이 있다는 사실을 일부러 언급하여 거리를 두려 한다. 태수는 우에노미야의 요구에 오야케와 장군의 교류를 설명하는 것으로, 자신의 입장과 한계를 설명하려 했던 것 같다.

오야케가 돗토리한에 감사하는 것은 죽도도해가 금제되고, 어조 도매업을 하며 기도했던 나가사키 진출이 좌절된 후부터였다. 재기할 수 있는 통로와 방법 모두를 상실한 후부터 돗토리한의 배려에 감사하게 된다. 과거의 공로와 경력을 인정하여 요나고 성주가 어조 도매상을 허가

25) 土藏出火ニ而拜領之品其外 代々江戸参府記録等 惜哉多分消失 尤于今所持之品々猶燒殘之書記之內 爲規模由緒之次第 拙家世代之座ニ書顯置者也(『발서공』本文1).

했을 때만 해도, 가문의 공과 장군의 여광으로 여기고 있었던 오야케가 변한 것이다.[26] 가문의 쇠락으로 에도의 기반을 상실하자, 태수의 알현도 포기하고, 어조 도매업을 허가해준 은혜에도 감사한다. 이전과 다른 자세로, 죽도에 도해하며 장군을 비롯하여 막신들에게 헌상하던 기개는 엿볼 수 없다. 오야케의 영고성쇠가 죽도의 도해와 같이 한다는 사실을 확인해주는 변화였다.

5) 오야케의 변천

오야케의 성쇠는 죽도도해에 좌우되고 있었다. 성씨 오야도 죽도와 관련해서 사용되기 시작한 것이라고 말할 정도로 오야케의 성쇠는 죽도도해의 변화와 밀접하다. 도해허가를 받는 진키치가 사망하자, 가쓰무네가 이어받아 본격적으로 도해사업을 시작했고, 제2대의 가쓰자네와 제3대의 가스노부가 뒤를 이어 도해하던 시기가 오야케의 번성기였다. 죽도에는 귀한 산물이 풍부하여, 그것을 막부의 요로에 헌상하며 가문의 번영을 이룬 것이다.

4대에 걸쳐 장군을 알현했던 오야케의 영화에 그늘이 지기 시작하는 것은 겐로쿠 5년에 죽도에 조선인이 나타나기 시작하면서부터였다. 4대 가쓰후사가 7세에 가업을 계승한 해였다. 그 해에 조선인을 만나 조업을 하지 못하고 돌아온 선원들은 다음 해에 조선인 둘을 납치하여 독

26) 尤米府御城主本源院様御墨付ヲ以被仰付 難有今以米府家続仕 是全竹島開基就由緒 乍恐公方様御余光故ト 難有仕合奉存候(『발서공』本文18).

점권을 강화하려 했다. 그러나 그것이 원인이 되어 도해를 금지 당하여, 가문이 쇠락하고 생활권도 호키로 한정되게 되었다.

도해를 금지 당한 오야케는 이즈모(出雲)로 이주하려 했으나 장군을 알현한 명문의 이주를 허가할 수 없다며 어조 도매상을 허가하여 그곳에 살게 했다. 이후로 알현의 대상은 장군에서 도매업을 허가해준 돗토리한의 태수로 바뀌어, 가쓰후사는 과거의 영광을 배경으로 해서 나가사키 진출을 시도했으나 뜻은 이루지 못하고 가산만 탕진했다.

가쓰후사의 선조 가쓰무네는 장남에게 본가를 계승시키고 차남을 별가의 개조로 해서 본가를 돕게 했는데, 도해를 금지 당한 가쓰후사가 별가 도하치의 조력으로 새로운 인맥을 만들고 나가사키 진출을 시도했다. 그는 도하치의 소개로 교토의 시미즈야와 교류를 시작하고, 시미즈야의 소개로 에도의 우에노미야와도 교류하여, 그것을 배경으로 해서 나가사키에 진출하려 했다. 그러나 뜻을 이루지 못하고 가산만 탕진하고 급사여 탄원의 길과 방법을 상실하자, 태수에게 생선을 조달하는 지역상인으로 만족하게 되었다.

4. 『발서공』의 안용복

1) 당인강부강어인도

오야케의 성쇠가 죽도도해와 밀접하기 때문에 『발서공』은 처음부터 겐나 4년부터 시작하여 78년간 지속했다는 내용을 자랑스럽게 기록하고 있다. 오야케는 죽도에 대한 독점권을 강화하기 위해 안용복을 납치했는데, 오히려 그것 때문에 도해를 금지 당하여 가문이 쇠락하게 되었다.[27] 『발서공』도 납치를 도해금지의 원인으로 보았다.[28] 그럼에도 안용복에 대한 기록은 극히 간단하다.

기록이 간단하다는 것은 사건이 간단했다는 것이 아니라 사건의 많은 부분을 생략했다는 것으로, 안용복을 심문한 내용과 2차 도해에 대한 기록이 없다. 생략의 기준이 무엇인지는 알 수 없으나, 자가의 이익에 반한다고 판단하여, 납치하여 처벌을 요구했던 것을 생각하면, 자가에 이롭지 않은 내용이라 생략했을 것이다.

오야케는 죽도에서 조선인을 발견하자 조업을 포기하고 귀항하여 보고하고, 다음해에는 안용복과 박어둔을 납치하여 돗토리한에 처벌을 요구했다. 그 이후의 기록이 『발서공』에 있다.

> 즉시 돗토리에서 심문한 후에, 당인을 에도로 인도했습니다. 곧 에도에서 조사하고, 조사가 끝나자, 순차적으로 물건을 주어 귀국하게 했습니다.[29]

라고 안용복과 박어둔을 돗토리한에서 에도에 보내, 그곳에서 조사하고 순서에 따라 귀국시켰다는 내용이다. 이는 돗토리한에서 조사를 한

27) 元和四年竹島渡海御免之御奉書頂戴 同年ヨリ竹島渡海相始メ凡七拾八年之間 (中略) 于時元禄九年竹島渡海御制禁被為仰出 家業失(『발서공』本文1).
29) 竹島渡海御制禁被仰 無是非御請申上〔候〕右濫觴先達連帰唐人贈帰以後(『발서공』本文18).
30) 則鳥府表御吟味之上 唐人江府江御引渡 則江戸表御穿鑿 相済順々御贈帰ト成ル(『발서공』本文17.)

(則鳥府表御吟味之上) 조선인(唐人)을 에도(江府)로 보내(引渡), 그곳에서(江戸表) 다시 조사하고(御穿鑿), 그것이 끝나자(相済) 순서에 따라(順々) 물품을 주어(御贈) 돌려보냈다(帰ト成ル)는 내용으로, 이곳의 에도행과 「順々御贈」의 의미를 살펴보면 안용복이 진술한 내용이 허언이 아니라는 것을 알 수 있다.

「어증」은 송환하기 전에 이루어진 일로, 막부가 송환 전에 조선인에게 무엇인가를 주었다는 표현으로, 조선인의 송환을 의미하는 「귀」로 이어진다. 당시의 조선과 일본은 표류민을 송환할 때는 물품을 주었는데, 이곳의 「어증」이 그것에 해당하는 표현으로, 일본이 안용복에게 관백의 서계를 포함하는 물품을 준 것으로 해석할 수 있다. 1666년에 부산에 표착했던 일본인에 대한 조선의 대응을 『발서공』은 다음과 같이 전하고 있다.

> 則朝鮮国所々ニ而御馳走 順々ニ送帰シ相成事 (중략) 尤朝鮮国王ヨリ船頭水主江餞別目錄二通有之 于今致所持(本文10)

> 조선국 곳곳에서 대접을 받고 순조롭게 송환되게 되었습니다 (중략). 그때 조선국왕이 선장과 선원에게 준 전별목록 두 통이 있습니다.

표착한 일본인을 조사하고 곳곳에서 후대하다 송환할 때는 조선국왕이 물품과 전별목록을 하사했다는 내용으로, 이곳의 「順々ニ送歸シ」는 안용복과 박어둔이 요나고—돗토리—에도—나가사키—쓰시마—왜관을 전전한 사실이나 「에도에서 조사하고 절차에 따라 물건을 주어 귀국

하 게 했습니다」라는 내용과 대응하는 표현으로 볼 수 있다.

두 기록이 공유하는 「순순(順々)」은 일본이 안용복에게 무엇인가를 주어 송환시켰다는 「어증귀」와 조선이 일본 어민을 송환시키며 물품과 전별목록을 주었다는 「송귀(送歸)—전별목록(餞別目錄)」으로 이어져, 「순순」이 송환하기 이전의 과정이었다는 것을 알 수 있다. 전자는 무엇인가를 「증(贈)」하여 「귀(歸)」하게 했다는 것이고, 후자는 돌려보낼 때(送歸) 물품을 주고 그 내용을 기록한 「전별목록」을 주었다는 것으로, 둘 다 송환하기 전에 물품을 하사하는 과정이 있었다는 것을 의미한다. 이는 안용복이 에도에서 조사를 마치고 무엇인가를 받아 귀국했다고 해석할 수 있는 표현으로, 조선국왕이 일본어민에게 전별목록을 하사한 것처럼, 관백도 전별목록에 대응하는 서계를 안용복에게 준 것으로 해석할 수 있는 표현이다.

2) 에도에 간 안용복

안용복의 에도행을 허구로 보는 일본은, 그것을 전하는 조선의 기록도 부정하려 한다. 그러나 『발서공』이 안용복의 에도행을 전하고 있는 이상 그 같은 주장은 재고되어야 한다. 많은 연구자가 그 내용을 보았음에도 에도행은 공론화된 일이 없다.

다양한 기록을 근거로 들며 독도가 일본령이라고 주장하는 가와카미 겐조(川上健三)는 1956년에 오야후미코가 소장하는 고문서를 빌려서 검토했고 『오야케고문서』가 출간될 때는 외무성 참사의 자격으로 서문을 써줄 정도로 오야케의 고문서와 밀접했다. 그가 안용복의 강호행을

전하는 내용을 보지 못했을 리 없다. 오야후미코는

> (소화)30년 1월 12일에. 외무성 사무관 가와카미겐조씨와 이리에(入江)씨가 오셔, 즉시 고문서를 펴고 조사에 들어가셨다. 가와카미 사무관은 다음날도 오셔서 참고자료로 하기 위해 잠시 빌리고 싶다고 말씀하시고, 43통을 갖고 돌아가셨다. 개략을 쓴 부전이 붙어 있어 조사하기 쉬웠다는 서간을 받기도 했다. 이 고문서는 8개월 후에 정중한 서장과 더불어 돌아 왔고, 한국 측이 당국의 움직임에 신경을 곤두세우고 있으니 이번 조사에 대해서는 말하지(他言) 말라는 주의가 있었다.[30]

라고 가와카미가 자가의 고문서 내용을 확인하고 그 사실을 비밀로 해 달라고 부탁한 사실을 밝히고 있다. 정보를 공유하려 하지 않고 독점하려 했던 일본 외무성의 사고를 알 수 있는 내용이다. 가와카미가 획득한 자료의 공유를 꺼려한 것은 공정한 처사라 할 수 없다.

안용복의 에도행은 『발서공』만이 아니라 『백기지』나 『죽도기사』등도 전하고 있어, 당대에 비교적 잘 알려진 사실이었던 것 같다. 『백기지』에는

> 명을 받아 무기를 싣고 이르렀다. 조선인이 그 섬의 오사카우라에 숨었다. 남은 두 사람이 있었다. 즉시 그들을 잡아 귀범하여 관에 고소했다. 명이 있어 도베에가 이인을 거느리고 본부에 갔다. 번사 가노씨 오세키씨가 수호하여, 이인을 에도에 불러들였다가 본토로 보냈다. 그 후 그 나라에서 죽도는 조선의 땅이라는 말을 끊임없이 말하기에 이르렀다.

30) 大谷文子『大谷家古文書』(非売品, 1984), p.25.

> 관은 상의하여 일본 관내라는 지증문을 바치면, 이후 조선에 맡기겠다는 명이 있었고, 한국이 이를 바쳤다. 그래서 도해를 시작하여 78년에 금제되었다.[31)]

라고 되어있다. 무기를 소지했다는 내용이나, 조선왕이 지증문을 바쳤다는 것, 에도행을 이야기한 내용 등이 『발서공』의 그것과 유사하다. 또 쓰시마번사 히라타시게자에몬(平田茂左衛門)과 로로쿠로에몬(瀧六郎右衛門)이

> 안과 박은 에도에 보내졌는데, 에도의 취조에서는, 죽도는 조선의 땅인데, 그들을 납치하는 것은 불법이라며, 납치해온 자를 참죄에 처했다. 그들은 에도에서 좋은 대접을 받았는데 나가사키 쓰시마에서는 죄인처럼 취급되었다고 조선의 조정에 호소했다 한다.[32)]

라고 대담한 내용이 『죽도기사』에 전한다. 안용복과 박어둔이 에도에서 죽도가 조선땅임을 주장하여, 납치한 자들이 처벌 당했다는 내용과 에도에서 후대한 것에 반해 나가사키와 쓰시마에서는 냉대했다는 내용

31) 明年命を得て武器を載せて至る. 朝鮮人彼島の大坂浦に遁る. 殘る者二人なり. 卽これを捕へ歸帆して, 又官に訴ふ. 命有て藤兵衛異人を具して本府に至る. 番士加納氏・尾關氏守護たり. 異人江戸に召されて本土に送らる. 後彼國より竹島は朝鮮の地たるよし, 頻に言上に及ふ. 官議して日本管内たるへき旨証文を上らハ, 以後朝鮮に預け給ふ可きの命あり. 彼國それを奉す. 因て當家渡海の初より七十八年にして禁制せらる(『伯耆志』子8月21日).

32) 安・朴は江戸に送られたるに, 江戸にての吟味では, 竹島は朝鮮の地であるに, 彼等を拉致せるは不調法なりとて, つれかへりたる者を斬罪に處したり. 彼等は江戸に於いて殊の外馳走を請けたるに, 長崎, 対馬にては段々と罪人の如く扱われたとて朝鮮の公儀に訴へたる由(田川孝三,「竹島領有に関する歴史的考察」『東洋文庫書報第200號』東洋文庫, 1989.『竹島紀事』元祿8年7月25日.

이다. 전체적으로 조선의 기록과 합치한다. 이런 기록들이 전하는 이상 안용복의 에도행은 진지하게 검토되었어야 했다. 그런 과정도 없이 부정하고 그것을 전하는 조선의 기록을 부정하는 것은 옳지 않다.

더구나 쓰시마번사 히라다시게자에몬(平田茂左衛門)과 로로쿠로에몬(瀧六郎右衛門)은 죽도의 조선인의 도해금지의 교섭에 관여한 자로, 죽도를 일본령으로 하는 일에 승산이 있다는 주장을 하다, 일본인의 도해를 금하게 되자 분개한 강경파들이었다. 그들이 부정하기는 했지만 안용복의 에도행을 거론하고 있었다는 것은 그 내용이 관계자들 사이에서 회자되고 있었다는 것을 의미한다. 이처럼 안용복의 납치와 직접 관여된 세력의 기록 모두가 에도행을 전하고 있음에도, 그것을 부정하는 흐름이 대세를 이루고 있다.

안용복의 에도행의 결정적인 증거라 할 수 있는 것이 그를 조선에 인도한 다치바나마사시게(橘眞重 : 多田與左衛門)의 반응이다. 그는 안용복을 인도하면서 조선인의 죽도 도해금지를 요구하고 죽도와 울릉도가 동도라는 사실의 확인으로 울릉도의 침탈은 기도하다, 조선의 답서가 마음에 들지 않자 답서의 내용을 트집 잡아 4개항의 힐문서를 보낸 자였다. 그가 힐문서를 보내게 된 것은

> 도리어 우리나라 사람을 구집하여 에도에 전도했다. 다행히 귀국의 대군이 사정을 밝게 살펴서 많은 노자를 주어 돌려보내 주었다.[33]

33) 乃反拘執我人 轉到江戶 幸蒙貴國大君 明察事情 優加資遣(『肅宗實錄』20년 8月 14일).

라는 내용이 포함된 조선의 답서를 받았기 때문이다. 그럼에도 힐문 4개항에는 안용복의 에도행을 부정하는 내용이 포함되지 않았다. 조선은 울릉도 도해금지를 요구하는 일본에게, 조선인이 조선의 영토인 울릉도에 가는 것이 어찌 잘못이냐며, 그곳에서 안용복을 납치하여 에도까지 데리고 간 사실을 탓하고, 오히려 일본인들의 울릉도 도해금지를 요구하는 답서를 보냈었다.

이 답서를 받은 다치바나는 「망국의 때가 도래했다고 생각했다」라고 말할 정도의 충격을 받았다한다.[34] 충격은 다치바나만이 아니라 쓰시마한도 받은 듯, 다치바나에게 핑계를 만들어서라도 원하는 답서를 받을 때까지는 귀국하지 말 것을 명했고, 다치바나는 9개월간(1694년 9월 10일~1695년 6월 15일)이나 농성하며 정정을 요구하던 끝에 4개항을 힐문한 것이다.

첫째가, 조선이 죽도에 관리를 보내어 관리한다는데 1618년부터 만난 일이 없는 것은 어찌된 일인가. 둘째가, 죽도에 표착한 일본인을 범법자로 취급한 일이 없지 않은가. 셋째가, 어째서 처음에는 죽도와 울릉도가 다른 섬이라고 답했는가. 넷째가, 78년 전에 울릉도에 출어했다 표류한 자들을 처벌하지 않았지 않았는가라는 내용이었다.[35]

34) 日本より者重而朝鮮人相渡間敷旨被仰渡候之処, 還而日本人御停止被成被下候様ニ与ハ裏表成事ニ候, 是ニ而可相済与何茂存候哉, 最早大事目前ニ而亡国之時節到来与存候(『竹島紀事』元祿 7年 9月12日).

35) 我民未曾奏與貴國公差相遇于彼島之事 (中略) 則曾前三度書中何不言犯越侵涉之意乎 (中略) 則初度答書何言貴界竹島弊境鬱陵島乎 (中略) 八十二年典書七十八年前書辭意不相合令不可不請問之(『肅宗實錄』肅宗21년 6月20日).

조선의 답서를 철저히 분석하고 모순으로 판단한 점에 대한 힐문으로, 조선의 인도적 대우까지 들며 조선의 부당함을 증명하려 했다. 그런 다치바나가 안용복의 에도행에 대해서는 언급하지 않았다. 에도행이 사실과 다른 내용이었다면 더없이 좋은 힐난 자료였음에도, 그것이 빠졌다는 것은 에도행이 사실이었다는 것을 의미한다.

쓰시마한이 안용복의 송환에 관계하기 시작한 것은, 1693년 5월 10일에 돗토리한 에도번저가 납치 사실을 막부에 보고하며 그 처리방법을 요구하자, 막부는 5월 13일에 조선인을 나가사키와 쓰시마한를 통해 조선으로 송환할 것을 명함과 동시에, 쓰시마한 에도 주재원를 불러 나가사키에서 인도받아 송환하며 조선인의 죽도 도해금지를 요구할 것을 지시를 받으면서부터였다. 쓰시마한은 안용복을 인도 받은 7월1일부터 심문했으나 그 준비는 5월에 시작하고 있었다.

쓰시마한은 부산의 왜관에 연락하여 「무루구세무」로 불리는 울릉도와 「부룬세미」로 불리는 우산도의 지리적 상황까지 조사했다.[36] 그런 쓰시마한이 안용복의 진술내용에 소홀했을 수 없다. 나가사키에서 인도받아 12월 10일까지 3개월 이상 신변을 확보하고 있었으므로 억류된 기간의 사정은 물론 그의 진술내용에도 밝았기 마련이다. 그런 쓰시마한의 사신 다치바나가 에도행을 힐문의 내용에 포함시키지 않았다는 것은

36) 竹嶋之儀朝鮮ニ而ハブルンセミト申候由被申越候, 竹嶋与書候而朝鮮読ニブルンセミト申候哉ブルンセミとハ如何様ニ書申候哉, 欝陵嶋与申嶋有之候是を下々之ブルンセミとハ不申候哉, 日本ニ而者欝陵嶋之儀を磯竹と申候, 欝陵嶋とブルンセミハ別之嶋ニ而有之候哉, ブルンセミを日本人ハ竹嶋と申候与申儀者誰之咄ニ而被承候哉 (『竹島紀事』元祿 6년 8월 23일).

그것이 사실이었기 때문이라고 볼 수 밖에 없다.

울릉도와 자산도가 조선령임을 인정하는 관백의 서계를 안용복이 에도에서 받았다는 것이 사실이라는 것은, 그것을 전하는 기록이나 쓰시마한의 사신 다치바나의 반응 등으로도 확인할 수 있으나, 더 확실한 증거는 막부가 일본인의 도해를 금지시킨 사실이다. 안용복을 송환하며 조선인의 울릉도 도해금지를 요구했던 막부가, 외교논쟁을 전개하면서 돗토리한 등을 통해 정보를 수집하고 분석하여, 쓰시마한의 반대에도 불구하고, 일본인의 도해를 스스로 금지시켰다. 정보를 수집한 원인이 무엇이었는가를 생각해 보아야 한다.

처음에는 조선인의 죽도 도해금지를 요구하던 막부가, 죽도의 영유에 관한 자료를 수집하게 되었다는 것은, 안용복의 납치를 계기로 영유문제를 재검할 필요를 느꼈기 때문이라고 생각한다. 울릉도와 자산도가 조선의 영토라는 주장에 접한 막부는 그 사실여부를 확인할 필요성을 느끼고 정보를 수집한 것이다.

3) 에도에 간 시기

기록이 있음에도 안용복의 에도행이 부정 당하는 것은 후세의 기록이 전하는 상황을 중시한 결과로, 후일의 기록으로 당대의 기록을 부정한 셈이다.

안용복의 행적 중에는 기록이 없는 기간이 있다. 1693년 4월 18일에 납치되어 4월 27일부터 요나고의 오야케에 감금되었다 돗토리한에 도착하는 6월 1일까지의 1개월여의 기간과 돗토리한에서 나가사키에 이르는 23일간(6월 7일~30일)의 기록이 확실하지 않다. 스스로 도해한 1696년 6월 중순부터 8월 6일까지 약 50여일의 행적도 분명하지 않다.

돗토리한에서 에도에 연락할 경우에 7일 걸리는 비각을 보내는 것을 보면, 20일이면 왕복 가능하여, 납치당한 1차 도해에는 2회정도 에도에 갈 시간적 여유가 있었고, 2차 도해에도 2회정도의 시간적 여유가 있었다.

안용복의 에도행은 여러 면에서 검토될 수 있다. 그 당시의 교통편이나 행로에 따라 왕복에 걸리는 시간의 차이는 있을 수 있다. 또 일행의 성격이나 인원수에 따라 달라질 수도 사안에 따라 달라질 수도 있다. 그런 면에서 왕복에 필요한 일수를 계산해보는 것은 중요하다. 그러나 그런 조건이나 상황에 따라서 에도행이 결정되는 것은 아니다. 안용복과 그를 납치한 오야케, 그를 송환한 쓰시마한 모두가 에도행을 이야기한 이상, 그것을 사실로 전제할 때 일정의 계산도 의미가 있는 것이다.

안용복을 심문한 내용을 기록한 것에는 『발서공』을 비롯하여 『인부연표』, 『죽도고』 등이 있으나, 당대의 관계자가 기록한 것은 『발서공』뿐으로, 다른 것은 후세의 것으로 전승하는 자료를 인용한 것이다. 따라서 『발서공』의 내용이 『인부연표』나 『죽도고』에 없다는 근거로 부정할 수는 없다. 후대의 기록에 없다는 것은 어떤 목적이 있어 생략된 결과일 수도 있다. 안용복의 행적은 기록되지 않는 것이 더 많아, 기록에 없다는 것이 사실 자체가 없었다는 것을 의미하지는 않는다

4) 돗토리한의 태도

조선의 도해로 손실을 입었다는 보고를 돗토리한이 접하는 것은 1692년부터였다. 무라카와케 어민들은 그것을 증명한다며 조선인들의 소지품을 가지고 4월 5일에 귀환하여 다음날에 요나고성에 보고했다. 4월 9일에 보고받은 돗토리한은 곧 에도의 노중에게 보고했다.[37)]

무라카와케의 어민들이 죽도에서 만난 조선인에게

> 이 섬은 양가가 일본의 장군한테 하사 받아 수 십년에 걸쳐 오가고 있다. 올해에 너희들이 멋대로 도래하여 행패를 부리는 것은 기괴한 행위이다라고 강하게 질책했다.[38)]

라고, 자신들이 죽도를 장군한테서 하사 받은 것으로 말하고, 그곳에서 떠날 것을 요구했다. 조선인의 퇴거를 요구할 정도로 영유권을 확신하고 조선인을 자신들의 이익을 저해하는 범죄자로 본 것이다.

그런 사고가 다음해의 납치로 이어진다. 전년에 이어 다시 조선인을 만나자, 전년에 경고한 사실을 상기하고, 독점권을 위협받을 수 있다며 납치했다. 4월 18일에 납치하고 27일에 귀환하여 즉시 돗토리한에 보고했다. 돗토리한은 가로 아라오슈리를 보내어 조사하게 했고, 28일에

37) 伯州米子の町人大屋九右衛門村川市兵衛毎年鮑取ニ罷越ス 竹嶋江当春渡海候処朝鮮人罷在, よりて依之早速令帰帆之由, 御国御家老共より委細申来付而吉田平馬安部豊後守殿江御書付被遣(『御在府日記』元禄5年4月28日 川上健三 전게서 p.146).

38) 元來當島は銘々家へ日本の将軍様より拝領して, 数十年来致通船候処, 今年濫りに汝儕渡来して及び狼藉ぬる条, 奇怪のふるまひて, 強く彼等を呵責せし上にて揚陸せしめ(岡嶋正義「因府年表」,『鳥取縣史』第七卷), p.154.

받은 보고를 근거로 7일 걸리는 비각으로 에도에 보고했다.

오야케는 2개월이나 구금한 후에 돗토리한으로 송치하면서, 일행에 포악한 자가 있으니 부녀자를 노변에 나오지 말라고 주의시켰다. 감금의 경험에 근거하는 주의라 신뢰할 수 있다고 여길 수도 있으나, 심문이 여의치 않은 상황이 있었거나, 조선인의 반론에 대응하지 못한 경우가 있을 수도 있어 그대로 신뢰할 수 없다. 돗토리한이 오야케의 보고를 근거로 조선인의 처리를 요구한 것을 보면 돗토리한도 그렇게 인식했던 것으로 볼 수 있다.

나가사키와 쓰시마한을 통해 조선으로 송환시키라는 명을 받은 돗토리한은 일행을 육로로 보낼 것을 정했다. 당시 번주는 에도에 있었으므로 가로들이 결정한 방법이겠지만, 번주의 의사와 다른 결정이 아니라, 번주의 의도에 따른 결정으로 보아야 한다. 가로들은 안용복을 요나고에서 송환시키는 것이 효과적임에도 조취번에 들리게 했다. 그 상황을 『공장』이 다음과 같이 전하고 있다.

> 5월 29일 아침에 요나고에서 출발시키면 6월 1일에 도착한다는 연락을 29일에 받았다. 그리고 6월 1일 밤에 조선인이 도착하자 일단 히로카즈의 집에 숙박시키고 2일부터는 회소에 숙박시키기로 했다. 그리고 그날 밤 중신 4명이 정회를 방문하여 그들을 만났다.[39]

어디에도 안용복을 포악하다고 판단할만한 내용이 없다. 가로의 저택

39) 今夕子下刻, 米子より宿送りニて, 朝鮮人今朝米子發足, 明日爰元江到着申由, 注進有之事(元祿6年5月29日), 朝鮮人今晩米子より參着. 今夕ハ大和所ニ一宿, 明日會所江參申事(6月1日), 朝鮮人今晩會所江參, 其前式部・將監・日向同道ニて, 大和宅江參 申事(6月2日).

과 회소에 숙박시키고 가로들이 방문하는 등 정중하게 영접하여 대우했다는 것은 안용복이 그것에 어울리게 행동했다는 것을 의미한다.

막부의 송환명령은 돗토리한의 보고서에 근거하는 것이므로 돗토리한이 다시 조사할 내용이나 필요가 없었다. 그럼에도 돗토리한이 요나고에서 송치하지 않고 돗토리로 불러 숙박시키고, 네 사람의 중신이 방문한 것은, 번의 공식 행사로 간주할 수도 있는 일로 에도에 체재하는 번주의 뜻에 반해서 취할 수 있는 조치가 아니었다.

처음에는 그들의 처벌을 요구했던 돗토리한이 왜 그런 태도를 취했을까. 이해하기 어려운 일이나 이상한 일은 그것만이 아니다. 안용복과 박어둔을 나가사키로 이송할 때 취한 배려는 더 이상하다. 돗토리한은 출발하기 전에 두 사자에게 나가사키봉행에 보내는 서간, 송환 도중에 유의할 사항 등을 건네주는 등 사전 준비에 만전을 기하고, 의사와 요리인까지 포함하는 90여명의 호송단을 구성했다.[40] 납치한 범법자에 대한 대우로 볼 수 없는 배려였다.

이는 처벌을 요구하는 보고서에 대한 막부의 답서를 받은 이후에 나타난 변화였다. 잘 알 수는 없으나 그 사이에 조선인에 대한 처우를 바꾸어야 할 원인이 발생한 것이다. 돗토리한은 에도번저를 통해 막부에 보고하고 지시를 받고 있었고, 당시는 번주도 에도에 체재하고 있어, 막

40) 山田兵左ヱ門平井甚右衛門〈兩人共マチ士〉へ異客護送ノ使節ヲ命ラレ並御醫師竹間玄碩御徒方五人輕卒御小人若干其ノ外脚力料理人マデモコレヲ附屬セラレ(『竹島考』). 朝鮮人弐人五月七日因幡發足六月晦日長崎江到差因幡より護送之御使者松平伯耆守様御家来山田興左衛門平井甚右衛門惣人数九拾余人相附尤朝鮮人駕籠にて被相送候(『竹島紀事』元祿 6년 6월).

부의 움직임을 알 수 있었는데, 안용복의 처리 과정을 보고 안용복에 대한 대우를 바꾸어야 하는 정보를 입수했기에, 안용복에 대한 태도를 전환한 것으로 보는 것이, 현재로서는 추정 가능한 조건이다. 그 정보의 내용을 규명하는 것이 앞으로의 문제라고 생각한다.

돗토리한의 후대는 1696년에도 마찬가지였다. 안용복 일행이 가로(賀露)에 나타나자 둘은 가마로 아홉은 말을 내어 영접했다. 그 때 안용복은 관을 쓰고 청첩리(淸帖裏) 관복을 입고 「조울양도감세장」행세를 했다. 그 진부를 돗토리한이 파악했는지의 여부도 중요하지만 일행을 후대한 사실이 더 중요하다. 안식이 없어 속은 것으로 단정하는 것은 후대한 의미를 희석시키는 해석에 불과하다. 속은 것으로 보기 보다는 환대할만한 사정이 있었던 것으로 보고, 그 사정을 규명하는 일이 중요하다. 에도의 장군이 안용복의 주장을 인정하는 서계를 준 사실의 배경을 알고 있었기 때문에 취한 태도로 보는 추정도 가능하다. 그렇게 추정할 경우에 납치한 조선인에게 돗토리한이 취한 환대의 의미도 이해할 수 있다.

돗토리한의 죽도에 대한 관심이나 지견은 풍부한 것이 아니었다. 비록 영내의 요나고 어민들이 도해하고 있었지만 그것은 막신들을 중개로 하는 일이었기 때문에 그것에는 소극적일 수밖에 없었다. 그래서 합법적인 도해로 인식하고 있었는데, 안용복의 주장을 통해 그것이 쇄국정책에 위배되는 일일 수도 있다고 생각하게 되었을 수도 있다. 그것이 영내에서 이루어지는 활동이었다면 문제가 없으나, 죽도가 조선의 울릉도라면 쇄국정책에 위배되는 일로 파멸을 자초할 수도 있는 일이었다.[41] 조선과의 분쟁이 확대되고 밀무역으로 판단되면 번주의 지위를 박탈당할 수도 있어, 그런 경우를 피하기 위한 방법으로 환대했을 수도 있다.

안용복의 에도행이 부정당하고 있으나, 그것은 사실이 아니기 때문이 아니라 그것을 부정하는 방법으로 조선의 기록까지 부정할 수 있다고 믿고, 그 가능성을 애써 외면한 것이다.

『발서공』이 오야케의 제7대 오야카쓰오키(大谷勝意)가 편집한 것으로 추정되어, 늦어도, 그가 생존한 1830년 전에는 완성된 것으로 볼 수 있다. 그에 비해 오카지마가 무라카와케와 오야케의 기록을 인용한 『죽도고』는 1828년에 정리되어 『발서공』보다 앞선 기록으로 볼지도 모르나, 1830년은 편자로 추정하는 가쓰오키의 몰년이기 때문에 『발서공』이 앞선 기록일 수도 있다. 또 『발서공』이 편찬된 것은 후대이나, 그것이 인용한 자료는 선조들의 당대기록이기 때문에, 사건이 있었던 당대의 기록으로 보아야 한다. 단순히 편찬된 시기만을 기준으로 해서 기록의 선후를 정할 수는 없는 일이다.

5) 기록의 모순

안용복의 기록에는 이해하기 어려운 것들이 많다. 4월 18일부터 6주 이상을 구금했다는 오야케의 기록이 거의 없다. 그를 심문한 내용은 거의 전하지 않고, 그를 「포악」「맹성강폭」으로 단정한 일방적인 표현이

41) 大西俊輝저, 權靜역 [獨島](제이앤씨, 2004년 11월, 100頁).

산발적으로 전해질 뿐이다. 그것은 존재했을 기록을 편의적으로 편집한 결과다. 1696년에 도해했을 때는 6월 4일부터 거의 매일 기록하다 6월 21일 이후에는 약 45일이나 중단했다가 8월 6일에 일행을 송환하는 기록이 나타나는 것도 그렇다. 기록으로 남기기에 좋지 않은 내용에 의한 결과로 추정되기도 한다.[42]

더 이상한 것이 안용복의 일본어 능력이다. 납치당했을 때의 그는 「통사」로 불릴 만큼 일본어에 능했다. 그래서 도해한 과정과 목적도 알 수 있었고, 구상서와 보고서도 작성할 수 있었다.[43] 그런데 3년 후의 그가 일본어를 이해하지 못하는 것으로 되어있다.

2005년에 발견된 『원록각서』의 그는 일본어에 능통했고 오키노시마의 대관소는 그의 진술과 서간을 근거로 돗토리한과 세키슈(石州)에 보고하고 있었다. 그런데 돗토리한은 안용복과 필담을 한 유학자도 의사가 통하지 않은 것으로 했다.[44] 그것은 안용복 일행이 도해한 사정을 파악하고 있으면서도[45] 언어가 통하지 않는다며 조선어 통사의 파견을 요청한 돗토리한의 의도된 보고로 볼 수 있는데, 그 의도를 판단하기 어렵다.

돗토리한이 안용복과 필담을 시도했으나 통하지 않았다는 것은 「필

42) 內藤正中저, 權靜역 『獨島와 竹島』(제이앤씨, 2005, p.145).
43) 口上書書 上ヶ候様(中略)唐人被召出様子御聞被成(中略)唐人之口上書書上ヶ申候(『因府歷年大雜集』元禄6년 大谷九右衛門船頭口上覺).
44) 通辞も無之埒難明付而, 辻晩庵青屋江遣侯, 晩庵青屋江到着, 千念寺江あんひちやん其外兩人呼上け對談申様子承候処, 差而竹島訴訟之様にも不相聞候旨, 金左衛門. 晩庵江承候而罷歸間(『御用人日記』元祿9年 6月22日).
45) 池內敏 전게주 21, p.308.

담을 하면 소송을 접수한 것이 되므로 필담을 하지 않았다」라는 기록과 모순된다.[46] 사실과 다른 보고를 한 것이다. 그런 보고를 해야 하는 이유가 있었을 것이나, 그것을 아직 알지 못한다. 그것을 아는 것이 돗토리한이 안용복을 대하는 태도를 바꾼 원인을 아는 길이다.

6) 자의적 해석

다가와코조(田川孝三)는 아무런 설명도 없이 안용복을 범죄자로 단정하고 그의 진술에 근거하는 기록을 부정한다. 범법자로 단정하려면 범법의 내용에 대한 규명이 선행되어야 함에도 그런 과정도 없이 범법자로 단정한 것이다. 안용복의 범월죄는 죽도가 일본령일 경우에 성립하는 것으로, 막부가 일본인의 죽도도해를 금지시켜, 그것은 성립되지 않는다. 원래 죽도는 조선인의 도해를 금한 울릉도였기 때문에 안용복은 일본의 법이 아닌 조선의 법을 어긴 것이 되어, 범법은 조선의 영토에서 안용복을 납치한 일본어민들이 범한 것이 된다.

그런 사실을 간과하는 다가와이기 때문에 기록들이 전하는 에도행도 무시할 수 있었을 것이다. 그는 『죽도기사』의 에도행을 소개하면서도 아무런 근거도 없이 「쓰시마에 대한 참무(讒誣)로 진실이 아니다」라 했다. 그러면서 『죽도고』의 안용복을 소개했다.

> 그는 원래 사노로 경성 거주 오충추(吳忠秋)라는 자의 노예로, 동래에

46) 筆談ニ而埒明可申儀候, 筆談者不仕候哉与被仰候付, 筆談を仕候而者訴訟之儀を受込候同前ニ御座候故, 筆談不仕候旨申上候(『竹島紀事』元祿 9년 6월 23일).

> 거주하는 자였다. (岡嶋正義=竹島考中, 그들의 잠방이에 찬 패의 복사가 있다. 즉 호패로 각자의 판독으로 분명해졌다.) 성질이 조폭(粗暴)했다는 것은 이케다번(池田藩)의 기록으로 분명하다. 그런데 우선 그들이 돗토리한에서 후우를 받았다고 말하는 것은 반드시 맞는 것은 아니나, (중략) 그들은 나가사키 및 쓰시마에서는 엄한 심문을 받았으나 죄인으로 특별히 심한 대우를 받지는 않았다.[47)]

라는 내용이다. 이는 『죽도고』가 소개한 호패를 근거로 안용복이 사노였다는 것, 돗토리한의 기록을 근거로 성질이 난폭하다는 것을 밝히고, 그가 진술한 돗토리한의 후대와 쓰시마한의 냉대가 사실이 아니라는 주장이다. 『죽도고』가 안용복의 진술과 호패를 같이 소개하고 있고, 호패가 그를 사노로 기록하고 있는 것도 사실이다.[48)] 그런데 안용복이 진술한 내용과 호패의 내용이 달라, 호패의 인물과 안용복이 진술한 안용복을 동일인으로 볼 수 없다. 또 「용복(用卜)」으로 읽는 문자를 근거로 안용복의 호패로 판단하는 것에도 무리가 있다. 「용복(用卜)」으로 읽는 호패의 문자는 2자로 보기보다는 1자로 보아야 하는 공간을 차지하고 있으며, 성씨도 명기되지 않아, 그 호패를 「안용복」의 것으로 볼 수 없다.

안용복이 조폭(粗暴)하다는 것은 요나고 어민의 표현으로 객관적이라 할 수 없다. 납치의 정당성을 확보하기 위해 심문하는 일본 어민들

47) 田川孝三「竹島領有に関する歴史的考察」『東洋文庫』第20号, 1989, p.27.
48) (東莱)私奴卜年三十三長四尺一寸面鐵髭暫生宛無主京屋吳忠秋(庚午)釜山佐自川一里第十四統三戶(『죽도고』).

의 기대와 달리 죽도가 조선의 울릉도라며 그곳에서 납치한 사실의 부당함을 지적하며 반론하는 안용복이 그들에게는 그렇게 보였을 수도 있다. 또 안용복을 돗토리한이 후대하고 쓰시마한이 냉대했다는 것은 이미 입증된 사실이라, 다가와의 안용복의 평가는 사실과 다른 것으로 오히려 그가 안용복을 참무한 것이 된다.

안용복을 부정하는 방법으로 조선의 기록을 부정하는 노력을 한 것은 다가와의 자문을 받았던 가와카미가 효시였다. 그는 오야케의 고문서를 빌려 많은 정보를 획득하고도 그 사실을 비밀에 부치려 했던 연구자다. 가와카미가 안용복의 에도행의 기록을 못 보았을 리 없음에도 그것에 대한 설명이 없다. 그러면서 안용복의 진술을 「허구와 과장」에 찬 것으로 단정하고 안용복이 말한 서계에 대해서는

> 당연히 대관의 보고 중에 그 일이 언급되어 있어야 하는데, 전게의 『어재후일기』만이 아니라 『인부연표』, 『죽도기사』, 『이케다케문서』 등 때와 장소를 달리해서 기록된 당시의 권위 있는 어느 기록에도 아무런 기술이 없다.[49]

라고 에도행을 전하는 『발서공』등은 언급하지 않은 채 다른 일본의 기록에 없다는 것을 근거로 해서 서계의 존재를 부정했다. 일본의 기록에 없으면 사실이 아니라는 사고다. 가치를 같이 하는 기록의 종류가 많다 해서 그것이 진실이거나 권위를 가지는 것은 아니다. 내용을 달리하는

49) 川上健三『竹島の歴史地理学的研究』(古今書院, 1966), p.171.

기록이 있을 경우에는 기록의 성격은 물론 기록간의 차이를 비교 검토하는 과정이 있어야 한다. 그렇지 않고 일방적인 기록을 근거로 판단하는 일은 사실을 왜곡하는 일이 되기 쉽다. 가와카미 자신은 방대한 자료를 집대성하면서 사실에 접근했다고 주장하지만, 공감을 얻지 못하는 것은 편향된 자료를 자의적으로 해석했기 때문이다.

5. 결론

요나고의 오야케와 무라카와케는 막신과의 사적인 관계를 배경으로 해서 죽도에 도해할 수 있는 독점권을 획득했다. 그것은 조선이 울릉도 도해를 금하는 해금 정책을 펴는 시기의 일로, 조선의 허가 없이 이루어진 일이었다. 후에 일본이 자국인의 도해를 금지시켜야만 했던 일로, 조선과의 신뢰를 저버리는 처사였다.

도해를 허가 받고 약 70년을 도해하여 가문을 번성시킨 오야케의 기록을 모아 정리한 것이 『발서공』으로, 오야케가 무라카와케가와 공동으로 죽도에 도해하게 된 유래와 그것으로 이룬 가문의 번영, 도해의 금지에 따른 가문의 쇠락 등을 내용으로 한다. 가문의 번영을 확인하려는 듯 장군을 비롯하여 요로의 관리들에게 헌상한 물품의 목록과 그것에 감사하는 답서를 곳곳에 소개한다. 도해를 당연한 일로 여기는 기록이나 그것은 조선의 동의 없이 이루어 지는 일이어서 정통성을 가지지 못한다. 그럼에도 죽도를 소유한다는 인식, 막신들과의 교류 방법, 독점권을 유지하려는 노력, 납치한 안용복의 처리 내용 등을 경험적으로 기록했기 때문에 죽도에 대한 인식을 이해한다는 점에서는 좋은 자료다.

그곳에는 안용복을 에도에서 조사하고 조선으로 송환시켰다는 기록이 있다. 죽도도해로 가문의 번영을 이루고, 그 권리를 강화하는 방법으로 안용복을 납치하였으나, 그것이 원인이 되어 쇠락한 오야케가 안용복의 에도행을 기록한 것이다. 그럼에도 그것은 부정되고 있다. 그것이 일본이 원하는 논리에 모순되기 때문에 간과되거나 부정 당하고 있는 것이다.

일본의 연구자, 특히 『발서공』을 거론하는 연구자라면 안용복의 에도행을 전하는 기록을 보았기 마련이다. 그런데도 공론화된 일이 없는 것은, 그것을 무시할 정도의 선입관을 가졌거나 편협한 민족주의에 의해 정보를 폐쇄시킨 결과라 할 수 있다. 『발서공』의 특성을 바탕으로 그것이 전하는 내용의 진위를 판단하는 것이 아니라 그것을 전하지 않는 기록을 통해 얻은 선입관이 강하여 에도행을 무리한 일정으로 단정하고 부정한다. 후대의 상황을 근거로 당대의 기록을 부정하기에 앞서 그 가능성을 먼저 살펴보았어야 했다. 그래야 죽도를 둘러싼 분쟁의 본질을 이해하고 해결방법도 찾을 수 있었을 것이다.

8장

일본의 죽도발견

『발서공』의 기록

8장

일본의 죽도발견
『발서공』의 기록

1. 서론

일본의 시마네켄(島根県)은 1905년 2월 22일에 독도를 일본의 영토로 편입시킨 100주년을 기하여 2월 22일을 「죽도의 날」로 정했다. 일본의 죽도 편입은 구미와 체결한 조약과 자본의 압박을 받으며 수행하는 부국강병, 식산흥업 정책을 실행하는 침략의 일환으로 조선의 양해 받은 일 없이 행한 조치였다. 명치 정부는 쓰시마가 독점하던 조선외교를 외무성에 대행시키며 1869년에는 조선시찰을 명했고, 그 명을 수행한 관리들은 보고서 「죽도와 송도가 조선부속으로 되어 있는 시말」에서[1] 죽도와 송도가 일본의 영역 외의 영토라는 사실을 분명히 했다.

두 섬이 일본영역 외의 영토라는 것은 그것이 조선영토라는 것을 의미하는데, 그것은 그 당시 태정관의 인식도 그러했다. 지도를 제작함에 있어 죽도와 송도가 문제되자 태정관은 1877(명치10)년 3월 29일부로

「일본은 관계가 없다는 것을 명심」하라는 지령을 내렸다.[2)]

구미의 강요로 개국한 일본이 군함으로 강화도를 포격하고 민가를 불태워 강화도조약을 맺은 것은 1875년이었다. 이 조약으로 일본은 치외법권적인 행동을 취하고 무관세로 상품을 조선에 수출하게 되었는데, 그것은 명치 정부가 불과 20여 년 전에 구미제국에게 강요당한 것과 같은 조약을 통한 침탈행위였다. 그 이후의 일본은 침략을 실현하는 조약을 거듭해서 맺어간다.

그 실현의 하나가 죽도 편입으로, 1905년 1월 28일에는 죽도/독도가 무인도이고 그것을 타국이 점유했다고 인정할 만한 형적이 없어 일본의 소속으로 단정한다며 시마네켄의 소속으로 편입시킬 것을 통고하고, 시마네켄은 종전의 송도를 죽도로 개명하여 2월 22일에 편입시켰다.[3)] 조선만이 아니라 일본의 영토인식에도 반하는 조치였다.

청일전쟁에서 승리한 일본은 조선에서의 정치적 군사적 위치를 확보하자, 1904년 2월 10일에 러시아에 선전포고하고 한국에 불법 상륙한다. 대한제국이 중립을 선언했음에도 불구하고 상륙하여 군략상 필요

1) 竹島松島朝鮮附属ニ相成候始末, 此儀ハ松島ハ竹島ノ隣島ニテ松島ノ儀ニ付是迄掲載セシ書留モ無之竹島ノ儀ニ付テハ元禄度後ハ暫クノ間朝鮮ヨリ居留ノ為差遣シ置候處当時ハ以前ノ如ク無人ト相成竹木又ハ 竹ヨリ太キ葭ヲ産シ人參等自然ニ生シ其余漁産モ相応ニ有之極相聞ヘ候事(『日本外交文書』第三巻「朝鮮国交際始末内探書」, 山辺健太郎『日韓併合小史』, 岩波新書, 1966, p.18).

2) 別紙內務省伺日本海內竹島外一嶋地籍編纂之件 右ハ元禄五年朝鮮人入嶋以来旧政府該国ト往復之末遂ニ本邦関係無之相聞候段申立候上ハ伺之趣御聞置左之通御指令相成可然哉 此段相伺候也. 御指令案, 書面伺之趣竹島外一嶋之義本邦関係無之義ト可相心得事, 太政官明治十年三月廿九日(愼鏞厦,『독도의 민족영토사 연구』, 지식산업사, 1997, p.170.

3) 愼鏞厦, 전게주 2, p.217.

한 지점을 멋대로 수용할 수 있다는 「제1차 한일의정서」를 조인시켰다.[4] 이런 시대상황 속에서 죽도를 편입시키고 1905년에는 보호조약을 맺어 외교권을 박탈하고 만다. 이런 침략행위를 포함하는 것이 1905년이다.

현재의 일본은 제국주의를 부정하고 세계평화에 이바지할 것을 공언하며 미래지향주의를 역설하기도 한다. 제국주의의 침략을 반성한다는 말을 서구를 상대로 말한 적도 있다. 그 일본의 시마네켄이 지금에 와서 죽도 편입의 100주년 기념일을 제정한 것은 100년 전의 시대정신을 현재에 재현하겠다는 의지의 표현으로 과거의 침략행위를 칭송하는 사고의 실천이다. 1905년의 침략에서 정통성을 구하려는 일본의 사고를 시마네켄이 대행한 것이다.

17세기에 조선의 해금정책을 틈타 죽도에 도해한 일이나 1905년에 조선과 합의 없이 죽도를 편입시킨 것은 반성할 일이지 그것에서 역사적 정통성을 구할 일은 아니다. 일본이 사실이 아닌 허구에서 구하는 정통성의 허실을 살펴보고자 한다.

2. 일본의 정통성

죽도는 독도의 일본 호칭이나 원래는 울릉도를 의미했다. 에도시대의 일본은 울릉도를 죽도, 의죽도라 칭하고, 독도를 송도로 칭하다, 서양인

4) 愼鏞廈, 전게주 2, p.204.

이 울릉도를 송도, 송도를 죽도로 오기하자 그것에 따랐다. 그러면서도 그것을 조선령으로 인식했다. 그런 일본이 1905년에 송도를 죽도로 개명하고, 그것이 무주지라며 시마네켄에 부속시켰는데, 그 100주년을 기하여 2005년 2월 22일을 「죽도의 날」로 제정한 것이다. 시마네켄은

> 죽도는 역사적으로도 국제법적으로도 시마네켄 오키군 오키의 시마초에 속하는 우리나라 고유영토라는 것은 명백하다. 그런데 대한민국은 반세기에 걸쳐 동도를 불법점거하고, 지금까지 접안시설의 설치나 국립공원의 검토 등 실효지배의 움직임을 강화해 왔다. 죽도의 영토권 확립을 위해서는 국민 세론의 계발이 불가결하여 그것을 위해, 당 의회에서는 「죽도의 날」을 제정하도록 나라에 의견서를 제출해 왔으나, 나라에서는 아직껏 제정의 움직임을 보이지 않는다.
>
> 이 때문에 나라에서 제정할 때까지, 본현에서는, 매년 2월 22일을 「죽도의 날」로 하고, 이 날을 중심으로 하여 이 문제에 대한 국민의 이해와 관심을 더욱 깊게 하는 행동을 취하여, 전국적으로 죽도 영토권 확립운동을 더욱 추진하기 위해, 영토권의 확립에 이바지하고 싶다고 생각한다.

라고 역사적 지리적으로 일본영토인 죽도를 한국이 불법 점거하고 있다는 비난과, 그것을 되찾는 방법으로, 국가가 「죽도의 날」을 정하도록 하는 방법으로 시마네켄이 먼저 그날을 제정한다는 것이다. 원래 죽도에 도해하던 어민이 소속되었던 시마네켄의 죽도인식이나 19세기 말에 시마네켄이 보인 인식과는 다른 조치였다.

1693년에 죽도 에서 안용복과 박어둔을 납치한 사건이 영토분쟁으로 발전하자, 막부가 돗토리켄에 「인슈 · 하쿠슈에 죽도가 언제부터 양국에 부속한 것인가」, 「죽도 외에 그 나라에 부속하는 섬이 있는가」라고

묻자, 「죽도는 이나바 · 호키의 부속이 아닙니다」, 「죽도 · 송도 이외의 양국의 부속도는 없습니다」[5] 라고 죽도와 송도가 돗토리켄의 부속도가 아니라는 것은 물론 그 외에 오키군에 소속되는 섬도 없다는 답을 했고, 막부도 그 인식을 근거로 일본인들의 도해를 금지 시켰다.

조선침략을 단행한 19세기 말에도 17세기의 기록을 근거로 하는 인식에는 변함이 없었다. 명치 정부의 명으로 조선을 시찰한 외무성 관리들은 1870년의 보고서 「죽도와 송도가 조선 부속으로 된 시말」에서

> 이 건은 송도는 죽도의 인도로서 송도의 건에 대해서는 이제까지 게재된 서류도 없다. 죽도의 건에 대해서는 원록 이후에는 잠시 조선으로부터 거류를 위해 차견(差遣)한 바 있다. 당시는 이전과 같이 무인으로 되어 있다. 죽목 또는 대나무보다 큰 갈대가 자라며 인삼 등이 자생한다. 그 외의 어산도 존재한다는 것을 들었다.[6]

라고 죽도와 송도가 조선의 영토라는 내용을 보고했다. 죽도와 송도의 순서가 바뀐 것은 외국인들의 오기를 일본이 존중한 결과였다. 그뿐만이 아니다. 일본 내무성은 1876년에 일본국토의 지적을 조사하여 지도를 제작하면서 죽도와 송도의 취사선택의 문제로 시마네켄이 문의하자, 내무성은 겐로쿠기에 조선인이 입도한 사실과 1696년에 일본인의

5) 「因州 伯州江付候竹嶋はいつの頃より兩國江附屬候哉. 先祖領地被下候以前より之儀候哉. 但, 其後より之儀候哉事」, 「 竹嶋は困幡 · 伯耆附屬ニては無御座侯」, 「竹島 · 松嶋其外兩國江附屬之嶋無御座侯事」『竹島之書附』元祿申年 2 · 3).
6) 山邊健太郎 전게주 1, p.18.

도해를 금한 사실을 설명하며 대정관에게 품의했다.[7] 이에 태정관은 「죽도 외 일도의 건에 대하여 일본과 관계가 없다는 것을 명심」하라는 지령을 내렸다.[8]

이처럼 죽도와 송도가 일본과 무관한 도서로 인식하고 있었던 일본이 돌변하여 1905년 2월 22일에, 일본에 편입시켰고, 2005년에는 그 100주년을 기념하여 시마네켄이 「죽도의 날」을 제정했다. 일본 외무성은 죽도가 일본령이라는 역사적 정통성을 홈페이지에 다음과 같이 올리고 있다.

(1) 일본은 옛날부터 죽도를 인지하고 있었다. 이것은 많은 문헌 지도 등에 의해 명백하다.
(2) 에도시대의 초기(1618年), 호키한의 오야, 무라카와 양가가 막부한테 울릉도를 배령하여 도해면허을 받아, 매년 동도에 가서 어렵을 하여, 전복을 막부에 헌상했으나, 죽도는 울릉도로 도항하는 기항지, 어로지로 이용되고 있었다. 또 늦어도 1661년에는 양가가 막부에서 죽도를 배령 받았다.[9]
(3) 1696년에 울릉도 주변의 어업을 둘러싼 일한 간이 교섭한 결과, 막부는 울릉도로의 도항을 금지했으나 죽도의 도항은 금하지 않았다.

7) 日本海內 竹島外一島地籍編纂方伺. 竹島所轄之儀ニ付島根県ヨリ別紙伺取調候処該嶋之儀ハ元禄五年朝鮮人入島以来別紙書類ニ摘採スル如ク元禄九年正月第一号旧政府平議之旨意ニ依リ二号訳官へ達書三号該国来柬四号本邦回答及ヒ口上書等之如ク則元禄十二年ニ至リ夫夫往復相済本邦関係無之相聞候得共版図ノ取捨ハ重大之事件ニ付別紙書類相添為念此段相伺候成. 明治十年三月十七日, 內務卿大久保利通代理, 內務少輔前島密, 右大臣岩倉具視殿(日本太政官編, 『公文録』內務省之部 1, 日本国立公文書館所藏, 1877年三月十七日条, 日本海內竹島外一島地籍編纂方伺, 愼鏞廈, 전게주 2, p.165).
8) 愼鏞廈, 전게주 2.

(4) 일본은 1905(명치38)년 1월의 각의 결정에 이어, 2월의 시마네켄 고시에 의해 죽도를 시마네켄에 편입하여 죽도를 영유할 의지를 재확인하고 있다. 그 후 죽도는 관유지 대장에 게재되고 또 죽도에서의 강치 잡이가 허가제로 되어, 제2차 대전에 의해 1941년에 중지될 때까지 계속되고 있었다.

라고 17세기에 있었던 일본어민들의 울릉도 도해와 1905년에 취한 일방적인 탈취, 그리고 1946년 1월 29일부 연합군사령부 각서 677호에서 정통성을 구하고 있다. 1946년의 각서가 제국주의의 침략에 의한 소산이라는 것을 생각하면, 모두가 일본의 불법과 침략을 근거로 하는 정통성의 주장이라 할 수 있다.

역사적 정통성을 4개항에 걸쳐 이야기하고 있으나 1항이 개괄적인 주장이라 제외하면, 17세기에 요나고 어민들이 죽도와 송도를 배령하여 도해하다 금지된 일련의 사건이므로, 일본은 17세기의 사건과 1905년의 침략 행위에서 영유의 정통성을 구하고 있는 것이 된다. 따라서 그 정통성의 허실은 17세기에 일본 어민들이 도해한 의미, 1905년에 일방적으로 편입시킨 사건의 의미를 통해서 확인해 볼 문제다.

3. 오야케의 죽도발견

일본의 죽도에 대한 역사적 정통성은 에도시대에 일본의 어부들이

9) 이곳의 竹島는 종래의 松島로 종전에는 鬱陵島를 의미했다.

70여 년간 울릉도에 도해했다는 사실을 근거로 한다. 1617년에 오야진키치가 죽도에 표류하여 발견했고, 그 공을 인정하여 막부가 도해를 허가했으며, 후에는 그 길목에 있는 송도까지 허가했다는 것이다. 그러나 후에 그것이 조선령이라는 것을 알고 일본인들의 도해를 금지시켰고, 초기의 명치 정부도 그 판단을 존중하여 두 섬이 일본 영토가 아니라고 확인했었다.

그러나 조선침략을 구체화하고 그것을 실현해나가는 1905년의 일본은 1696년에 일본어민들의 도해를 금한 영역에 송도는 포함되지 않았다며 송도를 죽도로 개명하고 그것의 영유를 주장하기 시작했다. 이는 일본이 역사적 정통성의 근거로 삼는 오야케의 기록 『발서공』을 통해 확인할 수 있는 허구다.

원래 오야케는 다지마국(但馬国)의 무사 와다씨(和田氏)였으나 오야(大屋 · 大谷)으로 개성하고 은거하다,[10] 오야카쓰무네와 조카 진키치가 호키국 요나고로 이주하여 회선업에 종사했다. 진키치가 1617년에 죽도에 표착하여 그곳을 탐색하고 귀범하자, 당시 요나고성의 성대로 파견된 아베시로고로가 무라카와이치베에의 전우라는 것을 안 오야카쓰무네는 무라카와이치베에를 중개로 아베에게 보고하고, 그곳에 도해할 수 있는 방법을 부탁했다. 그러자 아베는 오야진키치와 무라카와이치베에를 에도에 데리고 가서 1618(元和4)년에 「죽도도해면허」가 발부

10) 私先祖之儀 元和田九右衛門尉良清与申者ニ而 故有テ但州大屋谷致蟄居 (중략) 地名ヲ取大谷玄[番]与号 加勢ニ差出候処 (중략) 再但州江引取隱士与成(『발서공』본문1).

되도록 주선했다.

『발서공』의 「견현일본지토지광(見顕日本之土地広)」은 섬의 발견으로 일본영토를 확장시켰다는 것으로 「견현」의 「견」은 「보다」, 「보이다」, 「알리다」 등을, 「현」 역시 「보다」, 「나타내다」, 「분명히 하다」 등을 의미하여,[11] 「발견」과 동의로 볼 수 있는 표현이다. 그때까지 일본의 영역이 아니었던 섬을 진키치가 발견하여 일본의 영역을 확장했다는 것이다. 그것은 일본과 조선이 그 존재를 몰랐을 경우에 성립될 수 있는 주장이나 당시의 양국은 그것이 조선의 울릉도라는 사실을 잘 알고 있었다.

조선은 울릉도의 존재는 물론 그것을 일본인들이 죽도나 의죽도로 칭한다는 사실까지도 알고 있었다. 그런 상황에서 진키치가 발견한 섬을 죽도로 칭했다는 것은 성립할 수 없는 이야기다. 또 그 면허가 죽도를 발견한 공의 결과라면서 발견과 무관한 무라카와이치베에의 도해까지 허가했다는 것도 이해하기 어려운 일이다.

요나고 오야케의 시조라는 오야카쓰무네는 성대로 파견된 아베와 무라카와가 도쿠가와케에 종사한 전우였다는 것을 알고 그를 도해사업에 끌어들였다. 『발서공』는 무라카와의 참여를 아베의 주선이라 했으나, 그 주선 자체가 가쓰무네의 계산에 의한 결과였다.[12] 오야 · 무라카와 양가는 아베와 막각의 협조로 면허를 받아 1618년부터 도해하다 1661년에는 도중에 있는 송도도 배령했다는 사실도 주장했고, 일본은 그것

11) 顕, 見也. [注]顕, 明見也(『爾雅』, 釈詁). 立身行道揚名於後世以顕父母(『孝経』, 開宗明義章).

에서 죽도영유의 정통성을 구하려 한다. 그러나 그것은 도해의 정통성을 강조하는 양가의 주장일 뿐이다.

1) 죽도발견

헤이안시대(平安時代)의 「권기(権記)」1004(長保6)년 3월 7일조에 이나바국에 표류한 우릉도인(芋陵島人)에 대한 기록이 있고,[13] 16세기의 『다문원일기(多門院日記)』에도 의죽의 기록이 있어, 진키치가 죽도를 발견했다는 그 이전부터 조선의 울릉도로 인식하고 있었다는 것을 알 수 있다.

「권기」는 「우루마」 사람들과 말이 통하지 않는다며 그들을 이국인 취급을 했고, 『다문원일기』는 조선인삼을 의죽인상으로 표기하여 의죽을 조선과 대응시키고 있다. 1592년 5월 19일 조에 「호키의 야시치가 왔다. 이소타키 인삼 3량과 약간의 못을 가지고 왔다」[14] 는 내용이 있는데, 이곳의 「이소타키」는 의죽(磯竹)으로 의죽도(磯竹島)/울릉도를 의미한다. 특효식품이었던 조선인삼을 이소타키 인삼이라 한 것은 의죽도를 조선령으로 인식했기 때문에 가능한 표현이었다.

512년에[15] 신라가 정벌한 우산국을 계승하여 통치하는 조선은 일본

12) 尤竹島渡海村川差加へ由緒 勝宗故有 折節御城代江伺江 遂村川市兵衛儀茂由緒有之 於阿倍御館参会于時 [阿倍公御取持ニ而市兵衛連名及出願](『抜書控』본문2).

13) 「行成卿記」, 「権大納言記」라고도 한다. 藤原行成의 일기. 현존하는 伝本은 991~1011년 것이나, 諸書에 인용된 逸文은 行成의 몰년 전까지 26년에 이른다. 「高麗藩徒芋陵島人表至因幡(중략) 給資糧回帰本国」(「権記」長保 6년 3월 7일).

14) 伯耆より弥七ついに来たる. いそたき人参三両, 釘少し持ち木たる(『權記』天正 20년 5월 19일).

이 울릉도를 죽도로 칭한다는 사실도 알고 있었다. 이수광은 『지봉유설』에서

> 울릉도는 일명 무릉(武陵), 일명 우릉으로 (중략) 근자에 들으니 왜노가 의죽도를 점거했다는데 의죽도라고 말하는 것은 곧 울릉도다.[16)]

임진왜란 때의 노략질 당한 상황을 전하며 일본이 그곳을 의죽도로 칭한다는 사실을 이야기 한 것이다. 울릉도에 대한 일본의 집념은 『조선실록』광해군 6년조의

> 쓰시마가 다시 울릉도에 와서 거주할 욕심으로 다시 서계를 보내는 것은 탄핵할 일이다. 울릉도가 우리나라에 속한다는 것은 동국여지승람에도 있다.[17)]

를 통해서도 알 수 있다. 울릉도에 집념을 보이는 왜를 규탄하며 그것이 조선의 영역임을 확인하는 일이, 진키치가 죽도를 발견했다는 1617년의 3년 전인 1614년에 있었다. 그런 일은 태종대에도 있었다. 쇄국정책을 펴는 도쿠가와막부는 쓰시마를 통해 북방정보를 수집하고 있었고 쓰시마는 조선과의 교류로 생계를 유지하고 있었기 때문에 정보에 민

15) 十三年夏六月于山国帰服歳以土宜為貢(『三国史記』新羅本紀4).

16) 欝陵島一名武陵一名羽陵 (중략) 近聞倭奴占拠磯竹島 或謂磯竹島 即欝陵島也(『芝峯類説』巻2 地利部, 島, 鬱陵島條).

17) 鬱陵島禁止倭奴来居之義, 全日禮曹書契中 己為拠理回諭矣 令者島倭 猶欲来居鬱陵島 又送書契 殊為可駭, 本島之居於我国 在輿地勝覧(『光海君日記』光海君 6년 9월 2일).

감했다. 태종이 왜구를 경계하여 울릉도민을 이주시키자, 조선인 포로를 돌려보내며 그곳의 이주를 원했으나 거절당했다.[18] 그 같은 죽도를 진키치가 발견한 공을 인정하여 그곳의 도해를 허가했다는 것은 있을 수 없는 일이다. 발견했다면서 죽도라고 칭한 것 자체가 모순이다.

2) 도해면허의 시기

죽도를 발견한 공을 인정하여 발급했다는 죽도도해면허는 다음과 같다.

> 호키국 요나고에서 죽도로 선년에 배가 도해했다고 합니다. 그래서 이번에도 그 처럼 도해하고 싶다는 것을 요나고의 정인 무라카와이치베에와 오야진키치가 이야기하여, 위에 보고했던 바, 이의가 없다는 뜻을 말씀하셨으니, 그 뜻을 아시고, 도해의 건을 명하여 주십시오. 삼가 아룁니다.
>
> 5월 16일
>
> 나가이시나노노카미 나오마사 판
> 이노우에카즈에노카미 마사나리 판
> 도이오오이노카미 토시카즈 판
> 사카이우타노카미 타다요 판
>
> 마쓰다이라신타로 전[19]

18) 命出江原道武陵島居民 于陸地従監司之啓也(太宗3년). 対馬島守護宗貞茂遣平道全 来献土物発 還俘虜 貞茂請茂陵島 欲率其衆落徙居(『太宗實録』太宗七(1407)年 丁亥三月).

19) 従伯耆国米子竹島江 先年船相渡之由ニ候 然者如其今度致渡海度之段米子町人村川市兵衛大屋甚吉申上付而達上聞候之処不可有異儀之旨被仰出候間被得其意 渡海之儀可被仰付候 恐恐謹言五 月十六日, 永井信濃守, 井上主計守, 土井大炊頭, 酒井雅楽頭, 松平新太郎殿.

『발서공』은 1617년(元和3년)에 죽도에 표착했다 돌아온 진키치가 죽도를 발견했다며 무라카와이치베에와 연명으로 하타모토(旗本)[20] 아베시로고로를 통해 도해면허를 신청하여, 1618년 5월 16일에 돗토리번주 마쓰다이라신타로를 통해 받은 것으로 되어 있다. 그러나 나가이와 이노우에가 서명 가능하게 되는 것은 1622(元和8)년 이후였다는 조건들을 검토한 후지이죠지는 면허의 발급을 1624, 5(寛永元・2)년으로 보았다.[21]

1637년에 죽도에서 귀범하던 무라카와 선원 30인이 조선에 표류한 일이 있는데, 그들은 자신들이 소지한 「죽도도해면허」를 13년 이전, 즉 1625년에 받았다고 추정할 수 있는 내용의 진술을 했다.[22] 그런대도 1618년 설이 통용된 것은 오랜 유래로 도해의 정통성을 확보하려는 의도 때문에 기록의 허실을 간과한 결과였다.

1828년에 오카지마가 편찬한 『죽도고』에 「겐나 중에 까닭이 있어 막부의 면허를 받았다」(죽도총설), 「겐나 4년에 요나고의 주민 오야・무라카와에 죽도도해의 면허를 명하신 내용을 전하셨다」(죽도통박발단), 「겐나 4년에 정노(政老)가 마쓰다이라신타로미쓰마사공에게 내린 어봉서의 문」(大谷村川奉由緒于幕府)이라는 내용이 있어 오카지마의 시대에는 1618년 설이 일반적이었다는 것을 알 수 있다. 또 말미에 「자세한 것은 그들의 가전 기록에 보인다」라고 있는 것은, 그것이 오야・무라카

20) 江戸時代 幕府의 直臣, .
21) 池内敏, 『大君外交と武威』, 名古屋大学校出版会, 2006, p.247.
22) 池内敏, 전게주 21, p.247.

와 양가의 주장을 근거로 하는 인식이었다는 것을 의미한다.

양가에게는 오래된 유래가 필요했다. 양가는 돗토리한에 속하면서도 아베시로고로의 중개로 막부의 면허를 원한 것은 돗토리한만이 아니라 산인지방의 다른 세력도 배제시켜야 했기 때문이다. 경쟁자들을 배제하기 위해서는 돗토리태수가 아닌 막부의 허가가 필요했다. 그래서 면허를 받은 후에도 매사를 아베케와 상의했다.

양가의 입장에 변화가 생기는 것은 1681(延宝9)년 3월 29일에 아베시로고로마사시게가 공무에서 물러난 후부터였다.[23] 이후에는 돗토리번주가 그 일을 대행하게 되어 양가는 돗토리한을 통해 막각과 교류해야 했다. 그것은 막각과 교류하던 특권을 잃는 일이었다.

아베카를 대신하는 돗토리한이 양가의 알현을 주선하면서 「지금까지는 아베시로고로가 주선하여 역대 사사봉행에게 신청하여 행해왔으나, 금후로는 돗토리한슈의 이름으로 신청하게 되니, 지금까지와 마찬가지로 알현할 수 있도록 부탁」한다는 식으로, 아베케를 대신해서 주선하게 된 유래와 장군의 알현이 관행이라는 것을 이야기했다. 과거의 관습을 정통성으로 해서 사사봉행에게 선처를 부탁한 것이다.[24] 이처럼 기왕의 인적 관계와 과거의 관행을 정통성으로 삼을 경우는 유서와 전통은 오래 될수록 유리하다. 그런 필요성에 의해 양가는 1625년이 아닌 1618년을 주장한 것이다.

23) ごぶしんいり. 병이나 노쇄, 죄과 등으로 면직된 旗本御家人 小普請 (旗本御家人 중 三千石 이하의 非職者로 구성된다) 의 지배에 편입되는 것.

3) 막부의 공인

막부가 발행한 죽도도해면허는 당시에 무역을 인정하는 주인장과는 다른 것이었다. 주인장은 도항지와 기간 그리고 수령자를 명기하지 않고 도항이 끝나면 반납해야 했다. 그것에 비해 죽도도해면허는 호키국 요나고 어민의 도해에는 절차가 필요하다는 사실을 전제로 「그 같은 연유로 이번에 도해합니다」라는, 오야 · 무라카와케의 신청을 받아, 막부가 「금후(今後)」가 아니라 「이번(今度)」으로 한정하여 도해를 용인한 것이다. 그 이후에 발행된 것이 없고 최초면허의 사본만 현존한다는 것은 처음의 사본을 가지고 계속해서 도해하고 있었다는 것을 말한다.

면허는 노중이 연서해서 봉서한 형식으로 돗토리번주에게 발급하여 번주가 오야 · 무라카와케에 허가하는 형식이었다. 그것은 도항시의 번주가 바뀌면 갱신된 면허의 대상도 바뀐다는 것을 의미한다. 그런데 오야 · 무라카와케는 처음에 받은 것의 사본만을 소지하고 있었다. 도해를 금할 때도 1625년에 무라카와이치베에와 오야진키치에게 발부한 면허로 도해하고 있는 사실을 지적하며 향후의 도해를 금했다.[25] 양가는 오야진키치와 무라카와이치베에게 발부한 면허, 즉 1625년의 면허를 소지하고 1696년까지 도해하고 있었던 것이다.

이처럼 단 한 번 받은 면허의 사본으로 70여 년간 도해했다는 것은,

24) 最前より安部四郎五郎殿被御取持, 御先役之御衆中様江も被仰達由付, 終此儀不申入候得共, 領分之者之儀ニ付, 以使者申入候間, 先規之通首尾可然様頼度候(鳥取藩池田家史料, 『御在国在府日記』延宝九年 七月 十三日条池內敏, 전게주 21, p.267).

그것이 막부의 공인으로 이루어진 것이었다기보다는 막각의 묵인 하에 도해했을 가능성을 시사한다. 그 같은 묵인은 양가가 요로에 상납하고 때에 따라서는 중신들이 상납을 요구하는 관계에서 가능한 일이었다. 양가가 돗토리태수가 아닌 막부의 중신을 매개로 해서 면허를 받은 것부터가 사적 관계에 의한 면허였다는 것을 의미한다.

원래 무라카와이치베에는 아베시로고로와 같이 도쿠가와케의 무사였으나 낭인으로 지내다 요나고성의 성대로 부임한 아베를 만났고, 그 같은 두 사람의 관계를 안 오야카쓰무네가 두 사람을 죽도도해사업에 관여시킨 것이다.[26] 『발서공』이 상납과 무관하게 면허를 받았다는 사실을 강조하는 것은 사실보다는 정통성을 강조하는 방법으로 보아야 한다. 『발서공』은 오야케이의 상납 상황을 28장 중 26장에 걸쳐 기술하고, 나머지 2장도 상납의 결과를 기록한 것이라 기록 전체가 상납과 밀접하다. 따라서 면허의 발급이 상납과 무관했다는 기술은 상납이 없었다는 사실의 반영이라기보다는 죽도를 발견한 공로를 강조하는 기록의 방법으로 보아야 한다.

이처럼 양가가 아베시로고로를 중재로 해서 도해면허를 받았다는 사실이나 처음에 받은 면허로 끝까지 도해하고 있었다는 것, 양가의 상납이 관계요로에 광범위하게 이루지고 있었다는 것 등은 그 면허의 공공성을 부정하기에 충분한 조건이다.

25) 先年松平新太郎伯州領知節相窺之伯州米子之町人村川市兵衛大屋甚吉竹島江渡海致于今雖致漁候, 向後竹嶋江渡海之儀制禁可申付旨被仰出侯付, 可被存其趣候(『抜書控』본문18).

26) 大西俊輝저, 権五曄 · 権静 역 『独島』, 제이앤씨, 2004, p.188.

아베케는 중신들과의 중재만 아니라 양가의 이견도 조정하고 있었다. 송도 도해에 이견이 있을 때도 양가는 돗토리한이 아니라 아베케에 중재를 요청했다.[27] 그러다 아베케가 1681(延宝9)년에 은퇴하자 그 역할을 돗토리한이 대행하게 되었고,[28] 그때부터 양가 문제를 처리하는 방법에 변화가 생긴다. 아베케는 직접 판단하고 중재했으나 돗토리한은 막부에 보고하고 지시에 따랐다. 아베케에 비해 공적인 방법을 취한 것이다. 안용복의 문제가 발생했을 때도 막부에 보고하여, 막부는 물론 나가사키봉행소, 쓰시마한, 왜관까지 관여시키고, 결국에는 조선도 개입하여 양가의 도해가 금지되었다. 아베케였다면 독자적으로 해결했을 것이다.

도해를 금지 당한 오야케는 생선도매업을 허가받았으나 나가사키의 진출을 기도하며 교토와 에도의 귀족들과 교류하다 가산만 탕진하고 만다. 아베케와 같은 수호가를 구하지 못한 결과였다. 결국 오야케는 알현은 물론 봉사도 스스로 체념했다.[29]

이처럼 아베케의 중재와 오야·무라카와케의 상납 속에서 이루어지는 것이 죽도도해였고, 아베케의 실각이 도해금지의 원인이었다는 것은 그 도해가 아베케의 후원을 배경으로 해서 이루어지는 사적 도해다는 것을 의미한다. 그런 면에서 막부가 면허를 확인하지 않은 사실을 근거로, 1회성 면허를 근거로 「일본인에 의한 죽도의 개발은 막부공인

27) 其上市兵衛申分とハ貴様書面少相違成儀も御座候(川上健三, 『竹島の歴史地理学的研究』, 古今書院, 1966, p.77).
28) 池内敏, 전게주 21.

하에 본격화 되게」되었다고는 말할 수 없다고 말한 주장은 존중되어야 한다.[30)]

4) 송도 도해면허

일본은 「향후 죽도의 도해를 금한다는 말씀이 계셨습니다」라는 1696년의 도해금지령에 송도라는 표현이 없어 송도가 일본 영유라는 주장을 하는데 이것 역시 성립될 수 없는 주장이다.[31)] 가와카미켄조는 오야케의 기록

> 엄유원의 어대에 죽도로 가는 길목에 둘레가 20정 정도 되는 소도가 있습니다. 초목이 전혀 없는 암도입니다. 24, 5년 이전에 아베시로고로님의 주선으로 배령하여 배로 도해합니다.[32)]
>
> 대유원님 대에 죽도로 가는 해도에서 송도라는 섬을 발견하고 주진했더니 죽도처럼 지배를 맡겨주셔서 양도에 도해하게 된 것을 감사하게 생각합니다.[33)]

등을 근거로 막부의 허가를 받은 것이 분명하다는 주장을 했다.[34)] 그러나 3대 가쓰노부는 배령을 이야기 했을 뿐 면허의 존재는 언급하지 않았고, 그것의 존재가 확인된 일도 없다. 죽도도해면허는 물론 도해를 금하는 봉서, 생선 도매상을 허가한 내용까지도 기록하는 『발서공』에

29) 乍恐公方様江参勤独礼之御目見始 御太守様御在国之節年始之御目見 被為仰付成候得共 奉中絶仕 重々奉恐入罷在候(『抜書控』본문27).
30) 池內敏, 전게주 21, p.251.
31) 川上健三, 전게주 27, p.191.

송도 도해면허에 대한 기록만 없다는 것은 그러한 면허가 존재하지 않았다는 것을 의미한다.

4대 가쓰후사는 도해를 금지 당하자 1741년부터 4년간이나 에도에 체류하며 막부와 사사봉행을 찾아다니며 탄원하며 재기를 모색했다. 죽도의 도해와 장군을 알현한 사실 등으로 가문의 유서를 입증하며 재기를 기도했다. 가산을 탕진할 정도로 전력을 경주하는 재기활동이었다. 그런 상황에서 나온 것이 송도 발견으로, 진키치가 조선과 일본이 인지하고 있는 죽도를 발견했다는 것과 마찬가지로 성립 불가능한 주장이었다. 그럼에도 가와카미는 1660년에 아베케가 오야케에 보낸 서계

> 내년에 당신의 배가 죽도에 도해하며, 송도에도 처음으로 배를 보내야 한다는 뜻을 무라카와이치베에와 상담하는 것이 당연하다고 생각합니다.[35]

의 내년을 근거로 1661(寬文元)년부터 막부의 허가를 받아 송도에 도해하기 시작했고, 무라카와케는 3년 전인 1658(万治元)년부터 계획하여 1660년에는 도해했다는 주장을 했다. 이 주장은 사실에 반하나 송도도

32) 厳有院様御代竹嶋之道筋廿町斗廻申侯小嶋御座候 草木無岩島に而御座候廿十五年 以前阿部四郎五郎様御取持を似拝領則船渡海仕候(『抜書控』본문12,).

33) 大猷院様御代竹島之海道ニ而又松島と申嶋を見出し御注進奉申上候得共竹島之通支配御預ヶ被為遊 右両島へ渡海仕来重々難有仕合奉存候(大谷家文書, 川上健三, 전게주27, p.52).

34) 川上健三, 전게주 27, p.73.

35) 来年御手前舟竹嶋へ渡海松嶋へも初而舟可被指越之旨村川市兵衛と被致相談尤ニ候(川上健三, 전게주 27, p.73).

해에 먼저 뜻을 둔 것이 무라카와케였다는 것은 맞는 말이다. 무라카와케가 먼저 도해의 뜻을 정했다는 것이나 오야케의 송도도해를 무라카와케와 상담해야 한다는 것은 도해에 양가가 이견을 보인다는 것이었지 도해를 허가받았다는 것은 아니었다. 양가의 이견은 아베케의 서계로도 확인할 수 있다.

> 죽도로 도해하는 길목에 있는 송도에 소주를 보내는 것을 이야기 했습니다. 이번에 이치베에한테 상황을 자세히 들었습니다. (중략) 그 위에 이치베에가 말하는 것과 귀하의 서면이 조금 다른 것도 있습니다.[36]

라고 송도 도해에 오야케가 동의하지 않기 때문에 무라카와케가 단독으로 도해하겠다는 뜻을 아베케에 전하며 그 중재를 부탁했는데, 오야케도 중재를 요구했다는 것을 알 수 있는 내용이다. 그것은 아베케가 1659(万治2)년에 무라카와케에 보낸 서계

> 그런데 죽도 근처의 소도에 소선이 도해한다는 것, 지난해에 귀하가 말씀하시길, 오야큐에몬 측은 동심이 아니라, 귀하만 배를 보내겠다고 말씀하셨기에, 그때 우리가 말하길, 당분간은 동심이 아니라 해도 반드시 참가할 것입니다. 오야가 도해하고 싶다고 이야기할 것입니다. 말로는 동심이 아니라고 하지만 진심이 아니라고 생각합니다. 그때까지는 귀하만 도해해도 좋을 것 같습니다.[37]

36) 将又竹嶋渡海筋松嶋へ之小舟之儀被仰越候, 今度市兵違方ニ様子具承候 (중략) 其上市兵被申分とハ貴様書面少相違成儀も御座候(川上健三, 전게주 27, p.77).

의 「동심무(同心無)」로도 확인된다. 아베케는 오야케가 참가할 때까지 무라카와케의 단독 도해를 인정한다는 중재안을 제시했다. 당시 오야 가쓰무네은 90이 넘고 후계자 가쓰자네는 유소하여 무라카와케에 열세를 보일 때였다. 그런 상황에서의 양가에 대한 아베케의 영향력은 절대적인 것으로

> 재작년에 무라카와가 큰 손해를 보았으므로, 금년 내년도 무라카와선을 보내야 합니다. 오야는 오는 축인 양년부터 건너고, 그때부터 전처럼 양인이 순서대로 건넙니다. (중략) 그러하니 서로 어려운 일 없도록 담합해야 합니다.[38)]

라고 양가의 출어 순서도 조정하고 있었다. 이곳의 「금년」·「내년」·「축인」 등을 근거로 오야케는 1661년부터 무라카와케는 그 이전부터 도해했다고 추정하는데, 중요한 것은 그 연대가 아니라 그 본질이다. 서계는 송도 도해를 둘러싼 이견의 조정을 내용으로 한다. 따라서 이곳의 연대를 근거로, 발급된 사실이 없는 도해면허의 존재를 인정하고, 그것을 근거로 「송도에 대해서도 죽도의 경우와 마찬가지로 오야·무라

37) 然者竹嶋近所之小嶋へ小船渡海之儀, 去年貴様被仰候ハ, 大屋九右衛門方ハ同心無之候間貴様斗にて可遣哉と被申候間, 其節我等申候ハ, 当分同心無之候ても定而所務も有之候, 大屋も渡度と被申にて可有之候, 口上にてハ無同心と申分ハ実儀共不被存候, 其内ハ貴様斗御渡し可被成哉と申置候(川上健三, 전게주 27, p.78).

38) 去々年村川大分之損仕候由因茲先来年も村川船遣候. 大屋渡番来ル丑寅両年より九右方渡し夫より如例両人にて順々に御渡し可然候. (中略) 於然者 互事六ヶ敷無之様御談合可被成候(大谷家目禄2—25, 川上健三, 전게주 27, p.78, 池内敏, 전게주 21, p.253).

카와 양가가 막부한테 도해면허를 받은 것은」 분명하다고 주장하는 것은 허구를 근거로 허구를 도출해내는 일에 불과하다.

일본은 1696년에 내린 죽도도해금지령에 송도는 포함되지 않았다는 주장을 하나 양가는 물론 아베케도 「죽도에 가는 길목 20정 정도에 소도가 있다」라는 식으로 죽도와 결부시켜 소개하는 것이 송도라는 것을 생각하면 죽도의 도해금지령에 송도도 포함된 것으로 보아야 한다. 가쓰후사가 4년이나 에도에 체제하면서 탄원할 때도 송도에 대한 언급은 없었다. 금지령 이후에 송도에 도해한 일도 없고, 또 그곳만을 대상으로 하는 도해의 필요성을 느끼지 못했기 때문이었을 것이다. 양가에 생선집과 소금집을 허가한 것은 송도를 포함하는 죽도에 갈 수 없게 된 현실에 대한 배려였다.

4. 1905년의 의미

1854년의 일미화친조약은 무력에 의한 불평등조약이었다. 일본은 그것을 통해 국내정치의 변혁을 이루자 인국의 희생을 통해 활력을 찾으려 했다. 그때 취할 수 있는 일은 인근 아시아를 침략하는 방법과 국내 변혁을 철저히 함과 동시에 인근 제국과 연대하는 방법이었으나, 일본은 정한론으로 통하는 노선을 취했다.[39] 그것은 막부 이래의 사상으로, 국내체제를 정비한 후에 실행하자는 반대론자도 있었으나 정한이라는 궁극적인 목적에는 일치했다.

명치정부는 조선과의 국교개시의 교섭이 여의치 않자 1875년에는 군함을 보내 조선의 강화도를 점령하고 민가를 불태웠다. 그 과정에서 일본은 손해도 입지 않았으면서도 함대를 보내 배상을 요구하며 강화도 조약을 체결했다. 당시 조선은 국호 「대조선국」만을 조건으로 하는 협상을 했다. 조선의 무지와 일본의 무력에 의해 성립된 조약이었다.[40] 그 조약의 제1관은

> 조선국은 자주의 나라로 일본국과 평등의 권리를 보유한다. 이후 양국 화친의 결실을 나타내기 위해서는 피차 서로가 동등의 예의를 가지고 접대하고 조금도 침월 시혐(猜嫌)하는 일이 있어서는 안 된다. 먼저 종전의 교정을 저해할 수 있는 걱정이 있는 제 예규를 모두 혁제하는데 노력하여 관용 홍통의 법을 개확(開拡)하여 쌍방 모두의 안녕을 영원히 기하도록 한다.[41]

라고 양국의 평등과 화친 그리고 안녕을 약속하며 예의 있는 접대를 강조하고 있어 나쁠 것이 없는 조약처럼 보일 수도 있는 것이었다. 그러나 그것은 1858년에 일본이 영국과 맺은 수호조약과 흡사한 것으로, 그때의 불평등한 내용을 그대로를 조선에 강요한 것이었다. 일본 외무성은 후속조치를 위해 군함으로 입국하여, 1876년 8월 20일에 「수호조규

39) 梶村秀樹, 『朝鮮史, 新書東洋史』, 1977, 講談社 , p.102.
40) 山邊健太郎, 전게주 1, p.29.
41) 朝鮮国ハ自主ノ邦ニシテ日本国ト平等ノ権ヲ保有セリ嗣後両国和親ノ実ヲ表セント欲スルニハ彼此互ニ同等ノ礼儀ヲ以テ相接待シ毫モ侵越猜嫌スル事アルヘカラス先ツ従前交情阻害ノ患ヲ為セシ諸例規悉ク革除シ務メテ寛裕弘通ノ法ヲ開拡シ以テ双方トモ安寧ヲ永遠ニ期スヘシ(山邊健太郎,전게주 1, p.30).

부록 및 통상장정」을 조인했는데 불평등하기 짝이 없다. 미야모토쇼이치(宮本小一)가 조인희(趙寅熙)에게 보낸 문서는

> 우리 인민이 귀국에 수송하는 각 물건은 우리 해관에서 수출세를 과한다. 귀국이 우리 내지에 수입하는 물건도 수년, 우리 해역에서 수입세를 과하기로 우리 정부 내의에서 결정했다.[42]

라는 내용의 조약이었다. 이것으로 왜관의 출입통제가 없어지고, 일본인은 개항지의 사방 10리를 자유롭게 활보하게 되어, 쓰시마한이 독점했던 특권이 없어져, 일본인이라면 누구나 무역에 종사할 수 있게 되었다. 후에 조선이 과세의 불합리함을 알고 과세하려 했으나 일본이 군함을 파견하여 발포하고 육전대(陸戦隊)를 상륙시켜 무산시켰다.

조약의 결과 조선의 경제가 핍박해지자, 빈민층과 하층무사가 봉기하여 일본 공사관을 포위하는 임오군란이 발생하여, 6개조의 제물포조약을 맺게 되는데, 일본은 배상금을 취한 것은 물론 현안문제를 무력으로 해결하고 상시 주병권까지 확보했다. 당시의 조선은 위정척사파와 개화파가 세력을 다투고 있었는데, 임오군란 후에 개화파들은 명치유신을 모방한 개혁을 구상하며 일본에 접근하여,[43] 갑신정변을 감행했다 실패하자 일본으로 탈출했다. 그러자 일본은 책임을 지기는커녕 한국이 사죄보상해야 한다는 내용의 「한성조약」을 체결시켰다.

42) 我人民ノ貴国ニ輸送スル各物件ハ我海關ニ於テ輸出税ヲ課セス貴国ヨリ我內地ヘ輸入スル物産モ数年我海関ニ於テ輸入税ヲ課セサル事ニ我政府ノ內議決定セリ(山邊健太郎, 前掲注1, p.39).

43) 梶村秀樹, 전게주 39, p.114.

1894년에 동학혁명이 나자 청과 일본이 출병하여 충돌했다. 갑신정변 후에 맺어진 천진조약의 「조선국에 혹시 변란이나 중대사건이 있어, 중일 양국 혹은 일국의 파병을 요할 때는 서로 지문지조(知文知照)를 행」한다를 근거로 하는 출병으로,[44] 이것이 청일전쟁을 야기시켰다. 이 전쟁에서 승리한 일본은 1895년 4월에 「일청강화조약」을 조인시켜, 조선에서의 정치와 군사적 우위를 확보했다.

1904년 2월 4일에 러시아와의 전쟁을 결정하고 10일에 선전포고하는데, 그 전(2월 23일)에 「일한의정서」를 강제로 조인했다. 「일한 양 제국간에 항구불역의 친교를 보지하여 동양의 평화를 확립하기 위해」라는 표현을 취하면서, 대한제국은 일본을 믿고 「시설의 개선에 관하여 그 충고를 받아들일 것」[45] 이라는 내용을 포함시켜, 필요로 하는 기지를 마음대로 설치하고, 중요부서에 일본인 고문을 두어 내정을 간섭하는 길을 열었다. 연이은 조약을 통해 침략의 목적을 달성하는 일본이, 그것의 결정판으로 준비한 것이 1905년의 「을사보호조약(제2차일한협정)」이었다.

그 조인 때문에 한양에 온 이토히로부미(伊藤博文)는 일본군으로 왕궁을 포위하고, 조선의 각의에 들어가 대신들을 협박하고, 국새까지 탈취하여 심야에 조인시키고 만다. 그처럼 일본이 조선의 각의에서 횡포

44) 将来朝鮮国ニ若シ変乱重大大事件アリ, 中日両国或ハ一国派兵ヲ要スルトキ, 先ニ互に行文知照ヲ行ヒ, 其事定マレハ仍即ニ撤回シ再ヒ留防セス(山邊健太郎, 前掲注1, p.88).

45) 日韓両帝国間ニ恒久不易ノ親交ヲ保持シ東洋ノ平和ヲ確立スル為メ大韓帝国政府は大日本帝国政府ヲ確信シ施設ノ改善ニ関シ其忠告ヲ容ルル事(山邊健太郎, 前掲注1, p.151).

를 부릴 수 있던 1905년 2월 22일에 죽도편입을 자행했고, 현재의 일본은 그것에서 정통성을 구하고 있다. 세계의 평화와 한일의 친선을 구두선으로 이야기하는 일본이 침략의 일환으로 자행했던 침탈행위에서 정통성을 구하고 있는 것이다. 그것을 어떻게 이해해야 할 것인가. 조선의 외교권을 박탈한 1905년의 조약을 살펴보는 것이 일본의 의도를 이해하는 첩경이라고 생각한다.

> 일본국 정부 및 한국 정부는 양 제국을 결합하는 이해공통 주의를 공고히 하는 것을 바라고 한국 부강의 결실을 인정할 때까지 이 목적으로 좌의 조관(条款)을 약정한다.
>
> 제1조 일본국 정부는 재동경 외무성을 통해 금후 한국의 외국에 대한 관계 및 사무를 감리 지휘하도록 일본국의 외교대표자 및 영사는 외국에 있는 한국의 신민 및 이익을 보호해야 한다.
>
> 제2조 일본국 정부는 한국과 타국 간에 현존하는 조약의 실행을 완수하는 책무에 임하여 한국 정부는 금후 일본 정부의 중개에 의하지 않고 국제적 성질을 가지는 어떠한 조약 혹은 약속을 하지 않을 것을 약속한다.
>
> 제3조 일본국 정부는 그 대표자로 한국 황재폐하의 궐하에 1명의 통감을 둔다. 통감은 오직 외교에 관한 사항을 관리하기 위해 경성에 주재하여 친히 한국 황제 폐하를 내알하는 권리를 갖는다. 일본 정부는 또 한국의 각 개항장 및 기타 일본국 정부가 필요하다고 인정하는 땅에 이사관을 두는 권리를 갖는다. 이사관은 통감의 지휘 하에 종래 재한 일본영사에 속한 일체의 직권을 집행하고 아울러 본 협약의 정관을 완전히 실행하기 위해 필요로 하는 일체의 사무를 정리할 것.

제4조 일본국과 한국 사이에 현존하는 조약 및 약속은 본 협약의 조관에 저촉되지 않는 한 모두 그 효력이 계속되는 것으로 한다.

제5조 일본국 정부는 한국 황실의 안녕과 존엄을 유지할 것을 보증한다.

위 증거로 하여 하명은 각 본국정부에서 상당의 위임을 받아 본 협약에 기명 조인하는 것이다

명치 38년 11월 17일 특명전권공사 하야시 곤스케(林権助) 인

광무 9년 11월 17일 외무대신 박재순(朴斉純) 인

역시 어느 조약과 마찬가지로 「이해공통주의」「한국부강」과 같은 표현도 있으나 더 없는 치욕의 조약이었다. 이것으로 조선은 외교권을 상실하고, 통감이 조선을 통치하게 되었다. 조선이 호응한 조약이 아니라 일본의 무위를 배경으로 하는 협박에 의해 맺어진 조약이었다. 이런 조약을 맺을 정도로 일본은 국제적 위치를 확보하고 있었고, 저항할 능력조차 상실한 것이 1905년의 조선이었다.

조선에서 무소불위의 위치를 점하기 시작한 일본은, 1905년 2월 22일에 도명도 확정하지 못하여 송도나 리안쿠르트로 호칭하던 섬을, 울릉도의 이명으로 사용하던 죽도로 개명하고, 무주지라며 시마네현에 편입시켰다.[46] 신라 이래 고려와 조선이 관리하고 있는 영토를 무주지

46) 「島根県告示第四十号」北緯三十七度九分三十秒東経百三十一度五十五分隠岐島ヲ隔ル西北八十五浬ニ在ル島嶼ヲ竹島ト称シ自今本県所属隠岐島司ノ所管ト定メラル(川上健三, 전게주 27p.213).

47) 愼鏞厦, 前掲注2. 内藤正中・金炳烈, 『竹島・独島』, 岩波書店, 2007. 宋炳基, 『울릉도와 독도』(단국대학교출판부, 2005).

48) 拙稿, 「삼국사기의 박혁거세신화」, 『日本文化学報』제31輯(韓国日本文化学会, 2006, 11).

라며 편입시킨 것에 대한 모순은 많은 학자들이 논쟁하여 부당함도 지적되었다.[47] 필자도 우산국이 울릉도와 우산도로 구성된다는 것을 논한 바 있다.[48] 조선의 영유가 분명한 영토를 무주지로 처리하고 선점권을 주장하는 일은, 침략 이외의 어떤 논리로도 정당화될 수 없는 일이다. 침략 행위를 「화친」이나 「평화」등의 용어로 포장하여 정당화시켰던 시대의 가치관으로는 가능할 수 있는 주장이다. 1905년의 일본은 그러했다.

5. 결론

일본이 독도/죽도를 일방적으로 시마네켄 영토로 편입시킨 100주년을 기념하여 2월 22일을 죽도의 날로 정하면서 국가의 제정을 촉구했으나, 일본은 이미 그와 같은 주장을 외무성 홈페이지에 천명하고 있었다.

외무성은 역사적으로 죽도가 일본령이라며 1618년에 호키국의 어부 오야·무라카와 양가가 막부로부터 죽도도해를 허가 받아 도해하며 동도에도 기항했으며, 늦어도 1661년에는 송도도 배령 받았다는 것을 강조하며, 1696년에 일본인의 도해를 금지시킨 금지령 속에 송도는 포함되지 않았고, 1945년 패전 이후 연합군과 맺은 여러 조약을 보아도 1905년의 조치가 정당하여 죽도가 일본령이라는 것이다.

그러나 우산도와 울릉도 등으로 구성되는 우산국을 512년에 신라에 편입하여 고려와 조선이 계승 통치하고 있었으므로, 17세기에 일본 어부가 조선의 허가 없이 그곳에 도해했다는 것은 위법이었다. 1905년의 편입 역시 침략의 일환으로 이루어진 조치여서 정통성이 없다. 그럼에도 1905년에서 정통성을 구하는 것은 침략의 정당성을 주장하는 것으로, 침략을 반성하며 미래를 지향한다는 일본의 기본사상에 반한다.

오야·무라카와의 도해는 죽도를 발견했다는 공을 인정한 결과라고 설명하는데, 죽도가 조선의 울릉도라는 것은 조일 양국이 인식하고 있었던 사실이었다. 조선이 외적에 대한 대책으로 자국인의 도해를 금지시킨 사이에 일본인이 도해하다, 조선의 이의 제기로 일본인의 도해가 금지된 것이다. 그럼에도 일본은 죽도를 발견했다고 주장하는 오야·무라카와 양가의 허구에서 영유의 정통성을 구하려하고 있다.

일본은 군함을 파견하여 강화도조약을 체결한 이래, 강제 조인을 되풀이 했고, 그때마다 조선의 자주권은 상실되어갔다. 일본은 구미와 맺은 불평등조약과 교류를 경험하여 얻은 지식을 조선에 이용하고 있었는데, 그 결정판이 1905년의 일한보호조약이었고, 그 직전에 행한 침탈이 1905년 2월 22일에 자행한 죽도의 시마네켄 편입이었다. 일본은 그 100주년을 기하여 그것에서 정통성을 구하고 있다. 미래지향적인 선린과 평화를 말하는 일본이, 침략을 절대가치로 여기던 시대에 자행했던 사건에서 정통성을 구하고있는 것이다. 그것이 정녕 일본의 고대 이래의 민족성일지도 모른다.[49)]

1696년에 일본인의 도해를 금한 영역에 송도/죽도/독도가 포함되지 않았다는 것도 성립 불가능한 주장이다. 송도는 죽도에 부속된 섬으로

49) 梶村秀樹, 전게주 39, p.108.

죽도와 짝지어 불리는 호칭이다. 일본은 송도의 독자성을 말하지만 송도만을 목적지로 하는 도해는 없었다. 따라서 오야케의 도해와 오야케의 기록을 근거로 하는 일본 외무성의 주장은 허구에 근거하는 것으로, 죽도가 일본령이라는 주장은 성립할 수 없다. 그럼에도 일본은 역사적 허구와 1905년의 침략을 근거로 죽도 영유의 정통성을 주장하는 것은, 침략을 칭송하는 일로 침략을 자행하는 일이다.

참고문헌

金富軾 지음, 李丙燾 역주, 『三國史記』, 을유문화사, 1983.
一然, 李民樹 역, 『三國遺事』, 을유문화사, 1983.
손영종 외역, 『高麗史』, 신서원, 1992.
李奎報 저, 朴斗抱 역, 『東明王篇』, 을유문화사, 1974.
『世宗實錄地理志』, 愼鏞廈, 『독도연구총서』5, 독도연구보전협회, 1998.
『新增東國輿地勝覽』, 愼鏞廈, 『독도연구총서』5, 1998.
『疆界考』, 송병기, 『독도영유권자료선』, 한림대학교, 2004.
『增補文獻備考』,송병기, 『독도영유권자료선』, 한림대학교아시아문화연구소, 2004.
『萬機要覽』,송병기, 『독도영유권자료선』, 한림대학교, 2004.
『芝峯類說』,愼鏞廈, 『독도연구총서』5, 독도연구보전협회,1998.
『星湖塞說』,愼鏞廈, 『독도연구총서』5, 독도연구보전협회,1998.
『五洲衍文長箋散稿』, 『독도연구총서』5, 독도연구보전협회,1998.
申奭鎬외, 『獨島』, 大韓公論社, 1965.
朝鮮史學會編, 『支那史料抄』, 景仁文化社,1997.
申瀅植, 『新羅史白山學報』, 이화여자대학교출판부, 1985.
『韓國古代金石文』, 駕洛國史蹟開發 硏究院, 1992.
愼鏞廈, 『독도의 민족영토사 연구』, 지식산업사, 1996.
신용하, 『독도, 보배로운 한국영토』, 지식산업사,1996.
金明基 편저, 『독도연구』, 법률출판사, 1997.
愼鏞廈, 『독도연구총서』1-10, 독도연구보전협회,1998.
梁泰鎭, 『獨島硏究文獻輯』, 景仁文化社, 1998.
金柄烈, 『독도논쟁』, 다다미디어,2001.
李鍾旭, 『신라의 역사』1, 김영사, 2002.
宋炳基, 『독도영유권자료선』, 한림대학교출판회, 2004.
양태진, 『한국독립의 상징 독도』, 백산출판사, 2004.
宋炳基, 『울릉도와 독도』, 단국대학교출판부, 2005.
李薰, 『대마도 역사를 따라 걷다』, 역사공간, 2005.

『독도논문번역선』1, 바른역사정립기획단, 2005.
內藤正中 저, 權五曄 權靜 역, 『독도와 죽도』, 제이앤씨, 2005.
大西俊輝 저, 權五曄 權靜역, 『獨島』, 제이앤씨, 2005.
『죽도고증』, 다다미디아, 2006.
박병섭 · 內藤正中, 호사카유지, 『독도=다케시마 논쟁』, 보고사, 2008.
최장근, 『독도의 영토학』, 대구대학교출판부,2008.
권오엽, 『광개토왕비문의 세계』, 제이앤씨, 2008.
權五曄 · 大西俊輝 역주, 『元祿覺書』, 제이앤씨, 2009.
太安万呂 편, 權五曄 외 주석, 『古事記』, 고즈위, 2007.
日本古典文學大系, 『日本書紀』, 岩波書店, 1965.
『權記』, 增補史料大成.
權五曄 · 大西俊輝 역주, 『隱州視聽合紀』, 동북아역사재단, 2007
『竹島渡海由來記拔書控』, 鳥取藩政史料.
『控帳』, 鳥取藩政史料.
『竹島紀事』, 國立公文書館內閣文庫.
『竹嶋之書附』, 鳥取藩政史料
陶山鈍翁, 『竹島文談』『日本經濟叢書』13, 1915.
國書刊行會, 『通航一覽』, 淸文堂出版, 1913.
『因藩志』, 鳥取藩政史料.
『竹島考』, 鳥取藩政史料.
『因藩志』, 鳥取藩政史料.
『因府年表』, 鳥取藩政史料.
『伯耆民談記』, 鳥取藩政史料.
『因府歷年大雜集』, 鳥取藩政史料.
『增補稱事錄』, 鳥取藩政史料.
田村靑三朗, 『島根縣竹島の新硏究』, 島根縣, 1965,
川上健三, 『竹島の歷史地理學的硏究』, 古今書院, 1966.
中村元, 『佛敎語大辭典』, 東京書籍,1975년.

朝尾直弘,『日本의 歷史』17鎖國 , 小學館. 1975.
田代和生,『書き替えられた國書』, 中央新書, 1983年.
西嶋定生,『日本歷史の國際環境』, 東京大學出版會, 1985.
古野清人,『獅子의 民俗』,岩崎美術社, 1986.
大谷文子,『大谷家古文書』, 非賣品, 1986.
荒野泰典,『近代日本と東アジア』序, 東京大學出版會, 1988.
本田安次,『日本の伝統芸能』第十巻, 風流, 錦正社, 1988.
下條正男『竹島は日韓どちらのものか』, 文芸春秋, 1996.
內藤正中 외,『鳥取縣の歷史』, 山川出版社, 1997.
浜崎洋三郎,『伝えたいこと』, 定有堂書店, 1998.
池內敏,『近世日本と朝鮮漂流民』, 塩川書店,1998.
內藤正中,『竹島(鬱陵島をめぐる日朝關係史』, 多賀出版, 2000.
永積洋子,『朱印船』, 吉川弘文館, 2001.
大西俊輝,『日本海竹島』, 東洋出版, 2003.
野津龍,『因幡の獅子舞研究』, 米子プリント社, 2003.
池內敏,『大君外交와 武威』, 名古屋大學出版會, 2006.
內藤正中・朴炳涉,『竹島 = 獨島論爭』, 新幹社, 2007.
大西俊輝『續日本海と竹島』, 東洋出版, 2007.
內藤正中・朴炳涉,『竹島獨島』, 岩波書店, 2007.

◉ 논문

「廣開土王碑文의 세계」

「韓日建國神話의 世界觀」

「廣開土王碑文의 倭와 中國」

「삼국사기의 박혁거세신화」

「안용복의 일본도해의 의미」

「신라국과 우산국」

「은주시청합기와 독도」

「우산국의 종교와 독도」

「元祿九丙子年朝鮮舟着岸一卷之覺書」 등.

◉ 주역서

『古事記와 日本書紀』

『獨島와 竹島』

『獨島』

『古事記』

『隱州視廳合紀』

『好太王碑論爭의 解明』

『廣開土王碑文의 研究』

◉ 저서

『廣開土王碑文의 世界』

색 인

가

나

다

기타